Hans Joachim Schoeps

Jüdisch-christliches Religionsgespräch in neunzehn Jahrhunderten

Hans Joachim Schoeps

Jüdisch-christliches Religionsgespräch in neunzehn Jahrhunderten

Mit einem Nachwort von Edna Brocke

Jüdischer Verlag
Athenäum

CIP-Kurztitelaufnahme der Deutschen Bibliothek

Schoeps, Hans Joachim:
Jüdisch-christliches Religionsgespräch in neunzehn
Jahrhunderten / Hans Joachim Schoeps. Mit e.
Nachw. von Edna Brocke. – Königstein/Ts. : Jüdischer
Verlag Athenäum, 1984.
ISBN 3-7610-0362-5

Umschlaggestaltung: Bine Cordes, Weyarn
Reproduktion und Druck: Buchdruckerei Poeschel & Schulz-Schomburgk, Eschwege
Buchbinderische Verarbeitung: Großbuchbinderei Bernhard Gehring, Bielefeld
Printed in West Germany
ISBN 3-7610-0362-5

Dem Gedenken meines Bruders Konrad,
geb. in Berlin am 3. April 1914,
gest. in Hohenlychen am 17. Juni 1936

Dem Gedenken meiner Eltern, —
meines Vaters Sanitätsrat Dr. med. Julius Schoeps,
geb. am 5. Januar 1864 in Neuenburg/Westpreußen,
gest. am 27. Dezember 1942 in Theresienstadt

und meiner Mutter Kaete Schoeps, geb. Frank,
geb. am 17. Februar 1886 in Brandenburg/Havel,
ermordet in Auschwitz, Juni 1944

INHALTSVERZEICHNIS

VORWORT ZUR ERSTEN AUFLAGE

Die Geschichte des Gespräches, das Israel und Kirche im Ringen um die Wahrheit miteinander führen, ist noch nie geschrieben worden. Mit diesem Buche bemühe ich mich, den Gang der Glaubensauseinandersetzungen durch fast 19 Jahrhunderte in großen Linien aufzuzeigen und die Probleme zu umreißen, um die es eh und je gegangen ist. Würde die Kenntnis von der Geschichte dieses Ringens, von den Gedanken, die bereits gedacht, und den Themen, die bereits erörtert worden sind, verbreiteter sein, als sie es ist, dann würde sich wohl mancher moderne Einwand und manche für aktuell gehaltene Debatte längst von selbst erledigt haben. Darum ist es die eigentliche Absicht dieser Schrift, durch geschichtstheologische Besinnung dazu beizutragen, daß das Zeugnis der Jahrhunderte auch vor das jüdisch-christliche Gespräch unserer Tage komme und das Stück Heilsgeschichte, das sich in der jüdisch-christlichen Auseinandersetzung der Zeiten verwirklichen will, auch uns Heutigen wieder deutlich werde.

Die Fragen, um die es in diesem Buche geht, bewegen mich seit frühen Jugendjahren, in denen die Frage Jude oder Christ durch einen älteren Freund, der evangelische Theologie studierte, bereits an mich herangekommen war. Wir beide haben damals mit aller Leidenschaft des Herzens um jeden Satz des christlichen Dogmas gerungen und, da ich bis dahin von Judentumsdingen noch keine Kenntnis hatte, habe ich erst viel später erfahren, daß unsere Streitgespräche letztlich nichts anderes als den jüdisch-christlichen Glaubenskampf der Jahrhunderte widergespiegelt haben, daß es also recht geführte Gespräche gewesen sind. Das Nein, das ich am Ende sagte, habe ich mir schwer werden lassen, und noch heute verspüre ich die Forderung in der alten Stärke, dieses Nein im Geist und in der Wahrheit verantworten zu müssen. – Mit dieser Schrift lege ich aber keine Konfessionen ab; ich bemühe mich nur, die Antworten der Jahrhunderte im skizzenhaften Abriß wiederzugeben. Allerdings darf ich heute sagen, daß die lehrmäßigen Antworten der Tradition weithin meine Antworten geworden sind – und dies ist wohl auch die einzige Legitimation, die es für einen jüdischen Sprecher gibt. Darum erwarte auch der Leser vom Verfasser nicht gedankliche Originalität und was dergleichen mehr ist; hier konnte keine andere Originalität statthaben als die, die in der Auswahl, Anordnung und Wiedergabe des Quellenmaterials gelegen ist. Die einzige Besonderheit, deren Verfasser sich infolge ihres seltenen Vorkommens heutzutage bewußt geworden ist, mag diese sein, daß er geschichtliche Geschehnisse zugleich auch theologisch und theologische Probleme stets auf dem Hintergrunde der Geschichte erkennen kann.

Für die Einleitung ist nur noch zu erklären, daß viele Beiträge zum Thema, die ich kenne, und wohl noch mehr, die ich nicht kenne, unberücksichtigt geblieben sind, damit der primäre Informationscharakter dieser Studie nicht zu weit überschritten wird. Das gesteckte Ziel war nur, die für das jüdische Traditionsschrifttum maßgeblichen Fragestellungen deutlich werden zu lassen, wenngleich allein schon ihre Erörterung im Zusammenhang und zumal die Herausarbeitung der jüdischen Positionen gegenüber der paulinischen Theologie wissenschaftliches Neuland erschließen mag. Denn gerade in den Abgrenzungen von fremder Lehre ist von jeher stets das Eigentliche des jüdischen Glaubens zum Ausdruck gekommen. Es ist mir bewußt, daß hinter dieser Darstellung schwere Probleme stehen und bestehen bleiben, die in das Gebiet der systematischen jüdischen Theologie gehören. Vielleicht ist es mir vergönnt, zu ihrer Beantwortung im späteren Leben noch einiges beizutragen, erste »Prolegomena« enthält mein »Jüdischer Glaube in dieser Zeit« (Berlin 1932) und einige Bemerkungen religionsphänomenologischer Natur das Schlußkapitel dieser Studie.

Das Büchlein ist gewidmet dem Angedenken meines Bruders, der in jungen Jahren von dieser Erde fortgenommen worden ist. Er hat mich oft danach gefragt, *wodurch* der Jude ein Jude und der Christ ein Christ sei. Ich bin ihm die Antwort — und leider nicht nur sie — weithin schuldig geblieben. Darum gebe ich in seinem Gedenken davon Kunde, was in den Jahrhunderten an Fragen aufgestiegen und an Antworten versucht worden ist.

Berlin, den 1. Januar 1937.

VORWORT ZUR ZWEITEN AUFLAGE

Dieses Buch erschien 1937 zum ersten Mal unter Ausschluß der Öffentlichkeit, denn die damaligen Machthaber in Deutschland ließen nicht zu, daß es anders als in jüdischen Buchhandlungen und an Juden verkauft werden durfte. Als man dann merkte, daß es ein »gefährliches« Buch war, verbot man es ganz. Weil ich glaube, daß es Dinge sagt von grundsätzlichem Gewicht und Materien behandelt, die so gut wie unbekannt sind, lasse ich das Buch heute erneut erscheinen.

In den Jahren seither, die ich im Exil verbrachte, habe ich auf diesem Gebiet weitergearbeitet. Ich habe aber diese Darstellung nicht mit dem ganzen fachwissenschaftlichen Material belasten wollen, das teils in meinem großen Werk »Theologie und Geschichte des Judenchristentums«, teils in meinem Band »Aus frühchristlicher Zeit« (beide bei J. C. B. Mohr, Tübingen) im Druck erscheint. Daher ist nur weniges geändert und ergänzt worden; wohl aber ist ein ganz neues Kapitel hinzugekommen.

Ich habe die Widmung dieses Buches für die neue Auflage erweitern müssen, da mein Vater in dem Konzentrationslager Theresienstadt am 27. Dezember 1942 verstorben und meine Mutter im Juni 1944 in Auschwitz vergast worden ist. Angesichts dieser Erfahrung frage ich mich heute, ob nicht die Zeit der Religionsgespräche überhaupt vorüber ist und mit diesen sinnlosen Ausrottungen ganz etwas Anderes beginnt. Wie sich dies auch verhalten mag, die Fragen, die in diesem Buch behandelt werden, haben Gültigkeit und Bestand bis zum Ende der Welt.

Erlangen, den 1. Januar 1949.

VORWORT ZUR DRITTEN AUFLAGE

Dem Ner-Tamid-Verlag, Frankfurt, gilt mein besonderer Dank, daß er dieses lange vergriffene Buch wieder einer breiteren Öffentlichkeit zugänglich machen will. Die vorige Auflage war in der Zeit der Währungsumstellung von einem kleinen Verlag herausgebracht worden, der bald darauf wieder von der Bildfläche verschwand, so daß sie nicht bis zu den Lesern vordrang, die nach einer zuverlässigen Orientierung über den jüdisch-christlichen Glaubensgegensatz verlangen. Nach den geistigen Verwirrungen und den Verneblungen aller objektiven Positionen in den letzten Jahrzehnten liegt hier ein starkes Klärungsbedürfnis vor.

Daß das Judentum eine Offenbarungsreligion mit ausgeprägten Glaubensvorstellungen darstellt, ist heutzutage kaum mehr einem engen Kreis von Theologen bekannt; noch weniger, welches die wirklichen Unterschiede zwischen Israel und Kirche sind. Beider inneres Spannungsverhältnis versucht dieses Buch im Spiegel der Kontroversen von 19 Jahrhunderten aufzuzeigen. Die Leitlinie dieser Auseinandersetzung, die die Kirchenväter und Rabbinen der frühtalmudischen Zeit begonnen haben und die bis zu Martin Buber und Franz Rosenzweig reicht, geht vom Dogmenstreit zum Glaubensgespräch.

Indem das unbekannt gewordene Zeugnis der Jahrhunderte zur Kenntnis unserer Tage gebracht wird, tritt deutlich hervor, daß das Judentum heute so wenig wie in früheren Epochen seiner Geschichte in der Lage ist, irgendetwas Einmaliges als die endgültige Offenbarung Gottes anzunehmen. Somit ist die Unterschiedlichkeit des jüdischen und des christlichen Weges durch die Weltgeschichte von vornherein gegeben. Beide verbindet aber die gemeinsame Zukunftsperspektive, daß das Eigentliche erst noch kommen wird. In der alten Vaterunser-Bitte »Zu uns komme dein Reich« sind daher auch beide Religionen, wie es auf der letzten Seite dieses Buches heißt, unlöslich verbunden miteinander.

Der Text selbst ist in der neuen Auflage nicht verändert worden, wohl aber wurden die Anmerkungen erweitert und die Literaturangaben ergänzt. Dem Ganzen wurde ein neuer Obertitel gegeben, während der alte Buchtitel als Untertitel weitergeführt wird. Ein Verzeichnis einschlägiger Bücher, die nach 1945 zum Thema erschienen sind, sowie ein Abkürzungsverzeichnis wurden hinzugefügt, so daß das Buch nunmehr wohl seine endgültige Form gefunden hat. Möge eine heilsame Wirkung von ihm ausgehen!

Erlangen, den 1. Januar 1961

I

DAS ABSOLUTE IN DER RELIGIONSGESCHICHTE
(einführende Vorbemerkung)

Die prinzipielle Frage nach dem Verhältnis von Offenbarung und Geschichte, deren Stellung sich jede Arbeit der vergleichenden Religionsgeschichte in aller Bedrohlichkeit gefallen lassen muß, fragt im Kern nach der *Absolutheit* jeglicher Offenbarung, die – wenn im Glauben bekannt – sich gerade allen relativierenden Vergleichsmethoden entzieht und widersetzt. *Ernst Troeltsch* gebührt das Verdienst im Jahre 1901 in seinem berühmt gewordenen Vortrag »Die Absolutheit des Christentums und die Religionsgeschichte« einer undogmatisch denkenden Epoche diese schier unauflöslich scheinende Aporie aufgezeigt zu haben. Und seine eigenen wie alle vorangegangenen Bemühungen etwa der Historischen Schule des 19. Jahrhunderts und die sie krönenden Forschungen *Wilhelm Diltheys* zur Religions- und Geistesgeschichte haben nur die Mißlichkeit der Fragestellung sichtbar werden lassen, die eben *voraussetzungslos* – trotz des guten Glaubens Diltheys, Troeltschs und fast aller Denker jener Epoche – *nur* aus dem »geschichtlichen Sinn« oder aus dem »Einheitszusammenhang alles Lebenden« nicht zu beantworten ist.

Das Thema, das in seiner Geschichtlichkeit hier zur Verhandlung gelangen soll, *der Glaubensgegensatz zwischen Judentum und Christentum,* ist ohne eine vorangehende Stellungnahme des Forschenden zum Problem des Absoluten in der Welt- und Religionsgeschichte überhaupt nicht zu verhandeln. Und somit meint Verfasser denn vorweg erklären zu sollen, daß er niemals an diese Arbeit herangegangen wäre, wenn er nicht den Glauben gehabt hätte, daß uns in der *Heiligen Schrift*, im Tenach *wie* im Evangelium, wirklich und wahrhaftig Gottes Wort quer durch die Menschenworte hindurch entgegenspricht und je und je unser Ohr erreicht. Da Verfasser jüdischen Glaubens ist, hat für ihn die Frage nach dem Absoluten in der Religionsgeschichte ihre Antwort gefunden, daß für den Juden im *Tenach* ausschließlich und allein Gottes Wort zu hören ist und die Offenbarung Gottes an Israel keiner Ergänzung, Überhöhung oder Vollendung mehr bedarf. Freilich auch für die Christen ist der Tenach Gottes Wort – genauso, wie er es auch für Jesus Christus als historische Person gewesen ist – und keine Kirche kann des Hörens auf die Schriften »Alten Testamentes« mehr entraten, will sie nicht aufhören, christliche Kirche zu heißen. Aber die Geschichte, von der diese Schriften Bericht geben, handelt von dem Bunde Gottes mit *einem* Volke, dem Volke Israel, das unverwechselbar mit anderen Völkern seit jenem gnädigen Geschehen als *Bundesvolk* in voller Leiblichkeit durch die Weltgeschichte schreitet. Diese Geschichte mit all ihren Verklärungen, Prüfungen und Strafexempeln hat für die Kirche *Heiligkeitsbedeutung*, die in der Welt nichts ihresgleichen findet; aber die Geschichte der alle Völker umspannenden christlichen Kirche *ist es nicht*, weswegen denn aus dem Inneren des Judentums her zusammen mit Paulus nur geurteilt werden kann, daß bis auf den heutigen Tag über dem Verständnis des Alten Testamentes die Decke Mosis hänge (2. Kor. 3, 14).

Was die Kirche als ihr *Wesensgeheimnis* behauptet, das sich dem Christen im Glauben als Wahrheit offenbart, ist das in der Geschichte Israels geschehene Ereignis, daß Gott durch das Leben und Leiden, durch Tod und Auferstehung des Jesus aus Nazareth (Jeschu ha-Nosri) mit der Welt einen neuen Bund geschlossen hat. Dieser Glaube bewirkt ebenso für das Christentum Absolutheit, wie der Sinaibund für Israel die absolute Wahrheit ist. So wenig freilich, wie ein Jude das christlich *Eigentliche* von Innen her erkennen und in es eingehen kann, so wenig kann der Christ das innerste Wissen Israels um sich selbst und um das Heil besitzen. Aber Jude und Christ wissen beide, wenn sie sich auf das berufen, was ihnen in der Unterschiedenheit des Geschehens widerfahren ist, daß die *beiden* — und beiden *anders* — gewordene Offenbarung Wahrheit von Gott her ist. Die Kirche des Evangeliums, die sich die Kirche des Neuen Bundes nennt, hat ebenso eine Geschichte in der Welt, in die sie als ein übervölkisches corpus mysticum — alle Völker lehren und erobernd — eingetreten ist, wie auch Israel eine Geschichte hat, die notwendig bis zum heutigen Tag Geschichte des Samen Abrahams geblieben ist. Christen und Juden bekennen in der ihnen zuteil gewordenen Besonderheit der Erkenntnis und des Auftrags den *gleichen* Gott, den Schöpfer, Offenbarer und Erlöser dieser Welt sowie den *gleichen heiligen Gotteswillen,* dessen verheißene Erfüllung von beiden erwartet wird, als Kommen des zukünftigen Reiches.

Darum ist »das Absolute in der Religionsgeschichte« der unveränderbare gleiche Gott, der seine Wahrheit unterschiedlich offenbart hat. Die Wahrheit aber ist nur *eine* Wahrheit, die Wahrheits*teilhaben* freilich sind verschiedene — absolut geltend für Israel und Christenheit, je nach *der* Seite Gottes, die er Israel am Sinai, und die er der Welt auf Golgatha zugewendet hat. Denn der Moses seinen Namen genannt hat, als der *»Ich werde sein, der ich sein werde«*, ist — in der unterscheidenden Besonderheit seiner Offenbarungen — der immerwährend *gleiche* Gott, der den Juden in voller Absolutheit *der* ist und sein wird, als der er einst sich ihnen gnädig zugewandt hat, und den Christen in voller Absolutheit *der* ist und sein wird, als der er ihnen in anderer Weise der Vermittlung Gott geworden ist. Juden und Christen können und dürfen von der Absolutheit ihres voneinander unterschiedenen Wahrheitszeugnisses nicht lassen, sie gehen darum nach dem offenbar gewordenen Willen der göttlichen Vorbestimmung getrennte Wege durch die Weltgeschichte nebeneinander her. Aber als Christen und Juden wissen sie darum, daß in der übernatürlichen *Zukunft* des Reiches Gottes auch die Parallelen sich einst schneiden werden und beide Wege nur noch *ein* Weg sind — und dann schon Nicht-mehr-Weg, sondern das Sein-am-Ziel.

Die Wege laufen durch die Zeit. Zurückgelegt ist schon eine Strecke von etwa 1900 Jahren. Wir wissen nicht, wieviel Erdjahre Gott bestimmt hat, *wann* die Weltzeit also zu Ende gehen wird. Aber die Zeit ist *geschichtliche* Zeit und auch die Wege haben ihre Geschichte. Und in dieser Geschichte haben Israel und Christenheit zufolge der Dialektik ihrer Gegensatzbeziehung Glaubensauseinandersetzungen gehabt, welche die bisher längste Zeit Auseinandersetzung im Wortsinn gewesen ist — Abgrenzung voneinander, Begründung der eigenen und Widerlegung der anderen Sache; die unvergleichlich kürzere Zeit erst währt der Versuch, miteinander in ein Gespräch zu kommen, in dem wirklich auf einander hin gehört und gesprochen wird. Wir wollen nun im folgenden erstmalig den *Gang* dieser Auseinandersetzungen vom *Dogmenstreit zum Glaubensgespräch* im Zuge der religionsgeschichtlichen Entwicklung — wenn auch im Abriß nur — nachzuziehen uns bemühen. Für unser Vorhaben, das sich für die Geschichte der Kontroverstheologie auf viele noch kaum ausgewertete Quellen des *jüdischen* Traditionsschrifttums stützen kann, um durch ihre Verdeutlichung der geschichtlichen Darstellung eine *dogmatische* Basis zu geben, bleibt freilich das ganze apokryphe, patristische, scholastische und reformatorische

Schrifttum außer Ansatz; doch sei der Hoffnung Ausdruck gegeben, daß dieses noch weit umfangreichere Quellenmaterial für die *gleiche* Geschichte des jüdisch-christlichen Glaubensgegensatzes auch von *christlicher* Seite einmal angegangen wird.

Dies möge vorerst zur Verdeutlichung der prinzipiellen Voraussetzungen dieser Untersuchung genügen — vom Ende her wird noch einmal auf sie zurückzukommen sein —, mit denen hier erstmalig an ein so gewichtiges und schicksalsschweres Thema, wie es das »Jüdisch-christliche Gespräch in 19 Jahrhunderten« bedeutet, zu erörtern versucht wird. Von überkommenen Parteistandpunkten aus kann freilich diese Fragestellung im vollen Ernst und in der ganzen Schwere ihrer Problematik gar nicht gesehen werden. Denn dem kompromißlosen Orthodoxen aller Religonen stellt sich eine solche Problematik zumeist gar nicht erst. Weil dieser — da er selber im Besitz der absoluten Wahrheit — die übrige Welt höchstens des Irrtums oder mangelnder Erkenntnis zeiht, fehlt ihm zu einem Gespräch in wirklicher Aufgeschlossenheit für das Anliegen des Anderen einfach die innere Bereitschaft. Und dem Religiös-Liberalen aller Konfessionen, wenigstens soweit sein Liberalismus nur einem antidogmatischen Affekt entspringt, droht zumeist das historisch *Einmalige* in der Entwicklung, die *Offenbarung* in der Religionsgeschichte zu versinken und die Gegensätze in irgend einer Synthese — sie sei so fraglich wie immer — unterzugehen. Aber wenn nicht alles trügt, gibt es heute, da man vielerorts das theologische Erbe des 19. Jahrhunderts zu liquidieren trachtet und füglich auch die alten Religionsparteien ständig einflußloser werden, auf christlicher wie auf jüdischer Seite eine neue *dritte* Position, von der aus es auch Voraussetzungen für *echte* Religionsgespräche gibt, die in voller Härte des Dogmatischen und dennoch ohne mittelalterliche Nominalismen geführt werden können.

Denn wenn in dieser Zeit etwas gefordert ist und etwas zu Hoffnungen berechtigen kann, dann dieses, daß Christ und Jude *innerhalb* ihres Religionsgespräches, und ebenso *unabhängig* von ihm, jeder in Treue zu seinem Glauben und zu seinem Weg, der Welt gegenüber *gemeinsam* Zeugnis davon geben, daß sie eine Kunde von der Überwelt besitzen und als Leibeszeugen für die Wahrheit Gottes durch die Weltgeschichte schreiten. Die vielfach überdeckte *wirkliche* Linie ihres Streites aber, der geführt worden ist und geführt wird gegeneinander, miteinander und füreinander, verläuft innergeschichtlich *von der Auseinandersetzung zum Gespräch* und hört erst endgültig auf, wenn die Zeit erfüllt sein wird. Einer Welt gegenüber, die sich in den letzten zwei Jahrhunderten in erschreckend wachsendem Maße gegen das göttliche Wort überhaupt abschließt, werden aber Kirche und Israel — jeder in der ihm zugeordneten Weise und an seinem Platze — gemeinsam davon Zeugnis abzulegen haben, daß Gott zu *allen* Zeiten auch wider den Augenschein *König bleibt über die ganze Erde.*

II

ISRAEL UND DIE MENSCHHEIT

Eine der ältesten Anklagen, die im Verlaufe der Weltgeschichte immer wieder gegen die Juden erhoben werden, ist ihre Feindschaft gegen die nichtjüdische Menschheit und zumal gegen das Christentum. Liest man die Quellen zur Geschichte der ersten nachchristlichen Jahrhunderte, so kann man tatsächlich erkennen, daß noch bis ins 5. Jahrhundert hinein innerhalb des Imperium Romanum ein erbitterter Kampf zwischen Judentum und Christentum um die religiöse Vorherrschaft geführt worden ist. Dieser sehr spannungs- und wechselreiche Kampf, in dem die Juden zeitweise unter Kaiser Julian um 361 zu triumphieren schienen, und der Umfang der jüdischen Weltpropaganda auch noch in damaliger Zeit sind viel zu wenig bekannt, aber für die Beurteilung des jüdischen Geschichtsschicksals außerordentlich wesentlich [1], denn erst seit jener Zeit ist die bis heute – und wohl bis zu der Zeiten Ende – beständige jüdische Position der geschichtlichen *Ohnmacht*, d. h. innerhalb der Weltgeschichte ohne Macht zu sein, entschieden und offenkundig geworden. Aus jener Kampfzeit stammen auch, was wiederum die wenigsten wissen, die meisten Anschuldigungen, die noch bis heute gegen die Juden vorgebracht werden, von der Ritualmordbehauptung über die Meinung, daß an Purim der Heiland der christlichen Religion verbrannt werde, bis zu der Anklage, daß es den Juden erlaubt sei, die Nichtjuden zu betrügen, zu schänden, zu achten gleich dem Vieh usw. Manche aus dem Textzusammenhang gerissene, oder auch falsch verstandene und verderbt übersetzte Talmudstelle, aber auch manche unfreundliche Bemerkung, die in den Debatten der babylonischen und palästinensischen Lehrhäuser tatsächlich gefallen und überliefert worden ist, dient zur Stützung dieser Behauptungen. Gerade diese letzteren Stellen, die sich durchweg auf zeitgeschichtliche Vorgänge beziehen und sehr oft nur *zu* verständliche Gefühlsreaktionen auf Verfolgung und Bedrückung aller Art darstellen, sind ohne intime Kenntnis der spätrömischen und byzantinischen Zeitgeschichte überhaupt nicht zu verstehen. Vor allem aber sind sie gänzlich ungeeignet, von der wirklichen Lehre der Juden, wie sie religionsgesetzlich feststeht, über die Beurteilung der Nichtjuden und das Verhalten zu ihnen ein klares und gültiges Bild zu geben. Grundsätzlich gilt für die Zitierung rabbinischer Äußerungen — was *Elbogen* (MGWJ 1936, p. 47 f.) als Schwierigkeit für alle religionsvergleichende Arbeit feststellte —, daß im Gegensatz zu den Schriften des neutestamentlichen Kanons und der patristischen Literatur, die auf ein bestimmtes Ziel hin geschrieben sind oder ein bestimmtes Thema behandeln, das rabbinische Schrifttum »ein großes Sammelbecken aller möglichen Äußerungen ist aus sehr verschiedenen Zeiten und Lagern, die vielfach der Zufall zusammengebracht hat. Hier ist nicht einmal das Vorkommen der Einzeläußerung für die Gesamtanschauung maßgeblich«. Damit soll das rabbinisch-talmudische Material hinsichtlich seiner Verwendbarkeit nicht etwa eingeklammert, sondern es sollen lediglich die unerläßlichen Bedingungen religionsgeschichtlicher Kennerschaft und Vorurteilsfreiheit ins nötige Licht gerückt werden. Darum wollen wir hier auch ab ovo vorgehen und zur Einleitung in aller Kürze versuchen, eine Darstellung der jüdischen Lehre, wie sie als halakhisch feststehend zu gelten hat, über das Verhältnis zu den Völkern der Welt — und insbesondere zu den Christen zu geben. Im folgenden Hauptkapitel soll dann der eigentliche israelitisch-christliche Glaubensgegensatz im jüdischen Schrifttum der ersten Jahrhunderte aufgewiesen und alsdann die Entwicklung in der Beurteilung des Christentums und der Stellung zu ihm geschichtlich verfolgt werden durch das Mittelalter bis ins 19. Jahrhundert hinein, während der letzte Teil von der Gegenwart – vornehmlich von den Bemühungen Martin Bubers und Franz Rosenzweigs – um das weltgeschichtliche Nebeneinander von Israel und Christenheit handeln soll, dessen Geheimnis erst am Ende der Zeiten wird offenbar werden können.

Das Verhältnis Israels zur Menschheit findet darin seine erste und oberste Richtschnur, daß nach dem Bericht der Thora alle Menschen von *einem* Vater abstammen, daß sie alle – nicht als Sippen oder Völker, aber – *als Menschen* in Adam Brüder sind und darum »*b'ne Adam*« oder, da nach der Sintflut Noah – als Vertreter des Rechtsprinzips – der Welterhalter war, »b'ne Noach« (Noachiden) genannt werden. Seit der Zeit der Landnahme Kanaans bis heute gilt über die Behandlung jedes Fremden, der inmitten einer israelitischen Gemeinschaft weilt, die Weisung vom Sinai: »Den Fremdling sollt ihr nicht unterdrücken, denn ihr wisset um der Fremdlinge Herz. Wart ihr doch selbst Fremdlinge gewesen im Lande Ägypten« (2. Mos. 23, 9). Und im Talmudtraktat Chagiga 5 a heißt es: »Wenn jemand das Recht des Fremdlings beugt, so ist es ebenso, als würde er das Recht des höchsten Gottes beugen.« In der ausgedehnten Fremdengesetzgebung der Bibel ist der Fremdling – der *Ger* oder *Nokhri,* wie der biblische Ausdruck lautet –, der im Lande »gastet« und den du »lieb halten sollst dir gleich« (5. Mos. 10, 19), den Israeliten rechtlich und politisch gleichgestellt. Jeder Inlandsfremde hatte die Möglichkeit, Israelit im Vollsinn zu werden, und selbst die Ausnahmebestimmung, die die

Thora (5. Mos. 23, 3) über die Ammoniter und Moabiter getroffen hatte, haben die Tannaiten des ersten Jahrhunderts post Chr. (Mischna Jadajim IV, 4 und Berakhot 28 a) mit der interessanten Begründung aufgehoben, daß schon seit den Kriegen und Eroberungen Sanheribs die Unterschiede zwischen den Völkern durch die Vermischung fortgefallen seien. Unter den »Proselyten« der jüdischen Religionsgemeinschaft in Palästina — die LXX übersetzten so die biblischen *Gerim* — unterschied man in der rabbinischen Literatur den »Ger Ṣedeq«, den Vollproselyten, der sich beschneiden ließ und das »Joch der Gesetze« voll auf sich nahm, und den »Ger Toschab«, den Fremdling im Tor, auch Beisaß- oder Halbproselyten, der im Lande lebte und nach seiner freien Wahl nur einen Teil des jüdischen Gesetzes als für sich verbindlich annahm. Die Werbung von Proselyten, die im Zuge der jüdischen Missionspropaganda vom babylonischen Exil an, besonders zur Makkabäerzeit, aber noch bis ins 5. Jahrhundert hinein systematisch betrieben wurde, galt vielen als ein sehr verdienstliches Werk. So urteilt *Rabbi Simon ben Ele'azar* (Tannait der zweiten Generation um 130): »Der Heilige, gepriesen sei er, hat Israel nur deshalb unter die Völker in die Galut (Verbannung, Zerstreuung) gegeben, damit sich ihnen Proselyten anschließen« (Talmudtraktat Pesachim 87 b). Erst nachdem man offenbar häufig schlechte Erfahrungen mit Proselyten gemacht hatte, wurde man vorsichtiger, und seit dem dritten nachchristlichen Jahrhundert mehren sich die Stimmen gegen das Proselytentum (Rabbi *Chelbo:* Die Proselyten sind den Juden schwer wie Aussatz — Tr. Jebamot 47 b u. öfter). Die Nachwirkungen der hadrianischen Verfolgungen (135 post Chr.), die Verschlechterung der Weltsituation für die Juden, die Verfestigung des Zauns um die Thora, der Entschluß der Rabbinen, den Übertritt zu erschweren (Jeb. 47 a: Die Rabbinen lehrten: Wenn jemand in der Jetztzeit Proselyt werden will, so spreche man zu ihm: Was veranlaßt dich, Proselyt zu werden? Weißt du denn nicht, daß die von Israel in der Jetztzeit gequält, gestoßen, gedemütigt und gerupft werden und Leiden über sie kommen?) — alle diese Gründe haben in der Folgezeit Übertritte immer seltener werden lassen, wenngleich sie in allen Jahrhunderten vorgekommen sind. Am bekanntesten ist der Fall der Chasaren oder Khazaren, eines Tatarenvolkes in der Krim, geworden, das um 770, dem Vorbild seines Königshauses folgend, geschlossen übertrat.

Wichtig für unseren Zusammenhang ist hier nun die besonders von *M. Guttmann* [2] beschriebene Wandlung, die der obige Begriff des »Fremden im Tor« oder »Halbproselyten« in den nachchristlichen Jahrhunderten durchgemacht hat. Die griechischen und lateinischen Schriften der Zeit übernahmen für sie den hebräischen Ausdruck *jir'e adonaj* und nennen sie daher die Gottesfürchtigen, als welche im hellenistischen Judentum *diejenigen* Heiden bezeichnet werden, die sich in der Diaspora der jüdischen Art der Gottesverehrung angeschlossen hatten, mitunter die Synagogen besuchten, aber meist ohne die Zeremonialgesetze für sich zu beachten und ohne zum Verband der jüdischen Gemeinden gezählt zu werden [3]. In dieser Zeit ist der Begriff des Gottesfürchtigen zunehmend und umfassender zum Unterscheidungsbegriff zwischen Nichtjuden *und* Nichtjuden geworden. »Gottesfürchtiger« wurde genannt, wer sich an die *noachidischen Gebote* hielt, d. h. an die Gebote, die schon Noah und der vorisraelitischen Menschheit bekannt gewesen waren. Als solche sind in der Diskussion, die der Traktat Sanhedrin 56 des Babylonischen Talmuds überliefert hat, das Verbot des Götzendienstes, der Gotteslästerung, der Unzucht, des Blutvergießens, des Raubes und des Fleischgenusses von lebendigen Tieren sowie das Gebot der Gerichtsbarkeit festgestellt worden. Und

Maimonides hat in Mischne Thora IV, Hilkhot Melakhim Abschn. X, Halakha 2, die *gültige* jüdische Auffassung formuliert, wie sie von der Tradition zu *allen* Zeiten festgehalten und vertreten worden ist: »Wer sich zur Beobachtung der 7 noachidischen Gebote bekennt und sie zu vollziehen sich befleißigt, gehört zu den Frommen unter den Völkern und hat Anteil an der zukünftigen Welt.« Allerdings gilt nach Maimonides (Ebd. VIII, 11) nur *der* als »nichtjüdischer Frommer«, der diese Gesetze nicht als von der Vernunft diktiert, sondern im Bewußtsein ihres göttlichen Ursprungs erfüllt. Und mit dieser wichtigen Einschränkung wird ein jeglicher, der die noachidischen Gebote hält, den Juden gleichgehalten. Ja, im Talmud wird sogar dreimal als Ausspruch des *R. Meir* (um 150 post Chr.) überliefert: »Der Heide, der sich mit der Gotteslehre beschäftigt, ist dem Hohepriester gleich.« (Sanhedrin 59 a; Baba qamma 38 a; und 'Aboda Zara 3 a).

Was nun die im Ursprung staatsrechtliche Institution des Ger Toschab, des Halbproselyten oder Fremden im Tore, anlangt, so ist sie, seitdem das Jobeljahr nicht mehr in seiner vollen Gesetzlichkeit besteht, d. h. seit dem Aufhören der eigenen israelitischen Staatlichkeit, in Fortfall gekommen und begrifflich ist an die leere Stelle der »Fromme unter den Völkern«, der *Noachide* getreten, der durch seine »Gerechtigkeit«, die nicht nur das Erbteil der Gemeinde Jakobs sei, Anteil hat an der zukünftigen Welt (Tosefta Sanh. 13, 2; Bamidbar rabba 8, 2 u. ö.). Eine feststehende Eigenbezeichnung für die Christen ist im talmudischen Schrifttum nicht zu finden, da mit dem Namen *Minim* oder Minäer immer nur die jüdischen Häretiker (darunter auch die Judenchristen) gemeint werden, über die freilich manch hartes Wort zu finden ist. »Unter den Heiden gibt es keine Minim«, sagt der Talmud (Chullin 13 b). Die spätere religionsgesetzliche Bezeichnung für das Christentum ist

»*Schittuf*«, d. h. »die Verbindung des Namens Gottes mit einer anderen Sache«, wie die mittelalterlichen Kommentatoren entschieden haben (insbesondere in Erklärungen zum Traktat Sukka 45 b, wo vom Schittuf die Rede ist), indem sie damit die christliche Gottesverehrung streng von der 'Aboda Zara (Götzendienst) abgegrenzt und somit indirekt als noachidische Möglichkeit anerkannt haben [4]. Darum erklären auch die Tossafot zu Sanh. 63 b, Megilla 28 a, Bekhoroth 2 b, Schulchan 'Aruch O. C. 156 u. ö., daß es dem Juden gestattet sei, sich von einem Christen einen christlichen Eid schwören zu lassen, obwohl Schittuf stattfinde und noch ein anderes Wesen in göttlicher Verehrung angerufen werde.

Doch finden sich im mittelalterlichen Schrifttum auch zahlreiche direkte Definitionen, Entscheidungen, Responsen u. dgl. [5], die den Ort bestimmen, den das Christentum vom jüdischen Religionsgesetz aus einnimmt. So *Maimonides* (Peer Hador 50): »Die Christen glauben und bekennen wie wir, daß die Bibel göttlichen Ursprunges und unserem Lehrer Moses offenbart worden ist; nur in der Auslegung der Schrift unterscheiden sie sich.« [6] Und in einem schon des öfteren gegen judengegnerische Entstellungen zitierten Brief Maimonides' an seinen Schüler Chisdai ha-Levi: »Betreffs deiner Frage wegen der (nichtjüdischen) Völker wisse, daß Gott das *Herz* verlangt, daß nach der Absicht im Herzen die Dinge zu beurteilen sind, und es ist daher kein Zweifel, daß jeder (von den Völkern), der seine Seele durch Tugenden und Weisheit in der Erkenntnis Gottes vervollkommnet, Anteil an der ewigen Seligkeit hat.« — Und was die Stellen anlangt, aus denen seit *S. F. Brenz'* »Abgestreifter jüdischer Schlangenbalg« (1614) und *Eisenmengers* »Entdecktes Judentum« (1700) mancher Judengegner Gehässigkeiten und Verfluchungen der Christen »nachgewiesen« hat, so sei hier eine Äußerung des *R.*

Eli'ezer Aschkenazi (1580 — zitiert bei Zunz a. a. O. p. 385) wiedergegeben: »Selbst wenn wir denen fluchen, die uns widerrechtlich kränken und uns Böses zufügen, ist dieser Fluch, Gott behüte, keine Vorschrift der Religion, sondern dem Tun eines Gekränkten ähnlich, der dem eigenen Sohn oder Bruder flucht; allein fern ist es von uns, ein Volk, selbst wenn ein Teil desselben uns Böses getan hat, im ganzen zu verfluchen.« Auch die Juden des Mittelalters haben schließlich bei aller Gottergebenheit auf ungerechte Drangsalierungen, grausame Verfolgungen und Pogrome nur *menschlich* reagieren können und *vor Gott* ihr Galutleid aus Bangigkeit des Herzens angeklagt (vgl. nächstes Kapitel). Aber sie haben die, die nach den Taten Edoms handeln, und die, die nicht nach den Taten Edoms handeln ('Aboda Zara 10 h), also Götzendiener und Gottesfürchtige unter den Völkern, sehr wohl voneinander zu unterscheiden gewußt. Der *Schulchan 'Aruch* nimmt daher auch an mehreren Stellen strenge Abgrenzungen zwischen heidnischem Götzendienst und christlicher Bilderverehrung vor, und der Beer-ha-Gola, eine Sammlung von Zusätzen des R. Mose Ribkes (1640), die vielen Ausgaben des Schulchan 'Aruch beigedruckt ist, erklärt zu Choschen-ha-Mischpat (266, Abs. 1 u. § 425, 5) ausdrücklich: »Alles, was der Talmud in betreff der Cojim sagt, bezieht sich auf frühere Völker, die Götzendiener waren. Aber die Völker, in deren Mitte wir leben, halten an vielen Hauptgrundsätzen unserer Religion fest. Der Schöpfer des Himmels und der Erde wird von ihnen verehrt. Wir haben die Pflicht, für ihre Obrigkeit zu beten . . .« Und diese Auffassung wird von fast allen Dezisoren geteilt und kommt bei jeder passender Gelegenheit zum Ausdruck.

Auf dieser Feststellung liegt deshalb viel Nachdruck, weil die Thora auf den Götzendienst die Ausrottungsstrafe gesetzt hat (5. Mos. cap. 7 u. a.) und manche Talmudstelle, die Normen über das Verhalten zu den Götzendienern aufstellt, von Judengegnern späterer Zeiten widerrechtlich auf die nichtjüdische Menschheit ihrer Tage bezogen wird. Soweit die nichtjüdische Menschheit christlich (und übrigens auch islamitisch) ist, fällt sie nach jüdischem Religionsgesetz unter den Begriff des *Schittuf*, d. h. der Vermischung von jüdischen und nichtjüdischen Glaubenselementen. Mit Christen (und Mohammedanern) teilen die Juden trotz aller Gegensätze den Glauben an den *gleichen* Gott, den Gott Israels, den die Schrift auch als den »Gott der Völker« bekennt. (Jeremia 10, 7; Jesaja 2, 3; Psalm 47, 8; 82, 8 u. ö.) Der Gott Israels ist eben zugleich auch der fürsorgliche Gott Nicht-Israels. »Haben wir nicht alle *einen* Vater? Hat nicht *ein* Gott uns geschaffen?« fragt der Prophet Maleachi (2, 10). Und von diesem Bewußtsein aus hat sich im Rhythmus der in den folgenden Kapiteln darzustellenden religionshistorischen Entwicklung in Geschichte und Gegenwart manches Gespräch und manche Gemeinsamkeit in Aufgabe und Schicksal ergeben. Der Vorwurf der »Menschenfeindschaft«, der von der Antike bis heute auch von christlicher Seite gegen Israel immer wieder erhoben worden ist, obwohl das Verhältnis der Juden zu ihrer Umwelt religiös und praktisch zu allen Zeiten geregelt gewesen und von allen Einsichtswilligen in Erfahrung gebracht werden konnte [7], wurzelt aber letzten Endes — so wir richtig sehen — in einem tiefen Mißverstehen der Tatsache, daß Israel das »auserwählte Volk« ist. Und dieses Nichtverstehenkönnen der Völker hat *metaphysische* Bedeutung, von der wir im folgenden noch zu handeln haben werden. Die *Antwort der Wahrheit* aber geben Midrasch und Jalqut Schime'oni zu Ps. 109, 4: »Anstatt mich zu lieben, hassen sie mich«, so spricht Israel zu den Völkern. »Ihr solltet uns lieben, denn wir brachten für euch 70 Opfer dar [8], aber ihr liebtet uns nicht, sondern haßt uns, *doch wir beten für euch.«*

III

DER JÜDISCH-CHRISTLICHE GLAUBENSGEGENSATZ IN DEN ERSTEN JAHRHUNDERTEN

Genauso wie die antijüdische Polemik der Völker der Welt bis in die frühe Antike zurückgeht – genaugenommen bis zu Hamans Ärgernis, daß hier ein Volk vom Gesetz *jeglichen* Volkes unterschieden sei –, so lassen sich auch die Argumente der christlichen Polemik gegen das Judentum, die sich fast über 19 Jahrhunderte gleich geblieben sind, bis in die früheste Zeit christlicher Kirchengeschichte zurückverfolgen. Und zwar sind es folgende Behauptungen, die zum *dogmatischen Bestand aller christlichen Kirchen* gehören und die von der Kirchenlehre aller Jahrhunderte mit dem Hinweis auf das Faktum der christlichen Macht und der jüdischen Ohnmacht in der Weltgeschichte in immer neuen Exegesen bestimmter alttestamentlicher Schriftstellen ausgesprochen worden sind:

1. Der in Genesis 49, 10; Jesaja 53 und an zahlreichen anderen Stellen der Schrift geweissagte *Messias* sei Jesus aus Nazareth gewesen, der unter Pontius Pilatus ans Kreuz geschlagen worden ist.

2. Die *Auserwählung Israels* sei seit der Ablehnung und Kreuzigung des erschienenen Messias Jesus aus Nazareth auf die christliche Kirche übergegangen und die Kirche heiße nunmehr das wahre Israel.

3. Die *Straffolge* für die Kreuzigung Jesu sei die *Zerstörung des Tempels* zu Jerusalem als Ausdruck für die von Gott her erfolgte *Verwerfung* des Volkes Israel, das ob seiner Verstockung unerlöst durch die Welt irren müsse bis

zur Wiederkunft des Herrn. Alsdann werde die Fülle Israels sich bekehren und eingehen in die Erkenntnis Jesu und durch ihn Erlösung finden.

4. Das jüdische Gesetz sei laut dem Zeugnis des Paulus durch den Glauben an die neue Offenbarung *aufgehoben.*

Alle vier Behauptungen sind von den Juden aller Jahrhunderte erbittert bestritten worden. Aber während man in den ersten Jahrhunderten der bürgerlichen Zeitrechnung die werdende Kirche nicht recht ernst genommen hat, weswegen sich nur auffallend wenige talmudische Stellen finden lassen, die mit Sicherheit auf den historischen Jesus bezogen sind [9], und überhaupt die Kenntnis der babylonischen Rabbinen von den ganzen Vorgängen in Galiläa dürftig und legendär gewesen ist, ist man in den folgenden Jahrhunderten, die den Aufstieg der Kirche zur Weltmacht brachten, dogmatischen Auseinandersetzungen in der Regel aus dem Wege gegangen, falls man nicht ausdrücklich zu Stellungnahmen gezwungen wurde. Dennoch bietet sich zur Erörterung der dogmatischen Fragen ein in seinem Umfang und in seiner Zerstreuung kaum übersehbares — natürlich überwiegend haggadisches — Material, denn schon die Gespräche der Talmudlehrer, der Tannaiten und Amoräer, die stets konkreten Anlässen entsprangen und häufig modernen Parlamentsdebatten zu vergleichen sind, haben es in der Auseinandersetzung mit haeretischen Lehrmeinungen sehr oft mit der Abwehr christlicher Dogmen zu tun, zumal wenn diese — wie die genannten Punkte 1 bis 4 — die Frage der rechtmäßigen geschichtlichen Weiterexistenz des Volkes Israel derart in Zweifel ziehen. Besonders die Midraschim — speziell die jüngeren — und der Jalqut sind voll von für diese Fragen einschlägigem Lehrgut. In diesem beschränkten Rahmen kann unsere Sache freilich nichts anderes sein, als unter Verzicht auf historische Interpretation der einzelnen Quellen [10] aus der Fülle des Materials die jüdischen *Antworten* auf die christlichen Lehren, soweit sie überzeitliche Gültigkeit haben — freilich recht summarisch und zu systematischer Bearbeitung dieses Brachlandes der Forschung auffordernd [11] — wiederzugeben, da sich gerade in ihnen das jüdische Selbstbewußtsein der Zeiten spiegelt. Denn vornehmlich die Antworten der Rabbinen aus den ersten Jahrhunderten [12], die zur Aufrichtung und Belehrung des Volkes gegeben worden sind, offenbaren im Grunde nichts mehr und nichts weniger als das *Geheimnis Israels, warum* die Juden alle Galutleiden tragen, durch die Zeiten wandern und nicht untergehen, noch die Taufe nehmen, sondern als Bundesvolk Gottes eine geoffenbarte Botschaft an die Menschheit tragen, die heute noch mit dem Namen des Ewigen versiegelt ist — gepriesen sei sein Name —, das *Wahrheit heißt.*

Die Messianität Jesu

Welch ungeheure Bedeutung für Christen wie für Juden zu allen Zeiten der sog. »alttestamentliche Schriftbeweis« gehabt hat, wird für heutige Menschen erst verständlich, wenn bedacht wird, daß die Bibel nicht nur Offenbarungs-, Geschichts- und Gesetzesurkunde, sondern außerdem auch noch *Weissagungsbuch* gewesen ist, in dem zukünftige Ereignisse andeutungsweise oder dem Typus nach — typologische Schrifterklärung — schon vorweggenommen sind (z. B. im Geschick der Erzväter das der Nachkommen; Edom nach der Haggada Typus auf Rom usw.). So hatten denn auch die frühchristlichen Gemeinden alles Interesse daran, bestimmte Schriftstellen auf Jesus hin zu deuten, wie z. B. Jesaja 7, 14, wo von der Geburt eines Davididen Immanuel gesprochen wird, der Jesus gewesen sein soll. Der Bote des Herrn in Maleachi 3, 1 wird für Johannes den Täufer als Elias angesehen und somit als Vorläufer des Nazareners. Ebenso soll der 110. Psalm eine Weissagung auf den im Himmel zur Rechten Gottes sitzenden Jesus enthalten und viele andere Stellen mehr. Die Lehrer des Judentums antworteten auf solche Auslegungen, indem sie die fraglichen Stellen historisch anders bezogen, oft auf den König Hiskia; aber die Auslegungen der Kirchenväter haben sich über das mittelalterliche Schrifttum (trotz religionsgeschichtlicher Schule) bis in die christliche Theologie unserer Tage verpflanzt [13].

Die jenem Zeitalter eigentümliche Form der Beweisführung, alles auf das Bibelwort aufzubauen und jede eigene Aussage mit biblischen Zitaten zu beweisen – ohne dabei Rücksichten zu nehmen auf den Sinnzusammenhang, in dem das Zitat steht, oder die historischen Umstände, unter denen es ausgesprochen wurde, zu beachten –, zeugt gewiß von der schlechthinnigen *Souveränität* und ausschließlichen *Autorität* der Schrift, ist aber in dieser »naiven« Form für unser heutiges Bewußtsein unmöglich mehr zu übernehmen. Mit Recht macht *J. Ziegler* a. a. O. 64 f. darauf aufmerksam, daß man die Durchschlagskraft des Evangeliums nur dann richtig versteht, wenn man darauf achtet, mit welchem Geschick die neue Lehre sich dieses Beweisverfahren angeeignet hat, was wieder der christliche Leser von heute mangels Kenntnis dieses »jüdischen« Denkstils nur in den seltensten Fällen zu würdigen versteht, zumal er den Bezug auf die entsprechenden Stellen der Schrift oder die Parallelen zum zeitgenössischen Schrifttum der Rabbinen und die *spezifische* Umbiegung gemeinjüdischer Lehren der Zeit – dies muß trotz Strack-Billerbeck festgestellt werden – meist nur ungenügend beachtet. Für die *Methode* des Schriftbeweises mögen hier folgende Beispiele dienen: Jesus sei in Bethlehem geboren, sonach der Messias, *denn* es heißt beim Propheten Micha 5, 1: »Und du Bethlehem, aus dir wird mir ein Herrscher hervorgehen für Israel« (Matth. 2, 5 f.). Jesus hielt sich in Ägypten auf, sonach ist er Gottes Sohn, *denn* wir lesen in Hosea 11, 1: »Aus Ägypten habe ich meinen Sohn gerufen« (Matth. 2, 15). Jesus reitet auf einem Esel in Jerusalem ein, *denn* es heißt Sacharja 9, 9: »Siehe dein König kommt zu dir und reitet auf einem Esel« (Matth. 21, 5). Jesus hat unverschuldet viel gelitten, sonach ist er der Messias, *denn* Jesaja lehrt 53, 4: »Er nahm unsere Schwachheiten, und unsere Krankheiten trug er« (Matth. 8, 17). Daß diese immer wiederkehrenden Berufungen entweder ein sog. *vaticinium post eventum,* d. h. eine Wahrsagung *nach* dem Ereignis waren und das Ereignis selbst in das Leben Jesu hineingetragen wurde, um nur das Prophetenwort nachträglich zu bestätigen, oder auch umgekehrt (nach dem Prinzip *l'qajjem ma schene'emar,* d. h. um zu erfüllen, was geschrieben steht) Jesus sein Handeln den prophetischen Verkündigungen anpaßte und entsprechend ausrichtete, trägt nur zu der Erkenntnis bei, daß die Verfechter der neuen Lehre eben ganz nach *jüdischer* Art ihre Dispute geführt haben. – Auf diesen Feststellungen liegt deshalb Gewicht, weil sie einen unübersehbaren Beitrag zur *haggadischen* Wesenserkenntnis des Neuen Testamentes geben, das in weiten Partien tatsächlich nichts anderes als *neuartige* – bestimmt vom Glauben an die Gottessohnschaft Jesu neuartige – *Exegese* der jüdischen Bibel und damit immer schon »Rechtfertigung« vor *der* Schrift ist [14].

Von entscheidender Bedeutung in diesem »biblischen Beweisverfahren«, das die Kirchenväter übrigens für eigenen Gebrauch bereits bei den alexandrinischen Juden ausgebildet vorfanden, wurde die Vision vom leidenden Gottesknecht ('Ebed Haschem) in Jesaja 52–53, die von der Kirche auf Jesus gedeutet wurde und durch sein Leiden und Sterben in Erfüllung gegangen sei. Die Rabbinen antworteten darauf, indem sie die Stellen vom leidenden Gottesknecht meist auf das ganze Volk Israel bezogen (was schon der

Kirchenvater Origenes in »Contra Celsum« als Auslegung eines jüdischen Gelehrten wiedergibt), dessen historisches Leidenschicksal hier vorausverkündet sei, — und weder von Jesus noch überhaupt vom Messias sei an dieser Stelle die Rede. *Daß* ganz Israel als Missionar des Leidens von Jesaja gemeint gewesen sei, ist auch durchgehende Erklärung der meisten jüdischen Bibelausleger des Mittelalters (Raschi, Ibn 'Ezra, David Qimchi u. a.) geblieben.

Aber schon die christologische Lehre als solche, der Glaube, daß Gott Mensch geworden sei und zur Sühne der menschlichen Sünden seinen eingeborenen Sohn habe den Opfertod erleiden lassen, ist für die Juden — wie Paulus richtig sagt — ein »Ärgernis«, d. h. eine unmögliche Glaubensvorstellung gewesen, durch die die Souveränität und schlechthinnige Jenseitigkeit Gottes Schaden erleidet, *ja die Welt zerstört wird*[15]. Aus dem Pathos dieser Glaubenshaltung heraus zerriß der sadduzäische Hohepriester im Entsetzen vor der Behauptung einer Menschwerdung des ewigen Gottes seine Kleider (gemäß der rabbinischen Anordnung über das Verhalten eines Richters beim Anhören einer Gotteslästerung), ebenso wurde auch Stephanus, als er seinen Glauben an den himmlischen Gottessohn bekennt, von einer fanatisch erregten Volksmenge gesteinigt (lt. Apostelgesch. 7, 54—60), und aus dem *gleichen* Glaubenspathos heraus heißt es in einem freilich späten homiletischen Midrasch: Menschenmunde ist es nicht erlaubt, zu sagen: Der Heilige, gepriesen sei er, habe einen Sohn. Wenn Gott es vor Schmerz schon nicht mit ansehen konnte, daß Abraham seinen Sohn schlachtete — — — hätte er seinen eigenen Sohn wohl töten lassen, ohne die ganze Welt zu zerstören? (Agada Bereschith cap. 31). Und an anderer Stelle: Als Nebukadnezar den Ausdruck »er gleicht einem Sohn Gottes« (Daniel 3, 25) gebrauchte, sei ein Engel vom Himmel herabgekommen, habe ihn auf den Mund geschlagen und gesagt: Frevler, hat denn Gott einen Sohn? (jer. Tr. Sabbath 8; ähnlich auch Midr. Samuel V, 7). Ferner erklärt der Midrasch rabba zu 2. Mos. 20, 2: »Ich bin der Ewige, dein Gott«: Damit vergleiche man einen König von Fleisch und Blut. Der regiert und hat einen Vater oder einen Bruder oder einen Sohn. Der Heilige, gepriesen sei sein Name, sagte: Ich bin nicht also. »Ich bin Erster«, denn ich habe keinen Vater; »und ich bin Letzter«, denn ich habe keinen Sohn; »und außer mir ist kein Gott« (Jes. 44, 6), denn ich habe keinen Bruder (R. Abbahu, Amoräer d. 2 Generation – vor 300) [16].

In diesem Zusammenhang gewinnt auch alles im engeren Sinne auf den historischen Jesus bezügliche Material an Gewicht, das die tannaitischen Quellen überliefert haben. Es sind wenige verstreute Äußerungen, beiläufige Erwähnungen, die noch dazu im historischen Gehalt der Angaben – wie oft im Talmud – ungenau und unsicher sind, lediglich den Schluß zulassen, daß die ganzen Ereignisse um das Jahr 30 von den frühen Tannaiten nicht sonderlich wichtig genommen worden sind, wie ja überhaupt Verfechter abweichender Lehrmeinungen und Verurteilungen wegen messianischer Haeresie zu jener Zeit nichts Seltenes waren. Wichtig ist nur, daß *Jeschu ha-Noṣri* in der Denk- und Redeweise der damaligen Zeit als ein Mensch bezeichnet wird, der »seine Speise öffentlich anbrennen ließ« (d. h. öffentliches Ärgernis erregte, abtrünnig wurde – Sanh. 103 a u. ö.) und daß seine Verurteilung berichtet wird, weil er die Worte der Weisen verspottet (nach Matth. 23), Israel verleitet und abtrünnig gemacht habe (Sanh. 43 a; 107 b; Sota 47 b) [17]. – Erst am Ende der tannaitischen Epoche, rund 200 Jahre nach der Kreuzigung, wird von *R. Eli'ezer ha-Qappar*, einem Zeitgenossen des Mischnaredaktors Rabbi – offenbar unter dem Eindruck der Diskussionen mit Heidenchristen – gegen Jesus die Anklage erhoben, daß er sich selbst zur Gottheit gemacht habe (nach Jalquṭ Schime'oni § 765 zu 4. Mos. 23, 7). Und zwar wird zur Begründung dieser Anklage ein nach jüdischer Auffassung der damaligen Zeit entscheidender Einwand gegen eine mögliche Messianität Jesu vorgetragen – nämlich die schriftgemäße Beziehbarkeit der Kreuzigung auf die Thorastelle: »Denn eine Entwürdigung Gottes ist ein Gehängter« (5. Mos. 21,23), ein Satz, dessen Fatalität auch Paulus (Galater 3, 13) große Schwierigkeit gemacht hat. (Das viel berufene »Ärgernis des Kreuzes« hängt an dieser Stelle!)

Diese und noch weitere Stellen, die man vollständig bei Klausner und bei den christlichen Theologen Laible, Dalmann und Strack zusammengestellt finden kann, sind, wie nochmals betont werden muß, beiläufige Erwähnungen, die niemals zentrale Bedeutung hatten, aber für den Religionshistoriker wertvoll sind, will er Aufschluß über die geistige Verfassung dieses Zeitalters erhalten und die Eigenart damaliger Polemik kennen lernen. Für das heutige Judentum, dessen Stellungnahmen sich, wie noch zu zeigen sein wird, grundlegend gewandelt haben, sind sie *ohne* jegliche normative Geltung. Diese ganze Art freier midraschischer Exegese, wie wir sie bei den Amoräern – und dem Denkstil nach auch bei den Kirchenvätern – finden, sind lediglich für die Erhellung des dogmatisch-historischen Bewußtseins bedeutungsvoll.

Im übrigen finden sich erst, seitdem die werdende Großkirche ein christologisches Dogma auszubilden begann, also von der Mitte des 3. Jahrhunderts an, derart motivierte Stellungnahmen der Amoräer zur Gottmenschlehre – aus äußeren Rücksichten zumeist schon indirekt und eingekleidet –, um ihre dogmatische Unmöglichkeit für den strengen jüdischen Transzendenzmonotheismus aufzuhellen. Denn letzten Endes mußte, wie die herangezogenen Stellen durchgängig bekunden, die christologische Lehre aus der jüdischen *Gotteserfahrung* heraus (*Gott als der Gestaltlose kann sich keiner irgendwie gearteten Gestalt einkörpern, umrisselos und vorgestaltig ist er gestaltenschaffend!*) als vollkommen indiskutabel abgelehnt werden, wie auch kein Haggadist je das Bedürfnis gehabt hat, auf das Inhaltliche der paulinischen Lehre einzugehen. Im Grunde als genau solche »griechische« Spekulation dürfte den Rabbinen auch die christliche *Soteriologie* erschienen sein, daß die Signatur des jüdischen Volkes, der *'Ebed Haschem,* auf eine einzige Person eingeengt wurde, die zur Sühne für die Sünden ihrer Mitmenschen stellvertretend leide und gerade darin und dadurch der Messias sei. Ein Jude, der eine solche Lehre als *den* Sinn der Thora vortragen würde, hätte damit dem jüdischen Bewußtsein nach gerade den eigentlichen Sinn und Gehalt der monotheistischen Offenbarungsreligion preisgegeben. Weiter widersprach diese unjüdische Wendung aber auch allen realistischen Erwartungen, die jene Zeit von Juda Makkabi bis Simon bar Kochba für die *Tage des Messias* gehabt hat, die wirklich ein Ende des römischen Druckes, sowohl den irdischen Frieden unter dem sieghaften Szepter des Königs Messias, als das überirdische Wunder eines Aufhörens der Sünden bringen sollten. Vor allem aber wurde der erwartete König Messias als Mensch erwartet, weswegen der nachexilische, zumal im Danielbuch vorkommende Messiasname *ben adam* (»Menschensohn«) offenbar gerade als *jüdisch-antimythologischer* Terminus geprägt worden ist gegen die geläufigen »Sohn Gottes«-Vorstellungen im Heidentum der Zeit, welch letztere freilich bis in die Messianologie der apokalyptischen Bücher (zumal IV Esra) des ersten Jahrhunderts p. Chr. eingedrungen sind.

Was nun schließlich die Vorstellung anlangt, daß der Gottesgläubige — auch und gerade Gottes Beauftragter — *als Mensch* leiden müsse, so war und ist sie dem Judentum gewiß vertraut, weswegen sich die Juden des 4. Jahrhunderts mit den arianischen Christen, die den Menschen Jesus anerkannten, aber die Gottheit Jesu bestritten, auch politisch verbinden konnten, aber die Vorstellung, daß Gott Mensch wird, freiwillig ein eigenes Leidesschicksal hat und vor der Schlechtigkeit der Welt unterliegt, ist *jüdisch* eine Unmöglichkeit! — Freilich soll nicht verschwiegen werden, daß auch der Talmud einen leidenden Vorläufer-Messias kennt (z. B. Sukka 52 a), den *Messias ben Josef* (aus dem Stamme Efraim), der sogar im Kriege unterliegt und getötet wird, *dann* aber erscheint erst der *Messias ben David*, der die endgültige Erlösung bringen wird. Wenn man will, läßt sich auch in dieser erst recht spät (nach *G. Kittel* auf keinen Fall vor dem 2. Jahr. p. Chr.) ausgebildeten Lehre — als solcher — eine reflektierte Antwort auf die durch die Christen neu gestellte Messiasfrage erkennen, die Machterweise des Messias im Zusammenhang mit dem Leidensproblem zu erblicken. Aber nicht so sehr der Messias *als Gestalt* hat für das spätere Judentum entscheidende Bedeutung gewonnen, sondern das für die Tage des Messias erwartete *Reich* auf Erden, in dem Gott König sein wird und Er der einzige, Sein Name der einzige. (Sach. 14, 9.)

Die Erwählung Israels

Die zweite Kampfansage der jungen Kirche gegen die Synagoge ist gegen die Heilige Schrift selbst gerichtet worden, und zwar gegen alle Stellen der Thora, die die *Auserwählung* des Volkes Israel verkünden [18]. *Nicht* in der Weise der Heiden, die zu allen Zeiten an diesem Anspruch Ärgernis genommen und ihn aus Unkenntnis der Macht Gottes, der sich erbarmt, wessen er will, als völkische Selbstüberhebung oder gar als Anspruch auf jüdische Weltherrschaft gedeutet haben. Auf diese Meinung, die vielleicht auch aus dem naiven Stolz mancher Talmudstelle sprechen könnte, hat schon der Deuteronomist die Antwort gegeben, daß Israel gerade *als Volk* von Gott nicht deshalb erwählt ist, weil es zahlreicher (sc. mächtiger) sei als alle Völker (5. Mos. 7, 7) [19]. Nach der Schrift ist die Auserwählung vielmehr *geistlich*, aber real zu verstehen, daß Gott einen der Erdstämme in Besitz genommen und zur Vertretung seines Königswillens berufen hat: »Ihr sollt mir sein ein Eigentum aus allen Völkern, denn mein ist die ganze Erde; aber Ihr sollt mir sein ein Königreich von Priestern, ein heiliges Volk.« (2. Mos. 19, 5–6.) Diese Berufung freilich ist verknüpft mit der Bedingung: »Wenn Ihr auf meine Stimme höret und haltet meinen Bund.«

Das Nächstliegende für die kirchliche Polemik war natürlich, den Bruch dieser Bedingung durch die Sünden des Volkes Israel mit Hinblick auf seine Vertreibung aus dem Lande der Verheißung zu beweisen, da doch seine Zerstreuung und sein schlechter Weltzustand offensichtlicher Ausdruck für die göttliche Verwerfung seien. Und haben denn die Strafandrohungen der Thora (»Und es wird geschehen, wenn du nicht gehorchest der Stimme des Ewigen, deines Gottes, zu beobachten und auszuüben alle seine Gebote und Satzungen, die ich dir heute gebiete, so werden auf dich kommen alle diese Flüche und dich treffen« — 5. Mos. 28, 15) und der Propheten (»Nur euch habe ich erkannt vor allen Geschlechtern der Erde; drum will ich ahnden an euch all eure Missetaten« — Amos 3, 2) nicht bereits ihre Erfüllung gefunden? Und insbesondere der Apostel Paulus wird nicht müde zu erklären, daß »der Zorn Gottes über sie gekommen ist bis zum Ende hin«, denn »die den Herrn Jesus getötet haben und ihre eigenen Propheten und uns verfolgt haben, sie gefallen Gott nicht und sind uns zuwider«. Darum »seid Ihr, liebe Brüder, Nachfolger geworden der Gemeinden Gottes in Judäa«.

(1. Brief an die Thessalonicher 2, 14–16.) Und also sei nunmehr die Auserwählung Israels auf das christliche Kirchenvolk übergegangen, die Christen seien jetzt die Kinder der Verheißung (Gen. 18, 10), der wahre Samen Abrahams (Römer 9, 7 f.), und mit den Worten der Thora heißt es im ersten Schreiben Petri: »Ihr aber seid das auserwählte Geschlecht, das königliche Priestertum, das heilige Volk, das Volk des Eigentums usw.« (2, 9). Dieser Zusammenhang der Kreuzigung Jesu mit der Verwerfung der Juden und der Übergang der Erwählung Israels auf die christliche Kirche als von Gott bestimmte rechtmäßige Erbin ist als dogmatische Lehre von allen Kirchenvätern behauptet und aus der Schrift begründet [20], von den christlichen Theologen des Mittelalters in zahlreichen Disputationen als bedrohliches argumentum ad hominem vorgebracht und bis zum heutigen Tag als Kirchenlehre festgehalten worden [21].

Was haben nun die Lehrer der Synagoge hierauf erwidert? – Zunächst dies, daß sie den Christen grundsätzlich ihr Verständnis der Heiligen Schrift bestritten, die von ihnen mißdeutet worden sei, weswegen Gott – der dies vorausgesehen habe – eine doppelte Lehre, nämlich zur schriftlich aufgezeichneten auch noch eine mündliche gegeben habe, ohne die die Thora überhaupt nicht zu verstehen wäre [22]. Bamidbar rabba cap. 14 heißt es: »Die mündliche Lehre wurde nicht schriftlich gegeben, damit die Völker sie nicht fälschen, wie sie es mit der schriftlichen Lehre getan und dann behaupten, sie wären Israel. Darum sagte Gott zu *Hosea:* Hätte ich ihnen die ganze Menge meiner Lehren aufgeschrieben, dann würden sie den Fremden gleichgeachtet sein« (Deutung von 8, 12). Mosis Wunsch, auch die Mischna aufzuschreiben, hat Gott verweigert, da er voraussah, daß die Völker die Schrift ins Griechische übersetzen und sagen würden: Wir sind Israel (R. Jehuda

b. Schalom in Tanch. Wajera 5 – gerichtet gegen Behauptungen wie Justin Dial. c. Tryph. 11). Ganz offensichtlich als Antwort auf den Anspruch der Kirche, als Tochter Israels ihr Erbe angetreten zu haben, ist wohl auch die Berufung der Frau des Rabbi Eli'ezer im Gespräch mit einem Philosophen in Tr. Sabbath 116 in Auslegung einer Rechtssatzung der Thora (2. Mos. 27,8) zu verstehen: «Wenn ein Sohn vorhanden ist, erbe die Tochter nicht mit.«

Das jüdische Glaubensbewußtsein aller Zeiten hat die *Gewißheit* seiner unverlierbaren Auserwählung im Besitz der Thora erblickt und die tägliche Beracha über die Thora, mit der seit Zeiten die Juden ihr tiefstes Wissen um sich selbst aussprechen, lautet: »Gepriesen seist Du, Ewiger, unser Gott, König der Welt, der uns erwählt hat aus allen Völkern und uns seine Lehre gegeben hat.« Und die *Pirqe Abot* tradieren den Ausspruch *R. 'Aqibas,* daß die Israeliten Gottes Kinder heißen, was ihnen aus besonderer Liebe kundgetan wurde. Und weiter: »Geliebt sind die Israeliten, denn ein kostbares Gerät ist ihnen verliehen worden. Aus besonderer Liebe wurde ihnen kundgetan, *daß* ihnen ein kostbares Gerät verliehen worden ist, durch das die Welt erschaffen wurde.« Denn es heißt in Spr. Sal. 4, 2: »Eine das Gute anziehende Lehre gab ich Euch, verlasset meine Thora nicht« (III, 18). Und der Mystiker unter den Tannaiten *R. Simon bar Jochai* lehrte über die Nähe Gottes zum erwählten Volk, die Realität der Verbindung seiner Schekhina mit Israel auch noch *nach* der Tempelzerstörung: »Komm und sieh, wie beliebt die Israeliten beim Heiligen, gepriesen sei sein Name, sind. Denn wohin sie auch verbannt wurden, die Schekhina war mit ihnen. Das war in Ägypten so (folgt Berufung auf 1. Sam. 2, 27), das war in der babylonischen Galut so (folgt Berufung auf Jes. 43, 14), das ist in der edomitischen (römischen) Galut so (folgt Berufung auf Jes. 63, 1). Und auch wenn sie dereinst erlöst werden, wird die Schekhina bei ihnen sein, denn es heißt in 5. Mos. 30, 3: »Der Herr, Dein Gott, wird Deine Gefangenschaft *zurückkehren.*« Es heißt nicht zurückbringen, sondern zurückkehren, und dies lehrt, daß die Schekhina des Heiligen, gepriesen sei seinn Name, zusammen mit ihnen aus der Galut zurückkehren wird (Megilla 29 a) [23].

Diese und noch viele andere Lehraussprüche der Gemara oder Schriftauslegungen des Midrasch – in der üblichen Manier, daß die vorgetragene Auffassung mit passend erachteten Schriftstellen belegt wird – sind ganz offenkundig als Antworten auf die christliche Polemik zu betrachten. Israel bleibt das Volk Gottes, der Bundesschluß ist nicht rückgängig zu machen – so trösten die Lehrer das Volk. Daß es ihnen zur Zeit schlecht geht, ist erstens überhaupt kein zulässiges Argument, denn gerade die weltliche Ohnmacht kann ja Gottes Liebe bezeugen [24], und zweitens hat es mit der Kreuzigung Jesu überhaupt keinen ursächlichen Zusammenhang, wohl aber mit den Strafandrohungen der Schrift, die die Zerstreuung unter die Völker angekündigt hat, wenn Israel die Bundessatzung bricht und seine Sünden überhand nehmen. Für diesen Fall hat die Thora verheißen: »Der Herr wird dich zerstreuen unter alle Völker, von einem Ende der Erde bis zum anderen Ende (5. Mos. 28, 64). Wenn es wahr ist, wie die christlichen Schriftsteller behaupten – diese Behauptung zieht sich vom Barnabasbrief (cap. 9) an durch die ganze patristische Literatur –, daß Israel wegen der Sünde des goldenen Kalbes von Gott verstoßen sei, gibt Israel darauf die Antwort: »Wenn ich wegen dieser einzigen Schuld so verwerflich erscheine, wie verwerflich müßt ihr da erst sein« (Schir ha-schirim rabba zu 1, 6 u. ö.). – Aber solche Richtsprüche kann kein Mensch fällen, weil kein Mensch Gottes Ratschluß kennt. Und die Christen haben nicht das Recht – so versichern die Rabbinen immer wieder –, mittels ihrer Allegorismen die Schrift gegen den Wortsinn zu deuten, um Israels *Verwerfung* zu »beweisen« und auf diese Weise die Auserwählung auf die Kirche überzuleiten. Aber was offenbart ist, *ist* offenbart — und Gott ist ja ein *Gott der Wahrheit*. In der Thora aber steht: »Und auch dann noch, wenn sie in der Feinde Land sind, habe ich sie gleichwohl nicht verworfen und habe ich sie nicht verstoßen, daß es mit ihnen aus sein sollte und ich meinen Bund mit ihnen bräche. Denn ich, der Ewige, bin ihr Gott«(3. Mos. 26, 44).

Das ist es: *Bestrafung wohl, aber nicht Verwerfung.* Die Galut ist für Israel vielleicht gar eine Wohltat; er sichert gleichsam die Ewigkeit des Volkes [25]. Daß über Israel die Leiden kommen werden, hat schon der Prophet *Jesaja* vorausgesagt: »Ich will dich auserwählt machen im Ofen des Elends« (48, 10). Und die Zerstörung des Tempels wie die Zerstreuung unter die Völker, hat auch noch seinen Ursprung in der Auserwählung und liegt im göttlichen Plan; das alles geschah, »umipne chaṭaenu« (um unserer Sünden willen) und dauert, bis sich durch göttliches Erbarmen in zukünftiger Zeit unser Geschick wendet. Und wenn nun die Spötter kommen und fragen, wo ist denn die Macht Gottes, daß er die Verfolger der Israeliten nicht bestraft, so erwidert *R. Jehoschua' ben Levi* (Amoräer d. 1. Gen. um 320): »Gerade dies ist seine Macht, daß er sich seiner Erregung bemächtigt und langmütig ist gegen die Frevler; gerade dies sind seine Furchtbarkeiten, denn wie könnte sonst ohne die Furchtbarkeit des Heiligen, gepriesen sei sein Name, das eine Israel unter all den weltlichen Völkern bestehen« (Joma 69 b). Und was die Leiden anlangt, die den Israeliten hienieden aufgebürdet werden, so sind ihnen als Lohn für die Heimsuchungen Gottes verheißen worden: Die göttliche Lehre, das Heilige Land und die kommende Welt (Mekhilta zu 2. Mos. 20, 3). — Und aus diesem Bewußtsein heraus kann derselbe Jehoschua' ben Levi sogar den Satz wagen: »Selbst eine eiserne Scheidewand kann keine Trennung bewirken zwischen Israel und seinem Vater im Himmel« (Pesachim 85 b) [26]. Und diese Glaubensgewißheit paraphrasiert gleichsam eine andere Stelle: »Wenn auch alle Völker der Erde sich versammeln würden, die Liebe Gottes zu Israel aufzuheben, sie vermögen es nicht« (Schemot rabba zu 2. Mos. 2, 32).

Die Zerstörung des Tempels

Wir sagten bereits, daß die Tempelzerstörung des Jahres 70 unter Titus und die seit dem Scheitern Bar Kochbas und dem Fall Betars (anno 135) — endgültige Wegführung der Juden in die Zerstreuung, die *Galut Romi* — auch genannt das vierte Elend oder die edomitische Gefangenschaft [27] — der kirchlichen Polemik der ersten Jahrhunderte als besonders eindrucksvolles Argument für die göttliche Verwerfung der Juden gedient habe [28]. Insbesondere die Kirchenväter seit Ende des 2. Jahrhunderts bauen eine detaillierte Theorie auf, nach der die Zerstörung Jerusalems als göttliches Strafurteil für die Kreuzigung Jesu und als Erfüllung der *Schilohweissagung* 1. Mos. 49, 10 (vgl oben) aufzufassen sei, daß deshalb nunmehr der Szepterstab von Juda gewichen wäre. Und *Augustin* geht 200 Jahre später gar so weit, die Juden, die Jesus ans Kreuz schlagen ließen, für weniger schuldig zu erklären als die späteren, die nicht an die Göttlichkeit des im Himmel thronenden Jesu glauben wollen (MPL. 36, 859). — Was nun diesen letzteren Vorwurf anlangt, so hat er auf die Juden schwerlich Eindruck gemacht, da ihnen die christliche Glaubensvorstellung, daß der Sohn beim Vater im Himmel throne, vollkommen unzugänglich war und Jesu Himmelfahrt von ihnen nicht geglaubt wurde. Über die grundsätzliche Transzendenz von Himmel und Erde lehrt *R. Jose* in Sukka 5 a:

»Nie ist die Göttlichkeit auf die Erde gekommen, und nie sind Moses und Elias in den Himmel gestiegen, denn es heißt Ps 115, 16: ›Der Himmel ist Himmel des Herrn und die Erde hat er den Menschenkindern gegeben.« (Ähnlich auch R. Idit in Sanhedrin 38 b).

Auf die eigentliche Behauptung der Kirchenväter gibt, soweit wir sehen, das jüdische Schrifttum der ersten Jahrhunderte überhaupt keine direkte Antwort. Wahrscheinlich ist den Rabbinen die Konstruktion eines Zusammenhanges zwischen der Kreuzigung des Jesus aus Nazareth und der Zerstörung von Gottes Heiligtum so ungeheuerlich und so abwegig vorgekommen, daß sie dazu nur schweigen konnten. Dafür freilich hat der unmittelbare Eindruck der Katastrophe eine um so intensivere Reflexion zur Folge gehabt, die durch die Jahrhunderte bis heute nicht abgerissen ist. Aber bereits in den ersten drei Generationen der Folgezeit haben die Erklärungen über die Gründe dieses Unglücks und seinen Sinn ihre endgültige Ausprägung gefunden, die von den Späteren nur noch variiert werden konnte. Denn alles Bemühen, das *jüdisch legitim* sein wollte, mußte darauf hinauslaufen, die Gründe der Katastrophe in der eigenen und der Väter Schuld und Sünde nachzuweisen, Gott von der Urheberschaft zu entlasten, aber die Spuren seines Heilsplans in dem Geschehen festzustellen und die Wiederaufrichtung des Heiligtums und seines Opferkultus als Ereignis der messianischen Zukunft aus den Propheten abzulesen.

Der Talmud Babli gibt im Tr. Sabbat 119 b auf die Frage, *warum* der Tempel zerstört worden und das Leid der Verbannung hereingebrochen sei, acht verschiedene Antworten wieder, die zudem auch – wie *A. Marmorstein* (Religionsgeschichtl. Studien H. 2, p. 111 f.) einleuchtend nachgewiesen hat – den homiletischen Zweck gehabt haben dürften, der Lehre der Kirche zu entgegnen, daß

Jesu Tod die Ursache der Tempelzerstörung und Verbannung gewesen sei. Die in den Antworten genannten Gründe lauten: 1. weil sie den Sabbat entweihten, 2. weil sie das Schema'-Gebet früh und abends abgeschafft hatten, 3. weil sie das Lernen der Schulkinder vernachlässigten, 4. weil sie vor dem Bösen keine Scheu mehr hatten, 5. weil sie klein und groß gleichgestellt hatten, 6. weil sie einander nicht ermahnten, 7. weil sie die Schriftgelehrten verachteten, und schließlich 8. weil die Männer des Glaubens schwanden. An anderer Stelle (Joma 9b) wird als Hauptursache für die Zerstörung des zweiten Tempels die grundlose Feindschaft der damaligen Juden untereinander angegeben, die noch die drei Kardinalsünden: Götzendienst, Unzucht und Blutvergießen aufgewogen habe [29]. Andere wieder (so R. Jochanan und R. Ele'azar meinen, daß im Gegensatz zur ersten Tempelzerstörung die Sünden der Späteren nicht bekanntgegeben worden seien, weswegen man auch das Ende des vierten Galut nicht kennen könne (Joma 9b). Gewiß ist die Tempelzerstörung die *Achse* des jüdischen Geschichtsschicksals, weil sie das Zentrum der Religionsausübung, den *Opferdienst*, lahmgelegt hat [30], und die an sie anknüpfenden Reflexionen der Jahrhunderte sind daher kaum übersehbar. Aber welcher Jude immer zu diesen letztlich im Geheimnis der göttlichen Vorsehung liegenden Dingen Stellung genommen hat, hat in der Sündenhäufung der Juden den Grund der Katastrophe und im Anhalten der Sünden die Verzögerung der Erlösung gesehen. Und dieses, *das* jüdische Geschichtsbewußtsein, ist schon sehr früh in die Liturgie eingegangen. Die Amida im Mussafgebet, das in dieser Form schon in den ersten Jahrhunderten festgestanden hat (vgl. *J. Elbogen:* Der jüdische Gottesdienst 1924, p. 132 ff.), beginnt mit dem Satze: »Um unserer Sünden willen gingen wir ins Elend, aus unserem Lande und wurden wir entfernt von unserem Boden — — — wegen der Hand, die sich ausgestreckt hat gegen dein Heiligtum.«

Die Zerstörung des Tempels, das Aufhören des Opferdienstes, der Verlust der staatlichen Eigenständigkeit und die Leidenslast der Galut sind, so sehr sich zu allen Zeiten das natürliche Ehr- und Rechtsempfinden dagegen empört hat, der tieferen Bedeutung und dem eigentlichen Sinne nach stets als Folgen der Versündigung empfunden worden. Die christliche Argumentation, daß die Leiden, die über die Juden gekommen seien, mit Jesu Kreuzigung zusammenhingen, konnte die Juden nicht berühren, so häufig sie im Mittelalter auch die Folgen der von der Kirche und ihren Mönchsorden fanatisierten Massen zu spüren bekamen. Und die kirchliche Lehre, daß es für sie keine andere Erlösung als die »Bekehrung« geben könne, verstanden sie anders und biblischer, wenn sie von der »Umkehr« bei den Propheten lasen, die Gott allzeit von ihnen fordere. Das Thema »Jesus sei der Christus« haben die Juden der späteren Jahrhunderte, wenn es irgend anging, gemieden, weil eine Äußerung für sie zumeist persönliche Lebensgefahr enthielt. Ihrem geschichtlichen Selbstbewußtsein nach waren sie freilich in dieser Frage (der gemäß dem jüdischen Recht wegen Lästerung nach M. Sanh. VI, 4 erfolgten Ablehnung und Verurteilung Jesu) sogar von Sünde frei, so stark und umfassend das jüdische Sündenbewußtsein auch sonst zu allen Zeiten gewesen ist.

Galutgeschichte ist Leidensgeschichte. Ja, die Leiden des erwählten Volkes, die im Laufe der Jahrhunderte verhängt worden sind, sind so groß, daß Gott selbst im Himmel über sie weinen muß (Berakh. 3 a; Chagiga 5 b u. ö). Vom fünften Jahrhundert an ist die jüdische Geschichte, unbeschadet der Ruhezeiten und vorübergehenden Besserungen, eine Geschichte der Verfolgungen und Austreibungen gewesen. Um ihres festen und gewissen Glaubens willen, daß die

Israeliten Gottes Volk seien und die Erwählung gelte heute wie allezeit, haben sie das Martyrium auf sich genommen, das ihnen die Kirche des Mittelalters ob ihrer »Verstocktheit« bereitet hat. Mehr als ein Scheiterhaufen brannte und die Blutopfer der kirchlichen Inquisition sind ungezählt. – In seinem Haggadakommentar (Zebach Pesach) schreibt R. Isaak *Abrabanel,* einer der bedeutendsten Zeitgenossen der spanischen Judenaustreibung, in Auslegung von Ps. 118, 13: »Du hast mich hart gestoßen, daß ich fallen sollte.« Das bezieht sich auf diese edomitische lang währende Galut und will besagen: »Es ist mir kein Stoß näher zum Fallen und zum gänzlichen Verderben widerfahren als die Verstoßung in das fürchterliche römische Elend.« – Da ist es nun wirklich kein Wunder, daß das ganze rabbinische und mittelalterliche Schrifttum voll ist von leidenschaftlichen Anklagen gegen das »ruchlose Edom«, das »frevelhafte römische Reich«. *Eisenmenger* hat es nicht schwer gehabt, mehrere hundert Seiten des zweiten Bandes seines »Entdeckten Judentums« mit solch anklagenden Auszügen aus den rabbinischen Schriften zu füllen. Nur haben weder er noch die Judenfeinde vor oder nach ihm diese Texte auf ihre heilsgeschichtlichen Hintergründe zu lesen versucht (sonst hätten sie nie so phantastische Konsequenzen, zumal hinsichtlich der jüdischen Morallehre ziehen können, deren Sinn Eisenmenger zweifellos *bewußt* gefälscht hat); andernfalls hätte ihnen das – trotz aller Empörung – stets festgehaltene *Axiom* des jüdischen Geschichtsbewußtseins nicht entgehen können, *daß die Galutleiden Sündenfolge und somit erhabener Ausdruck der Strafgerechtigkeit Gottes seien.* Ja, das geht so weit, daß die Juden – eben auch hierin anders als die Weltvölker – sogar Rechtfertigungslehren für ihre Verfolger geschaffen haben. So wird von *R. Jose bar Chalafta* (Tannait 4. Gen. um 160) folgende Auslegung von 1. Mos. 27, 40 überliefert: »Wenn du (sc. Edom) siehst, daß dein Bruder (Israel) das Joch der Thora von sich abschüttelt, so verhänge über ihn Religionsverfolgung und beherrsche ihn« (Bereschit rabba Par. 67). So wenig Edom Recht von sich aus hat zu frevelhafter Gewalt und Unterdrückung, so gerechtfertigt ist es vor Gott; so groß das Unrecht ist, unter dem Israel im Galut leiden muß, ist selbst noch das Unrecht Rechtsspruch Gottes. – Das ist wahre jüdische Geschichtstheologie!

Aber Galut und Leiden als den Israeliten gewährte Sühnemittel (Sanh. 37b) sind freilich noch nicht Gottes letztes Wort. Nie ist die Erlösungszuversicht geschwunden; je größer die Leiden, desto stärker wurde die messianische Erwartung: »Die Israeliten sprachen vor dem Heiligen, gepriesen sei sein Name: Herr der Welt, deine Feinde haben uns zwar ein hartes Joch auf unsere Nacken gelegt, aber wir wissen, daß sie einst zugrunde gehen werden, wie es heißt Ps. 92, 10: Denn siehe, deine Feinde gehen unter und es zerstreuen sich die Übeltäter« (Midrasch z. St.). Und in der Schemone 'Esre der Jamin noraim wird feierlich das Kommen der Zeit erfleht, in der Gott die »Memschelet sadon« (die Herrschaft des Frevels) vertilgen wird von der Erde. Aber die Erlösung kommt nicht wegen der Verdienste, sondern sie wird nach manchen Stimmen – andere ersehen wieder einen Zusammenhang mit der Teschuba (Buße, Umkehr) – so grundlos sein, wie die Erwählung im Letzten grundlos gewesen ist. Midrasch Tehillim zu 107, 1 heißt es: »Nicht wegen deiner Gerechtigkeit und der Gradheit deines Herzens bist du ins Land Kanaan gekommen (5. Mos. 9. 5). – – – Ich habe es auch nicht wegen Abrahams, Isaaks und Jakobs getan. – Weswegen denn? *Wegen meines großen Namens*. David sprach: Da er es wegen seines großen Namens tut, so danket dem Ewigen, denn er ist gütig.« Aber nicht der Messias, also ein menschliches

Werkzeug des Gotteswillens, bringt die Erlösung, sondern, fährt der Midrasch in Erklärung von Jesaja 35, 10: »Und die Befreiten des Ewigen werden zurückkehren« fort: »Das heißt *nicht* die von Elias und *nicht* die vom König Messias Erlösten, sondern die *von Gott* Erlösten.« – Wenn aber Gott die Erlösung bis heute noch nicht hat kommen lassen, dann ist es wegen des Anhaltens der Sünden. Würde ganz Israel auch nur einen Tag Buße tun (Ex. rabba Par. 25 zu 16, 29), oder würden sie auch nur einen Sabbat halten, wie es sich gebührt (Midr. zu Ps. 95, 7) – lehrt der Amoräer R. Levi –, so würde der Messias schon gekommen sein. Deshalb folgert auch jer. Joma I, 1, daß »jede Generation, in deren Tagen das Heiligtum nicht wieder errichtet werde, zu betrachten sei, als wäre in ihren Tagen das Heiligtum zerstört worden.«

Die sozusagen »klassische« Stelle des nachbiblisch-messianischen Schrifttums, auf die die eschatologische Literatur sehr häufig Bezug nimmt, steht im Talmud Babli Tr. Sanhedrin Fol. 97–98. Die Mehrzahl der dort zu Worte kommenden Lehrer aus der letzten Tannaiten-Generation, die als Zeitgenossen den Zusammenbruch des Bar Kochba-Aufstandes und damit der aktuell-politischen Messiaserwartung noch im schmerzlichen Gedächtnis haben – die wichtigsten Meinungen seien in der Anmerkung aufgeführt [31] –, geben der Glaubensüberzeugung Ausdruck, daß der weltgeschichtliche Verlauf der Zukunft nicht im Zunehmen von Glück und Frömmigkeit, sondern im Zunehmen von Leidverhängnissen und Gottfeindlichkeit bestehen wird – die hier hinzuzuziehende Mischna Sota IX, 14, gibt eine ausdrückliche Stufenlehre des geschichtlichen Verfalls –, bis dann wirklich die »Zeit erfüllet ist«, d. h. die Tage des Messias hereinbrechen werden. *Wann* dies geschehen wird, weiß niemand – es ist daher auch zu berechnen verboten worden –, weil kein Mensch die Weltgeschichte mit den Augen Gottes ansehen kann. Aber die messianische Erwartung ist den Juden allzeit Erwartung geblieben für den *morgigen* Tag.

Das ist durch die Jahrhunderte die Antwort Israels an die Kirche: Die Erlösung ist noch nicht gekommen, sie wird erst kommen. Morgen schon kann sie kommen. Die Galut ist präsent, aber die Ge'ulla (Erlösung) ist immer aktuell. Die siebente Bitte des täglichen Achtzehngebets der Schemone 'Esre lautet: »Schau an unser Elend und streite unseren Streit. Und erlöse uns bald um deines Namens willen, denn ein starker Erlöser bist du, gesegnet seiest du, Gott, Erlöser Israels.« – Und wiederum: »Stoße in den großen Schofar zu unserer Befreiung; erhebe das Panier, unsere Vertriebenen zu sammeln und sammele uns zusammen von den vier Ecken der Erde. Gesegnet seist du, Gott, der die Zerstreuten seines Volkes Israel sammelt.« Und offenbar, um zu unterstreichen, daß der Messias noch nicht gekommen ist, sondern wir ihn erwarten *kol jom* (jeden Tag), ist in das Achtzehngebet, wahrscheinlich zusätzlich zur Abwehr des christlichen Anspruches, noch als besondere Berakha: *Et ṣemach* David eingefügt worden (vgl. jetzt Elie *Munk:* Die Welt der Gebete, Kommentar, Frankfurt 1933, Bd. I, p. 184 f.).

Was es aber mit dem Mysterium des neuen Bundes auf sich habe, den die Kirche als den Inhalt von Jesu Leiden und Sterben für die nichtjüdische Welt behauptet, haben die Juden in den meisten Fällen offen gelassen und darüber geschwiegen, weil sich dies im Letzten ihrer Aussagebefähigung entzog. Aber über die vom Judentum zur Kirche Abgefallenen, die »Meschummadim«, haben bereits die Tannaiten zur Zeit Gamliel II., des ersten Patriarchen und Synhedrionvorsitzenden zu Jabne, die Birkat ha-Minim, die Bitte um den Untergang der Verleumder und die Ausrottung der Unheilsstifter in die Berakhot der täglichen

Schemone 'Esre neu eingefügt: »Und die Noṣrim (Judenchristen) und die Minim (sonstige jüdische Haeretiker) sollen plötzlich umkommen, sie sollen ausgelöscht werden aus dem Buch des Lebens und nicht mit den Gerechten zusammen eingeschrieben werden.« (so in der ursprünglichen Rezension des Achtzehngebetes nach palästinensischem Ritus, vgl. *Elbogen* a. a. O. 36 JQR. 1897 p. 154 f. u. a.) Denn für Juden gibt es kein anderes Heil als im Gesetz der *Ber*it, des Bundes, den Gott mit den Vätern geschlossen hat und der nicht mehr rückgängig gemacht oder zunichte gemacht werden kann, wenn Gott der Gott der Wahrheit ist, was selbst ein Paulus wider seine Theorie zugestehen muß (Römer 11, 29: Gottes Gaben und Berufung können ihn nicht gereuen). Darum konnte dieser Bund weder durch die Erscheinung Christi noch durch die Zerstörung des Tempels aufgehoben werden, denn er ist ja ein *Weltzeitbund*, wie Gott selber am Sinai erklärt (5. Mos. 29, 13–14) und durch den Mund des Propheten bestätigt hat: »So spricht der Herr, der die Sonne bestellt bei Tage, den Mond und die Sterne nach ihrem Laufe zum Lichte in der Nacht, der aufwühlt das Meer, daß seine Wellen brausen, Herr der Heerscharen ist sein Name: Wenn diese Gesetze von mir weichen, Spruch des Ewigen, so soll auch der Same Israels aufhören, ein Volk vor mir zu sein alle Tage«. (Jeremia 31, 36/37).

Gesetz und Glaube

Alle christlichen Einwände, die wir bisher erörtert haben, und die entsprechenden jüdischen Erwiderungen verlieren aber an Gewicht vor der *vierten* Fragestellung, die über das Leben des *Saulus aus Tarsus* entschieden hat, der Frage, ob nicht mit dem Glauben an den »Herrn und Heiland Jesus von Nazareth« das jüdische Gesetz aufgehoben sei und seine Erfüllung gefunden habe.[32a] Mit der

Behauptung paulinischer Theologie, *daß dem so sei*, wird in der Tat seit bald 1900 Jahren der Kampf der Christenheit gegen Israel geführt – und christlicherseits mit Recht geführt, denn an dieser Frage scheiden sich endgültig die Geister, weil sich an ihr die Wahrheit entscheidet – zumindest die Wahrheit, die Israel, und die Wahrheit, die der Christenheit von Gott her zuteil geworden ist. Und wo im engen geschichtlichen Raum die Ansprüche beider Wahrheitsteilhaben aufeinanderstoßen, gibt es und kann es keine Verständigung mehr geben.

Was liegt in der paulinischen Interpretation, dem christlichen Verständnis des Gesetzes, eigentlich vor? – Aus dem Inneren des Judentums her geurteilt ein Mißverständnis von ungeheuerlichem Ausmaß, denn alle christliche – und zumal die modern-protestantische Polemik gegen das Gesetz – mißversteht das Gesetz der Juden als ein Mittel, vor Gott Gerechtigkeit zu erlangen (sog. »Werkgerechtigkeit«). Wo protestantische Theologen heute sich bemühen, in Luthers Sprache zu sprechen und seine oft allzu vereinfachende Sicht zu übernehmen, liegen unversehens die Rechtsforderung des Gesetzes Gottes, das doch in Wirklichkeit *den* Bund begründen soll, und die tatsächliche – in ihrer Entartung wenigstens – »Werkgerechtigkeit« der mittelalterlichen katholischen Kirche auf einer Linie. Und dies alles, weil *Paulus* nach seinem Erlebnis von Damaskus nicht mehr verstehen konnte – christlich gesehen mit freilich göttlicher »Notwendigkeit« –, was er als Lehrhausschüler vordem sicherlich gewußt hat, daß das Gesetz der Thora nicht dazu gegeben ist, um die Juden vor ihrem Vater im Himmel gerecht und angenehm zu machen, sondern deshalb gegeben ist, weil es den heiligen *Willen* eben dieses Vaters im Himmel kundtut. Nur in diesem Sinne des göttlichen Willensvollzuges und niemals in dem irgendeiner – wie immer gearteten – Verdienstethik sind die rabbinischen Preisungen des Gesetzes zu verstehen, für die hier nur als Beispiel der charakteristische Satz des *R. Eli'ezer ben* Jakob stehen soll: »Wer ein Gebot ausübt, erwirbt sich einen Fürsprecher; wer eine Übertretung begeht, erwirbt sich einen Ankläger. Bußfertigkeit und gute Handlungen sind ein Schild gegen das Strafgericht« (Spr. d. V. IV., 13). Wenn aber nun Paulus Römer 3,20 sagt, daß durch des Gesetzes Werk kein Fleisch vor Gott gerecht gesprochen wird, so mag dieser große Midraschlehrer zu Recht gegen die Irrmeinung dieses oder jenes seiner pharisäischen Zeitgenossen polemisieren, aber doch um alles in der Welt nicht gegen die Heilige Schrift, die *das* so wenig als *den* »Zweck« des Gesetzes lehrt wie die anschließende Begründung des Paulus: »Denn durch Gesetz kommt Erkenntnis der Sünde.« Das haben die Juden seines Jahrhunderts so gut wie die aller Jahrhunderte gewußt, daß der Mensch in Sünde fällt, weil er hinter dem offenbarten Gesetzeswillen Gottes zurückbleibt, nur haben sie die im täglichen Tag zu machende lebendige Erfahrung nicht zu einer apriorischen Aussage erstarren lassen, die das Gesetz resigniert außer Kraft setzt, weil man von vornherein um seine Unerfüllbarkeit weiß. Nun ist Pauli Beweggrund gewiß nicht Resignation, sondern sehr bewußte *Reflexion*, daß er Aufgabe und Rolle des Gesetzes von seinem Glauben aus, durch Christi Sühnetod mit Gott versöhnt worden zu sein, nachträglich deutet — und *umdeutet*. Denn das Gesetz des Bundes soll ja gar nicht mit Gott versöhnen — Gott selbst ist der Versöhner —, sondern mit Gott *verbinden*, indem es Israel heiligt, denn Gott steht kraft seines freien Willens, seiner Offenbarung und Verheißung mit Israel im Bund [33]. Also läßt auch der Midrasch Gott zu Israel sprechen: »Seid gezeichnet durch Gebote, auf daß ihr für mich gezeichnet seid« (Sifre 75 b). Das »Joch der Gesetze« und das »Joch des Himmelreiches« ist darum *ein und dasselbe*

Joch. Das Gesetz ist, wie Hermann Cohen an entscheidender Stelle seiner »Religion der Vernunft aus den Quellen des Judentums« feststellt, die »notwendige Form für den Vollzug der *Korrelation* zwischen Gott und Mensch« (S. 394).

Wenn Paulus den Galatern schreibt: »Weil wir aber erkannten, daß der Mensch nicht gerechtfertigt wird durch Gesetzeswerke, sondern nur durch Glauben an den Christus Jesus, so haben auch wir den Glauben an Christus Jesus angenommen, damit wir gerechtfertigt werden durch den Glauben an Christus und nicht durch Gesetzeswerke, denn durch Gesetzeswerke wird kein Mensch gerecht« (2, 16), so hätte die rabbinische Erwiderung, wäre es hierüber zu einem Zwiegespräch gekommen, etwa lauten müssen: Weder geht es um »Werke« des Gesetzes noch um »Gerechtwerdung« — nur Gott ist gerecht —, sondern um den *Willen* Gottes, der durch das von ihm verkündete Gesetz geheiligt werden soll, wie es heißt: »Heilige Männer sollt ihr mir sein« (2. Mose 22, 30). Das hat *R. Isma'el* in der Mekhilta z. St. so erklärt: Wenn ihr heilig seid, siehe, so gehört ihr mir. Und *R. Isi ben Jehuda,* gleichfalls Tannait des 2. Jahrhunderts, sagt ebd.: Wenn Gott ein neues Gesetz für Israel gibt, so fügt er ihm Heiligkeit zu. (Ähnlich auch R. Chananja ben Aqaschja in M. Makkot III, 16.) Aber auch die Erklärung des *R. Simon ben Laqisch* zu diesem Satz muß zur Vorbeugung aller Mißverständnisse dazugenommen werden, der Gott selbst 2. Mos. 22, 30 interpretieren läßt: »Du wirst denken, daß du heilig werden kannst gleich mir. Aber ich allein bin heilig.« (Lev. rabba, 24, 9 u. Parall.) Und was nun gar das sich »Rühmen« der Juden ihrer frommen Werke anlangt (Römer 2, 23 u. ö.), so heißt es Pesiqta 98 b: »Auch wenn wir unsere frommen Werke betrachten, sind wir beschämt ob ihrer Geringfügigkeit im Verhältnis zu Gottes Wohltaten an uns.« Oder Pesachim 118 b: »Die Gemeinde Israels sprach vor dem Heiligen, gepriesen sei sein Name: Herr der Welt, bin ich auch arm an verdienstlichen Handlungen, so gehöre ich doch dir, und bei dir steht es, mir zu helfen.« Die bekannte Stelle aus den Vätersprüchen: »Seid nicht wie Knechte, die dem Herren dienen, um Lohn zu empfangen, sondern wie Knechte, die dem Herrn dienen *ohne* die Absicht, Lohn zu empfangen. Nur die Gottesfurcht sei über euch« (I, 3) sei zur Beurteilung der Frage, ob das Judentum Verdienst der Werke als Absicht des Gesetzes lehre oder nicht, nur beiläufig herangezogen [34]. Und heißt es bei Paulus, Römer 7, 18 f.: »Wollen habe ich wohl, aber Vollbringen das Gute finde ich nicht. Denn das Gute, das ich will, das tue ich nicht, sondern das Böse, das ich nicht will, das tue ich«, so kann die rabbinische Erwiderung darauf nur lauten: Das ist, Gott nicht die Ehre geben wollen. Denn in seiner Thora steht: »Das Gebot, das ich dir heute gebiete, ist dir nicht verborgen, noch zu ferne, noch im Himmel, daß du möchtest sagen: Wer will uns in den Himmel fahren und es uns holen, daß wir es hören und tun? Es ist auch nicht jenseits des Meeres, daß du möchtest sagen, wer will uns über das Meer fahren und es uns holen, daß wir es hören und tun? Denn es ist das Wort ganze nahe bei dir, in deinem Munde und in deinem Herzen, auf daß du es tust« (5. Mos. 30, 11/14) [35]. Und fährt Paulus zur Erwiderung fort: »Wohl habe ich Lust an Gottes Gesetz nach dem inwendigen Menschen. Ich sehe aber ein anderes Gesetz in meinen Gliedern, das da widerstreitet dem Gesetz in meinem Gemüte und nimmt mich gefangen in der Sünde Gesetz, welches ist in meinen Gliedern« (Römer 7, 22/23), so wäre die rabbinische Antwort im Falle eines Zwiegesprächs zweifellos der Hinweis auf 1. Mos. 4, 7 gewesen: »Vor der Tür lagert die Sünde, und nach dir ist ihr Verlangen. Du aber kannst Herr über sie werden.«

Dieser ganze Lehrzusammenhang: die Unfähigkeit des Menschen, das Gesetz zu halten, die Erklärung, daß das Gesetz die Sünde offenkundig mache, als »Zuchtmeister auf Christum« die Sünde treibe, bis daß die vom Gesetz geforderte Gerechtigkeit, die die Sünde im Fleisch zunichte werden ließ, durch das Gesetz des Geistes, der in Christo Jesu lebendig macht, erfüllt wird (Röm. 8, 2 ff.), diese Lehre ist zu allen Zeiten mit Recht als *Kernstück* der paulinischen Theologie angesehen worden, mit dem diese weit über das Alte Testament hinausgehe. Sie ist in der Tat auch ebenso unjüdisch wie jede die Freiheit des Geschöpfes leugnende Erbsünden-, jede Gottessohns- und Trinitätslehre, die ihre religionsgeschichtlichen Analogien viel eher im alten Ägypten (Trias: Osiris-Isis-Horus), im phrygischen Attis- und syrischen Adoniskult oder in der hellenischen Diaspora (des Apostels Heimatstadt Tarsus war ein Mittelpunkt orientalischer Mysterienreligionen; zumal der Mithraskult mit einer entwickelten Todes- und Auferstehungsmystik blühte hier!) als im alten Israel finden kann [36]. Paulus hat sie aus der Schrift auch nicht belegen können, sondern er hat die das Heil mediierende Kraft des Gesetzes geleugnet, das zudem gar nicht von Gott, sondern lt. Galater 3, 19 ff. durch Vermittlung der Engel gegeben worden sei, und damit gegen die jüdische Gesetzesbefolgung einen Kampf geführt, der — kirchlich gesprochen — aus der Glaubenserfahrung des Heils in Christo »richtig« und für seine apostolische Sendung an die Heidenwelt »notwendig« war, am *Eigentlichen* des Judentums aber glatt vorbeigegangen ist, weswegen er auch nach dem Bericht der Apostelgeschichte (18, 5 ff.) sehr bald wieder davon abkommen sollte [37] — und das erscheint freilich dem *jüdischen* Auge als »notwendig« —, zuerst den Juden das Heil in Christo zu predigen.

Bei diesem Kampf um das »Gesetz« kann freilich die paulinische Voraussetzung jüdischerseits nicht erfahren werden, weil sie außerhalb aller jüdischen Möglichkeiten liegt *als das innerst Christliche:* »Ist jemand in Christo, so ist er eine neue Kreatur« (2. Kor. 5, 17). Die Behauptung, daß in dem geschichtlichen Jesus sein erwarteter Messias bereits dagewesen sei, hat das Judentum Paulus nicht glauben können, denn die an sein Erscheinen geknüpften Verheißungen waren ja nicht erfüllt. Daß ein neuer Äon angebrochen sei und in Christus die Erlösung begonnen habe, hat für die »Völker der Welt« im Glauben seine — geschichtlich erweisbare — Richtigkeit; für Israel hingegen hat sie schon mit dem Auszug aus Ägypten begonnen. Der Tod des »Erlösers« am Kreuz ist als »Weltereignis« ein »zweideutiges Phänomen« *(R. Bultmann:* Glaube und Verstehen 1933, p. 208), in dem mehr als ein Skandalon nur für das gläubige Auge sichtbar werden kann, weshalb »solcher Glaube zum Heilsgeschehen selbst gehört, selbst Offenbarung ist« (ebd. p. 212). Das zeitgenössische Judentum hat dem Ereignis gegenüber diesen Glauben nicht aufgebracht und seine guten Gründe dafür, weil sie den göttlichen Verheißungen entsprechen, *als Judentum* zu äußern nicht für nötig gefunden. Erst spätere Geschichtsumstände haben einzelne Juden dazu veranlaßt (vgl. die folgenden Kapitel), und das *heutige* Judentum hat den Standpunkt seiner Väter nicht geändert. Es kann sich — freilich unter grundsätzlicher Bestreitung eines möglichen Sinnes der Judenmission — bestenfalls (vgl. Kap. 5) im Hinblick auf geschichtliches Geschehen zur *Anerkennung* bereitfinden, daß außerhalb seiner in der Heidenwelt von Gott her und zu Gott hin etwas geschehen ist, was in den christlichen Kirchen sichtbare Gestalt gewonnen hat und gewinnt.

Über die heidenmissionarische Tätigkeit Pauli, die ja geschichtlich erst den Grund — nicht zur »Kirche aus Juden und Heiden« [38], sondern zur Kirche *aus Jüdischem für Heiden* gelegt hat, muß jedoch der jüdische Religionshistoriker noch eine — nicht den christlichen Glauben, sondern das *damalige Weltgeschehen* betreffende Anmerkung machen. Nämlich: In der heidenmissionarischen Tätigkeit des Apostels sind erst die *praktischen* Konsequenzen der paulinischen Leugnung der Heislraft des Gesetzes *zugunsten* des Glaubens an den »Christus« Jesus, als den *Mittler* zwischen Gott und Mensch, zur Gänze ans Licht gekommen. Denn diesem Glauben zufolge konnte der allegorisierende Midraschist Paulus das gesamte Ritual- und Zeremonialgesetz, das den gebildeten Griechen und Römern der Zeit den Übertritt zum Judentum unannehmbar gemacht hatte, für die neue Religion ausdrücklich außer Kraft setzen, zumal diese mit ihrem Glauben an einen Gottessohn und die sühnende Kraft seines Opfertodes an die in den Mysterienkulten der Zeit gepflegten und verbreiteten Vorstellungen gut anknüpfen konnte, was von seiten des mosaischen Gesetzes und seines ethischen Rigorismus her einfach nicht möglich gewesen war. Hinsichtlich der *Beschneidung* schreibt der Apostel an die Galater: »Siehe, ich, Paulus, sage euch, wenn ihr euch beschneiden lasset, wo wird euch Christus nichts helfen — ihr seid ausgetan vom Christus, wenn ihr euch im Gesetz rechtfertigen wollt, und seid aus der Gnade gefallen« (Galater 5, 2 u. 4). »Denn in Christo Jesu gilt weder beschnitten noch unbeschnitten etwas, sondern eine neue Kreatur« (6, 15). Und genau so wie die Beschneidung des Fleisches — das reale jüdische Bundeszeichen — von Paulus und vom jungen Christentum zu einer Beschneidung des Herzens spiritualisiert wurde (Römer 2, 28—29), wobei die Warnungen und Forderungen der Propheten gleich Beweisen der eigenen Meinung eingesetzt wurden, so wurden auch die Strenge des Sabbat-Gebotes (Kolosser 2, 16—17) und die Verbindlichkeit der Speisegesetze (ebd. 2, 17) von der jungen Kirche preisgegeben, die kultischen Opfervorschriften zumal im Hebräerbrief allegorisch-typologisch umgedeutet (Passahlamm und Sühneopfer des Versöhnungstages wurden auf Jesus bezogen, der durch seinen Opfertod der Welt den ewigen Versöhnungstag geschaffen habe), auf das Kirchensakrament des Abendmahls übertragen (1. Kor. 10, 16; Joh. 6, 53 u. ö.), das den Gläubigen auf mystische Weise in Christi Leib eingliedert usw.

Gegen alle diese Umdeutungen haben die jüdischen Lehrhäuser in *der* Form Stellung genommen, daß sie das Recht der allegorischen Schriftauslegung, wenigstens sofern sie auf Abrogation der Thoragesetze hinauslief, prinzipiell bestritten. So lehrt *R. 'Aqiba* hinsichtlich der *Wörtlichkeit* des Beschneidungsgesetzes: Das Gebot »sei vollkommen« (1. Mos. 17, 12) war ein Wink für Abraham, welcher Art die Beschneidung sein müsse, daß sie sich nicht auf die Vorhaut des Ohres (Jer. 6,10), nicht auf die Beschneidung der Lippen (2. Mos. 6, 30) und nicht auf die des Herzens (Jer. 9, 26) beziehe, d. h. nicht allegorisch gedeutet werden dürfe, sondern in 1. Mos. 17, 1 eindeutig die Vorhaut am Körper gemeint gewesen sei (Bereschit rabba, Par. 46). Und über alle, die dies dennoch lehren – die Unverbindlichkeit der Beschneidung, des Sabbat, der Feste – und durch Umdeutungen die Schrift lästern, erklären die Pirqe Abot III, 15 – ähnlich auch die Mischna Sanhedrin XI, 1 – folgendes: Wer das Geheiligte (Sabbat) entweiht, wer die Feste schändet, wer das Gesicht seines Nächsten öffentlich erbleichen macht, wer das Bündnis unseres Vaters Abraham zerstört, und wer das Gesetz falsch deutet, hat, selbst wenn er über Thorawissen und gute Handlungen verfügt, keinen Anteil an der zukünftigen Welt [39]. – Denn die Antinomisten aus Prinzip und die Gesetzesverächter aller Art wagen ja gerade »etwas zu entwurzeln, was für Israel ein Zaun gegen die Sünde ist« (jer. Ber. 6 a). Und um einem Antinomismus paulinischer Observanz zu begegnen, der bloß den Dekalog als Sittengesetz gelten lassen wollte, das übrige Gesetz aber verwarf – sich dafür auf Matth. 19, 16–19 u. parall. St. berufen –, so hat man in der Zeit R. Gamaliels II., also in der Regierungszeit Kaiser Domitians, offenbar zur Bekämpfung dieser Irrlehre das tägliche Dekaloglesen aus dem öffentlichen Gottesdienst verbannt – zur selben Zeit aber Birkat ha-Minim eingeführt (über diese Zusammenhänge vgl. *Aptowitzer*, MGWJ., Bd. 74, p. 104 ff.).

Was nun gar den Anspruch Pauli anlangt, daß der neue Bund das Gesetz aufgehoben habe, an seine Stelle eine neue Offenbarung getreten sei, so lautet die jüdische Erwiderung: »Es heißt doch 5. Mos. 30, 12: ›Die Lehre ist nicht im Himmel‹, so sage auch nicht, ein anderer Moses stand auf und brachte eine andere Thora vom Himmel. Ich bezeuge es dir, daß nichts von derselben im Himmel geblieben ist« (Debarim rabba Abschn. VIII) [40]. Dies war ganz offensichtlich als Antwort an die Christen und an alle die gerichtet, die eine Ergänzung der Thora für möglich hielten oder an eine kommende neue Offenbarung glaubten.

Bleibt nun zum Schluß noch zu betrachten übrig, was es mit der paulinischen Gegenüberstellung von Gesetz und Glauben eigentlich auf sich hat, die sich bis zum heutigen Tag in der populären Version erhalten hat, daß das Alte Testament das Gesetz und das Neue den Glauben verkünde, wobei die Wächter des Israelbundes, die Propheten, deren Funktion darin gesehen wird, Christum zu weissagen und von ihm her die Handlungen ihrer Zeitgenossen zu kritisieren, eine Zwischenstellung erhalten und schon halb in den Neuen Bund hineingehören. – In Wirklichkeit liegt ja aber außer der Tatsache, daß im Zentrum der Thora der gottesfürchtige Gehorsam gegen den ewigen Gesetzeswillen und im Zentrum des Evangeliums der Glaube an eine göttliche Gestalt (den Sohn oder fleischgewordenen Logos) steht, noch ein weiterer Umstand vor: Paulus hat nämlich – gleichsam zum Ersatz für die Entsubstanzialisierung der

Beschneidungs-, Speise-, Sabbat- und Festvorschriften – das Sachprinzip des neuen Bundes, den *Glauben* an den Christus Jesus, der ja nach seinem ursprünglichen Willen auch bei den Juden das Gesetz verdrängen und an seiner Statt die Beziehung zu Gott herstellen sollte, *nach rückwärts* ausgeweitet und zum fundierenden Prinzip aller Geschichtsereignisse auch *vor* der neuen Offenbarung erhoben. Neben Galater cap. 3 lese man hierfür besonders den Hebräerbrief cap. 11 nach, wo Abel, Henoch, Abraham, Isaak, Jakob, Josef, Moses zu wiederholten Malen, weiter Gideon, Simson, Samuel, David und die Propheten »durch Glauben Königreiche bezwungen, Gerechtigkeit gewirkt, Verheißungen erlangt haben« usw. Sie alle »haben durch den Glauben Zeugnis überkommen« und seien »eine Wolke von Zeugen für Jesus, den Anfänger und Vollender des Glaubens«. Die letzten Behauptungen des Verfassers vom Hebräerbrief haben die Juden gewiß als eigene Spekulation von sich gewiesen, aber den *Lobpreis des Glaubens*, der für sie freilich keine geheimnisvolle Gnadengabe, sondern der schlichte Ausdruck festen Gottvertrauens ist, haben sie genau so gewaltig anzustimmen gewußt.

Für viele Stellen stehe hier die Mekhilta zu 2. Mos. 14, 31: »Und sie glaubten an den Ewigen und an Mose, seinen Knecht.« – Groß ist der Glaube, mit dem die Israeliten an den glaubten, welcher sprach, und die Welt ward. Denn zum Lohn dafür, daß die Israeliten an den Ewigen glaubten, ruhte der heilige Geist auf ihnen. – – Und so findest du, daß Abraham, unser Vater, nur durch das Verdienst des Glaubens, den er »an den Ewigen glaubte«, diese und die zukünftige Welt erbte, wie es heißt: »Und er glaubte dem Ewigen, und Gott rechnete es ihm zur Frömmigkeit an« (1. Mos. 15, 6) [41]. *R. Nechemja* sagte: Jeder, der ein einziges Wort im Glauben auf sich nimmt, ist würdig, daß der heilige Geist auf ihm ruhe – – –. Und ebenso findest du, daß Abraham, unser Vater, diese Welt und die künftige Welt nur im Verdienst des Glaubens, den er an den Ewigen glaubte, geerbt hat. Und so findest du, daß die Israeliten nur im Lohne des Glaubens aus Ägypten erlöst wurden, wie es heißt 2. Mos. 4, 31: »Und das Volk glaubte.« Und so werden Lobpreisungen des Glaubens zitiert wie für Moses 2. Mos. 17, 12; des Glaubens der Väter gedacht wie 2. Chr. 20, 20; Jer. 5, 3; Jes. 26, 2; Ps. 92, 2; Ps. 118, 20 usf.

Zusammenschließend müssen wir darum feststellen, daß die Entgegensetzung von Verdienst aus Werken und Glaube, Gesetzesgerechtigkeit und Evangelium, Weissagung und Erfüllung ebenso populär wie falsch ist. Hier liegen die Differenzen nicht. Auch das Buch, das die Christen von ihrem Standort aus das »Alte Testament« nennen, kennt den Glauben. Aber weder weissagt dieser Glaube den Christus Jesus, noch ist er in irgendeinem Sinne Vorstufe zu ihm, sondern er ist wirklich und wahrhaftig nichts anderes als der fest vertrauende Glaube des Bundesvolkes an Gott den Schöpfer, der das Volk einst aus Ägypten geführt, am Sinai den schon mit den Vätern geschlossenen Bund bestätigt und durch die Offenbarung seiner Gesetze verbrieft hat, was die Propheten dem Volke in Abfallszeiten durch Neuverkündigung nur bestätigt haben. Dieser Glaube, den die Schrift zumeist Gottesfurcht (jir'at adonaj oder jir'at schamajim) nennt, ist auch fundierendes Prinzip des »Alten Bundes«. Aber dieser Glaube darf nicht, wie Hebräer 11 zweifellos versucht, gegen die Väter ausgespielt werden, als ob sie — weil ja bereits von Gott geliebt und erwählt — ihrem Glauben zufolge das Gesetz nicht mehr nötig gehabt oder gar gegen das Gesetz gestanden hätten. Aus dem Interesse an der Abwehr solcher Meinungen erklärt sich wohl auch die Tendenz des Talmuds, bereits die Vorväter alle Ritual- und Zeremonialgesetze nebst erschwerenden rabbinischen Satzungen auf das strengste einhalten zu lassen, die ihnen zwar noch nicht bekannt gewesen, aber von ihnen schon vorausgesehen worden seien. Das geht bekanntlich ja so weit, daß nicht nur Abraham die Thora ausübt, bevor sie gegeben war (M. Qidduschin IV, 14) – wie sollte er sonst nach talmudischem Verständnis Urbild jüdischer Frömmigkeit sein können –, z. B. auch Tefillin legt und sich schon mit rabbinischen Halakhot beschäftigt (Ber. rabba 49 u. ö.), sondern sogar Gott selber in seiner Thora lernt ('Aboda Zara 3 b u. ö.). All dieses ist gewiß nicht wörtlich zu nehmen, auch die, die es lehrten, um christlicher Gesetzesverflüchtigung zu begegnen, waren sich wohl der Allegorese bewußt; aber aus all dem spricht *die* Schätzung der Thora, die eben die jüdische Antwort an Paulus gewesen ist.

Saulus aus Tarus machte in Israel nicht Epoche, die Juden in ihrer überwältigenden Mehrheit nahmen nicht statt der Beschneidung die Taufe an, sondern überließen es dem Christentum, die Welt zu erobern für *ihren* Gott, den ja auch Jesus als seinen Vater anerkannt hatte. So wurde das Christentum Weltreligion, und die Rabbinen zogen in bewußter Absicht den »Zaun um die Thora«, indem sie das Gesetz um und um wendeten. Denn die Thora ausschließlich und allein gibt den Juden das Heil und seine Bewährung für *diese* Welt und ist die Verheißung für die *zukünftige* Welt. Sie ist nach dem Glauben der Juden im Zeitalter Jesu der *einzige* Weg zu Gott; an ihrer Bewährung hängt Gottes Schicksal in dieser Welt und des Menschen Erlösung für die zukünftige Welt. Darum läßt Midrasch Tehillim 17, 7 dem Sinne nach Gott selber sprechen: Meine Thora ist in eurer Hand; eure Lösung ist in meiner Hand. Bewahret ihr meine Thora, ich führe eure Erlösung herbei.

Und daß es wahrlich keine andere Erlösung für Juden geben kann als die, die von Gott kommt, der gegenüber alle an Geschichtsereignisse geknüpften Hoffnungen trügerisch sind, das ist das Ergebnis der jüdischen Geschichtserfahrungen von Jahrtausenden, wie es *R. Jochanan bar Nappacha* (gest. 279) ebenfalls im Midrasch Tehillim 36, 10 mit Geltung für die Juden aller folgenden Zeiten zum Ausdruck gebracht hat: »Nach der Verknechtung in Miṣrajim kam die Erlösung durch Moses, nach der Verknechtung durch Babel kam die Erlösung durch Daniel. Dann kamen die Verfolgungen durch Elam, Medien und Persien und die Erlösung durch Mardochai und Ester. Danach die Verknechtung durch Hellas und die Erlösung durch die Hasmonäer und ihre Söhne. Und dann kamen sie in die römische Gefangenschaft. Da sprachen die Israeliten: Wir sind es müde, erlöst und unterjocht, erlöst und wieder unterjocht zu werden. Wir wollen keine ›Erlösung‹ mehr durch Menschenhände. *Erlösung* kommt nur von Gott.«

IV

DER FORTGANG DER AUSEINANDERSETZUNGEN IM MITTELALTER

Das Schrifttum des Zeitalters vom Abschluß des babylonischen Talmuds (um 500) bis zur westeuropäischen Emanzipation erstreckt sich über annähernd 13 Jahrhunderte und ist in seiner Breite kaum zu überblicken. Die Fragen, die wir im Vorangegangenen behandelt haben, werden immer wieder neu aufgenommen, variiert und weitergesponnen. Aber die Richtung und die Klarheit des Glaubensgegensatzes in den entscheidenden Fragen ist unverändert geblieben. Manche Züge in der Apologetik und Polemik verschärfen und verdeutlichen sich in dem Maße, in dem die endgültige Gestalt der christlichen Kirche sichtbar wird und die Juden sich von dieser Kirche über ihr eigenes Sein, ihr Woher und Wohin, gefragt sein lassen müssen. Es entwickelt sich im Mittelalter eine Literatur apologetisch-systematischen Denkens, die man heute unter dem Sammelnamen »Mittelalterliche jüdische Religionsphilosophie« zusammenfaßt. Diese Denker zwischen dem 9. und dem 15. Jahrhundert haben versucht, die Religionswahrheiten des Judentums in den Kategorien und dem Begriffssystem ihrer jeweiligen Umwelt auszudrücken, indem sie sie heute gegen die Karaeer und die arabische Mu'tazila, morgen gegen die aristotelische Philosophie und übermorgen gegen die christliche Dogmatik verteidigten. Neben diesem unter *philosophischem* Oberaspekt stehenden umfangreichen Schrifttum [42] entwikkelte sich zum Gebrauch für Tageszwecke, zumal für den Zwangsfall öffentlicher *Religionsdisputationen,* eine mit

Schriftbeweisen und Widerlegungen arbeitende speziell *apologetische* Literatur, die häufig auch polemisch wurde [43]. Hinzu treten die zahlreichen Kommentare und Superkommentare, die Dezisionen und Responsen des Mittelalters, die bei der Erörterung bestimmter Probleme oder Schriftstellen Beiträge zu unserem Thema geben. Sie alle wären zu untersuchen und zu behandeln, wenn sich einmal ein gläubiger Wissenschaftler finden sollte, der eine Geschichte des jüdischen Glaubens und des Nachdenkens über diesen Glauben zum Thema seiner Lebensarbeit wählte. – Wir können und wollen hier nur einige Marksteine der Entwicklung herausheben und die Weiterbildung zumal solcher Argumente beobachten, die unter dem Eindruck der geschichtlichen Leidenskontinuität besondere Zuspitzung erhalten und für die schärfere Profilierung der jüdischen Glaubenslehre bzw. für die rechte Abgrenzung gegen die des Christentums argumentative Bedeutung erhalten.

Disputationen

Fragen wir zuerst nach dem Sachgehalt der mittelalterlichen »Religionsgespräche«, die uns im *Schebet Jehuda* (ed. A. Wiener, Hannnover 1856), in der *Wagenseilschen* Sammlung (Tela ignea Satanae, Altdorf 1681) und durch andere Berichte überliefert worden sind, um welche Streitpunkte diskutiert wurde [44]. Geeignet zur Beantwortung dieser Frage sind vornehmlich Berichte über die alle Male von christlicher Seite erzwungenen *Disputationen* von Paris (1240), Barcelona (1263) und Tortosa (1413–14).

Das *Pariser* Gespräch fällt in das Pontifikat Gregor IX., wurde von dem französischen König Louis IX. einberufen und dauerte 3 Tage (25.–27. Juni) in Anwesenheit des hohen französischen Klerus und der staatlichen Würdenträger. Ein Apostat Donin (als Christ Nikolaus) hatte eine aus 35 Punkten bestehende Anklage gegen das Judentum, zumal gegen den Talmud, gerichtet, denen als Hauptsprecher der Juden der Tosafist R. Jechiel ben Josef zu entgegnen hatte. Die Hauptanklagen lauteten auf talmudische Stellen, die Schmähungen gegen die Person Jesu und antimoralisches Verhalten gegen die Christen enthalten sollen. Ferner Angriffe gegen das Gebet Kol Nidre und die Minimformel der Schemone 'Esre. Alle diese Vorwürfe konnten leicht als Mißverständnisse bzw. absichtliche Text- und Sinnverdrehungen entkräftet werden, was aber nicht hinderte, daß 24 Wagenladungen Talmudexemplare auf einem öffentlichen Platz in Paris in Flammen aufgingen.

Dogmatisch gehaltvoller war die Debatte von *Barcelona,* in der Moses *Nachmanides* vor dem aragonischen König drei Fragen beantworten mußte, die ihm sein Gegner – wieder ein Apostat Pablo Christiani – vorlegte und die wirklich auf den Grund gingen: 1. Ist der Messias bereits erschienen oder nicht? 2. Ist der von den Propheten verheißene Messias ein göttliches oder ein menschliches Wesen? 3. Wer hat den rechten Glauben, die Juden oder die Christen? [45]. Die Antworten des Nachmanides sind deshalb bemerkenswert, weil sie einen Glauben bezeugen, der durch geschichtliche Erfahrungen gehärtet ist. Die erste Frage, die sich natürlich um die Ausdeutung messianischer Schriftstellen drehen mußte, ob in Jesus der Messias bereits gekommen sei, entkräftet Nachmanides durch Zitierung der Propheten (Jesaja 2, 4; Micha 4, 3 u. a.), deren Verheißungen offensichtlich nicht erfüllt worden wären, denn noch herrsche Krieg und Blutvergießen Unrecht und Freveltat – am kriegerischsten gesinnt unter allen Menschen seien die Christen selber. Jesus habe auch die Menschen nicht von der Erbsünde erlöst, denn die nach christlicher Lehre infolge der Sünde des ersten Menschen von Gott verhängten Strafen (1. Mos. 3, 16–19) – die harte Fronarbeit des Mannes und die Gebärschmerzen der Frau – wirken fort. Die zweite

Frage beantwortet Nachmanides dahin, daß nach der Überlieferung der Messias ein Mensch von Fleisch und Blut sein werde, der nach Jes. 11, 1 als ein Sproß vom Stamme Isai bezeichnet ist, was aber auf Jesus nur hinsichtlich seiner mütterlichen Abstammung zutreffe, die für die Thronfolge nicht in Frage käme. Die letzte Frage erledigt er mit dem Hinweis auf die Vernunftwidrigkeit der christlichen Dogmen. – Auch diese Disputation endete für den Sprecher mit der Landesverweisung.

Anstatt einer Wiedergabe des Verlaufs der dritten Disputation von Tortosa vor dem schismatischen Papst Benedikt XIII. (über sie vgl. Schebeṭ Jehuda § 40), deren gleichfalls unglücklicher Ausgang die Katastrophe der spanischen Judenheit vorbereiten half, sei auf das philosophische Werk des einen jüdischen Hauptteilnehmers, *Josef Albo* (gest. 1444), auf die *»'Iqqarim«* verwiesen [45a], die laut Einleitung einen Ausgangspunkt für Gespräche unter Bekennern verschiedener Religionen schaffen sollen, freilich in der Aufzählung ihrer Argumente, wie auch sonst im philosophischen Lehraufbau selten Neues bieten und oft kompilatorischen Charakter haben. Der hauptsächlichste Vorzug der »'Iqqarim« für die jüdische Religionsphilosophie ist darin zu erblicken, daß die dreizehn Glaubenslehren des Maimonides von Josef Albo auf drei: Gott, Offenbarung und Vergeltung reduziert worden sind. Zur Erreichung seines Zieles: eine Basis für dogmatische Gespräche zu schaffen, geht Albo so vor, daß er durch eine entsprechend abgezweckte Definition des Begriffes möglicher Offenbarung eine gemeinsame Basis für alle Religionen zu schaffen versucht, um alsdann die trennenden Dogmen ('Iqqarim peraṭijjim) festzustellen und so die christlichen, karäischen und islamitischen Abweichungen in anderen Folgesätzen aus den Grunddogmen als Inkonsequenzen gegenüber dem zu Beginn festgelegten Vernunftbegriff der Offenbarung in Erscheinung treten zu lassen. (Dies als Prinzip ausgesprochen

I, 26.) Die 613 Gesetze, die der Talmud (Makkot 24 a) aus der Thora ermittelt hat, sind nach Albo Veranstaltungen Gottes von sakramentalem Charakter zur Beförderung des menschlichen Seelenheils (III, 39), das nach der Menge der erfüllten Religionspflichten Abstufungen habe (III, 30–36). Die Bünde mit Adam, Noah, Abraham und Moses interpretiert Albo als Gesetzgebungen. Und an die sinaitische Gesetzgebung, die vor einer Öffentlichkeit von 600 000 Menschen stattgefunden habe – diese historische Begründung für die Verbindlichkeit des Ereignisses wird in der mittelalterlichen Argumentation durchgängig verwandt –, knüpft er die Frage, ob diese Gesetzgebung abänderbar sei. Nachdem Albo aus dem logischen Aufbau seines Religionssystems gegen Maimonides die Unabänderbarkeit des Gesetzes als einen Folgesatz der Offenbarung begründet hat (III, 19), lehnt er unter Anknüpfung an *Simon Duran,* aber ohne diesen zu zitieren, in dem berüchtigten – weil in den meisten Ausgaben von der Zensur gestrichenen – Kapitel 25 des dritten Buches die Möglichkeit eines neuen Bundes ab, bestreitet exegetisch wie formal-logisch die Möglichkeit der Trinität [46] und zweifelt schließlich ebenso wie das Schriftverständnis und die Bibelfestigkeit der Apostel auf Grund des Berichtes der Evangelien auch die Jungfrauengeburt und die davididische Abkunft Jesu an, ohne die sich jede Diskussion über seine Messianität aber a priori erledigen würde. Das messianische Dogma erleidet bei Albo freilich überhaupt eine Abschwächung und ist bei ihm keine Fundamentallehre mehr; dennoch mußte gerade er sich in Tortosa über komplizierte Fragen der Berechnung des Zeitenendes und der jüdischen Messianologie äußern (lt. Schebeṭ Jehuda Fol. 71 und 74). – Nach Aufweis einer Sinnfälschung in der Übersetzung von Psalm 19, 18 durch den Kirchenvater Hieronymus, der *tamima* in »Das Gesetz Gottes ist vollkommen«, fälschlich mit unbefleckt (immaculata) wiedergegeben habe, schließt Albo das Kapitel mit der Feststellung ab, daß »das mosaische Gesetz über jeden Mangel erhaben und aller möglichen Vollkommenheit teilhaftig ist.« Dazu exegesiert er noch an anderer Stelle im Einklang mit dem Jalquṭ Schime'oni zum letzten Vers von Wajiqra: »Dieses sind die Gebote«, gibt zu verstehen, daß von nun an kein Prophet mehr eine Neuerung einführen darf, »die der Ewige Moses geboten«: der Gesandte ist des Senders würdig.

Der apologetische Zweck der drei Dogmen: Gott, Offenbarung und Vergeltung aber war gewesen, neben der Festlegung des übernatürlichen Charakters der jüdischen Religion nachzuweisen, daß das Christentum den logischen Begriffen des »objektiven« (nota bene jüdischen) Offenbarungsbegriffes nicht entspreche [47]. Man geht wohl kaum fehl, diese Darlegungen als den Extrakt von Albos Anteil an dem Religionsgespräch zu Tortosa, über dessen Verlauf er noch in einer besonderen Schrift berichtet hat, anzusetzen, zumal er sich zu Beginn dieses Kapitels auf eine Kontroverse mit einem christlichen Gelehrten auch ausdrücklich bezieht.

Sa'adja

Betrachten wir nunmehr in der hier gebotenen Kürze die Entwicklung der Argumentationsweise der mittelalterlichen Religionsphilosophie in ihrer Polemik gegen christliche Lehrbegriffe, und greifen wir zu diesem Zweck, nachdem bereits Josef Albo kurz zu Worte gekommen ist, auf den Begründer der jüdisch-mittelalterlichen Religionsphilosophie, den *Gaon Sa'adja Fajjumi* (882—942), zurück, der mit seinem Werk »Emunot we De'ot« (Glauben und Wissen) das traditionsgläubige Judentum des zehnten Jahrhunderts gegen die karaitische Häresie und die seine Umwelt beherrschende arabische Mu'tazila abzugrenzen hatte, um alsdann noch kurz *Jehuda ha-Lewis* (1080—1145) Beitrag zu unserer Fragestellung zu beleuchten, da in den Positionen seines »Kuzari« zweifellos ein Höhepunkt des mittelalterlich-jüdischen Denkens erreicht worden ist. Durch Darlegung gewisser typischer Positionen bei beiden Denkern, die von anderen übernommen und z. T. ausgebaut wurden [48], lassen sich weitere Darlegungen für den Orientierungszweck unserer Arbeit ersparen.

Sa'adjas religionsphilosophische Position — niedergelegt im systematischen Hauptwerk *Emunot we De'ot* (wir zitieren nach Übersetzungsausg. Jul. Fürst, Leipzig 1845) — ist begründet in der mu'tazilitischen Richtung des arabischen Kalam, der durch seine strenge Fassung des Begriffs der göttlichen Einheit und durch sein Bekenntnis zur Willensfreiheit dem jüdischen Denken weit entgegenkam. Das zentrale Problem, durch dessen Erörterung Sa'adja allen folgenden jüdischen Philosophen die entscheidende Fragestellung vorgab, ist das *Verhältnis von Vernunft und Offenbarung*, natürlicher Erkenntnis und religiöser Wahrheit. Für Sa'adja wie für alle mittelalterlichen Denker, denen die relativistische Tendenz der Moderne noch völlig fern liegt, eine Vielzahl von Offenbarungsreligionen und somit Wahrheitsteilhaben anzunehmen, ist die religiöse Wahrheit des Judentums sichergestellt durch die Exklusivität des Offenbarungsbegriffes, dessen Inhalt von der Vernunft eingesehen werden und mit dem sie sich identifizieren kann. Der *pädagogische* Zweck der Offenbarung ist es, allen denen, die zu eigenem Denken nicht fähig sind, die Wahrheit zu erschließen und den Philosophen, die sie auf rationalem Wege selber finden können, das feste unverrückbare Fundament als Sicherheit gegen alle Zweifel vorzugeben. Wenn der Inhalt der jüdischen Offenbarung aber mit dem der unbestochenen menschlichen Vernunft schlechthin identisch ist, müssen alle von der jüdischen Religion unterschiedenen Religionen — das sind für Saadia Christentum und Islam

– menschliche Schöpfungen sein, die sich zu Unrecht göttlichen Ursprung beilegen. Und dies führt Sa'adja durch in einer ausführlichen *Kritik des Trinitätsbegriffes,* die für die jüdische Polemik des Mittelalters wegweisend geworden ist, sowie in einer mehr apologetischen Darlegung des jüdischen Traditionsdogmas, dessen Ausschließlichkeit jede andere Offenbarung ausschließt.

Gegen die christliche Trinitätslehre, deren Ableitung aus alttestamentlichen Schriftstellen oft gewaltsam genug vor sich geht, wendet sich Sa'adja zunächst (II, 18–22) – die Wiedergabe des detaillierten Gedankenganges muß aus Gründen der Kürze und Übersichtlichkeit vergröbert ausfallen – durch eine Interpretation der beiden *positiven* Momente des jüdischen Gottesbegriffes: Leben und Weisheit, denn nur als lebendes und weises Wesen kann Gott Schöpfertätigkeit ausüben. Die Christen aber lassen diese beiden Attribute vom Wesen Gottes verschieden sein und differenzieren sie noch untereinander zu selbständigen Substanzen. (Der im Fleisch erscheinende Jesus sei das Lebensprinzip und der Heilige Geist das Prinzip der Weisheit.) Wenn aber der christlichen Theologie zufolge die göttlichen Attribute »existierend«, »lebend« und »weise« voneinander und vom Wesen Gottes verschieden wären, so müßte Gott ein zusammengesetzes Wesen, also körperlich sein. Nach jüdischer Lehre kann aber Gott nicht körperlich sein – jedes Differenzierung aufweisende Ding *ist* körperlich –, weil alles Körperliche Kreatur ist, jetzt lebend, dann tot, jetzt weise, dann töricht, was von Gott festzustellen unmöglich ist. Vielmehr Leben und Weisheit – von Gott ausgesagt – sind Emanationen seiner *Mächtigkeit,* in der nach Sa'adja der Gottesbegriff gründet; vom Menschen ausgesagt sind sie Produkte eines vom menschlichen Körper wesensverschiedenen Agens (sc. der göttlichen Schöpfertätigkeit). Da die christliche Trinitätslehre diese Grundunterschiedenheit zwischen Schöpfer und Geschöpf aufheben will, die ihrem Begriffe nach keine überbrückende Vermittlung zuläßt, leugnet das Christentum den wahren Gottesbegriff [49]. Dieser logischen Argumentation läßt Sa'adja (II, 2) eine Kritik und Zurückweisung der Hypostasierungsversuche göttlicher Tätigkeitsattribute in der christologischen Schriftauslegung folgen, um alsdann in II, 25 gegen die Logoslehre als die eigentliche Grundlage der Christologie zu polemisieren. Hier (II, 26) erwähnt er vier verschiedene christliche Sekten, die für ihn das Christentum der Zeit mitrepräsentieren und die daher ebenfalls widerlegt werden müssen: »Gegen die Monophysiten, nach denen Leib und Geist Jesu von Gott sind, verweist Sa'adja auf seine Argumente gegen die Lehre der Emanation des Geistes von Gott. Die zweite Sekte, die Duophysiten, trifft das gleiche Argument und dazu noch der Vorwurf, daß nach ihnen der Leib Jesu, obwohl eine gewöhnliche (nicht von Gott emanierte) Kreatur, die göttliche Natur angenommen hat. Gegen die dritte Sekte, nach welcher Geist und Leib Jesu ursprünglich gewöhnliche Kreaturen waren, wird das bereits erwähnte Argument geltend gemacht: Kreatur kann nicht göttliche Natur annehmen. Gegen die vierte Sekte, die Jesus bloß als Propheten anerkennt, wird auf die (noch zu erörternden) Argumente gegen die Abrogation der Thora und gegen die Messianität Jesu verwiesen — Argumente, von denen *alle* christlichen Richtungen betroffen werden.« [50] — Sa'adjas philosophische Behandlungsweise dieser Frage hat allem späteren Interesse an jüdischer Apologetik und Polemik den Weg gewiesen und zumal die logische Deduktion in der »Widerlegung« der Dreieinigkeitslehre hat bei Späteren — sehr eingehende Weiterführungen z. B. bei Moses ben Salomo [51] — häufig Schule gemacht.

Im dritten Traktat, der von den Ge- und Verboten handelt, geht Saadia auf die Frage, ob das Gesetz abrogierbar sei, mit der im zweiten wie zu Ende des achten Traktats geäußerten Absicht ein, »Beweise zur Widerlegung dieser (sc. Christen), die an eine Aufhebung des Gesetzes glauben«, zu häufen. In III, 16 führt er folgendes aus: »Die Kinder Israels haben eine allgemeine Tradition überliefert, daß die Propheten ihnen von den Gesetzen der Thora gesagt haben, sie würden nicht aufgehoben.« — — Darauf habe ich die Schrift deutlich verstanden und darin als Beweisgrund gefunden:

1. daß bei vielen Gesetzen geschrieben steht: »ewiger Bund« und »für eure nachfolgenden Geschlechter«,
2. daß die Thora selbst sagt: Gesetz hat uns gegeben Moses, seinen Erbbesitz für die Söhne Jakobs (5. Mos. 33,4),
3. daß unser Volk der Kinder Israels nur noch ein Volk ist in seinen Gesetzen, und, da nun der Schöpfer verheißen hat (laut Jeremia 31,35), daß das Volk besteht, solange Himmel und Erde bestehen, folgt notwendig, daß das Gesetz auf Weltzeit bestehen wird.

Daran schließt Sa'adja Exegesen von 2. Chr. 20, 17; Jeremia 31, 30—37; Obadja 1, 1 und andere Stellen an, gegen deren christliche Auslegung er streitet. Hier seien als abschließendes Beispiel nur die Einwände gegen die christlichen Ausleger von Jeremia 31, 30 ff. angeführt (III, 28): »Seht doch zu, was danach folgt, denn Er hat ja deutlich ausgesprochen, daß der neue Bund die Thora selbst ist, wie es heißt: Ich werde meine Thora in ihr Inneres senken und ihr Herz schreiben (V. 33). — — Und der Unterschied vom ersten Bündnis besteht nur in dem Punkt, daß es in diesem Zeitalter nicht mehr gebrochen werde, wie es mit dem Väterbund beim Auszug aus Ägypten geschehen ist« (V, 32). — Unter den Einwänden und Zweifeln, die im Traktatanhang noch erörtert werden, ist die Besprechung des 11. Zweifels interessant, wie denn das göttliche Gesetz gut und wahr sein könne, wenn das es bekennende Volk so gedemütigt und verächtlich sei. Es kehren die im vorigen Kapitel dargestellten Antworten natürlich auch bei Sa'adja wieder; nur dürfte die Verschärfung des paradoxalen Momentes beachtlich sein: »Der Allmächtige hat die Völker erhöht und sie glauben doch nicht an ihn, so daß das Argument zuschanden wird, und die Israeliten hat er erniedrigt und sie verleugnen doch nicht sein Gesetz, so daß die Wahrheit offenbar auf ihrer Seite ist. — — Dies denen zur Antwort, welche sagen, daß die Juden vom Gesetz Wohlstand und Vorteil haben wollen und die Heiden es darum nicht halten, weil sie bereits Wohlstand haben« (III, 44).

Jehuda ha-Lewi

Dieses Glaubensbewußtsein, daß in der geschichtlichen Ohnmacht Macht von Gott her verliehen sein könne, findet einen besonders geprägten und plastischen Ausdruck in entscheidenden Partien des Buches *»Kuzari«* (wir zitieren nach der Übersetzungsausg. von D. Cassel, Leipzig 1869 [2]), das um 1140 von dem Dichter und Denker *Jehuda ha-Lewi* (1080—1145) arabisch geschrieben (der arabische Titel lautet: Das Buch des Beweises und der Argumentation zur Verteidigung der geschmähten Religion) und infolge seiner großen Beliebtheit in hebräischen Übersetzungen unter den jüdischen Gemeinden Europas weit verbreitet gewesen ist. Den historischen Hintergrund des Buches bildet die legendäre Erzählung von der Bekehrung des Königs von »Kuzar« und seines Volkes der Chazaren durch einen jüdischen Gelehrten (um 770).[51a] In diesem historischen Rahmen werden in Dialogform die Besonderheiten der jüdischen Lehre vom »Meister« behandelt, da der König sehr viele Fragen auf dem Herzen hat und diesem Gespräch bereits Dispute mit einem Philosophen, einem Christen und einem Moslem vorangegangen waren. Für unseren Zusammenhang wichtig ist nicht so sehr die originäre Behandlung des philophischen Erkenntnisproblems, auch nicht die Wiederkehr schon behandelter Argumente, sondern die spezifische Begründung der jüdischen Geschichtswahrheit in dem übernatürlichen Charakter des Auserwähltseins dieses Volkes. Wir finden nämlich bei Jehuda ha-Lewi eine vollkommen durchgebildete *Auserwählungslehre* [52], deren hohe historische Funktion für das Ertragen des Galutschicksals außer Zweifel steht. Und zwar argumentiert der Meister gegenüber Kuzari so, daß der göttliche Geist, der von Adam bis Jakob nur jeweils auf einzelnen ruhte, sich in der Wüstenzeit auf das ganze Volk gelegt habe, als »Geist der Liebe, ihnen zum Gott zu sein« (III, 17; I, 95 u. ö.). Seit dem Sinai sei ganz Israel auf der prophetischen Stufe und der einzige Gott mit dem einzigen Volk in substanzieller Verbundenheit. Israel wird unter den Völkern »wie das Herz unter den Gliedern« genannt (II, 36). Aber dies ist durchaus nicht metaphorisch gemeint, sondern die Erwählung ist für Jehuda ha-Lewi *samenhaft* gebunden. Denn nur ein ganz bestimmter Stamm unter den Erdstämmen ist erwählt in all seinen Geschlechtern. Die Söhne Jakobs sind ausgesondert als »Auslese und Herz« der Menschheit (I, 103). Darum muß Jehuda ha-Lewi folgerichtig erklären, daß derjenige, »der sich dem Wege Israels anschließen will, wohl samt seinen Nachkommen einen großen Anteil an der Gottesnähe erlangen wird, aber trotzdem wird der in unseren Glauben Eintretende dem Eingeborenen nicht gleichgestellt; denn nur den *Eingeborenen* wird Prophetie zuteil, während das höchste Ziel der anderen ist, daß sie von den Propheten lernen — und Weise und Fromme, nicht aber Propheten werden« (I, 115). Selbst der Abfall kann das Faktum der Auserwählung nicht löschen. »Waren auch Ungehorsame unter ihnen, so wurden sie zurückgedrängt, blieben aber Angehörige der Auserwählung, da sie es ihrer Abstammung und natürlichen Beschaffenheit nach waren und auch der Erwählung würdige Nachkommen zeugen konnten« (I, 95). Aber dennoch ist die Auserwählung kein Besitz — »der Vorzug der Thora gründet sich nicht auf Moses, sondern der des Moses auf sie« (I, 56) —, sondern eine Verpflichtung auf die Thora; ihr Grund ist das grundlose Handeln Gottes an Israel. »Wir sind darauf verpflichtet, weil er uns aus Ägypten geführt und uns seine Herrlichkeit offenbart hat; denn wir sind das Kleinod (segulla) der Menschheit«(I, 27). Die Auserwählung wirkt sich aber auch wieder nicht als charismatische Substanz des Israeliten aus, die ihn gleichsam bei seiner Geburt überkäme, sondern als eine physische Disposition, eine Art gesteigerter Bereitschaft zur Aufnahme des göttlichen Geistes, die ihn von einer »Auslese der Auslese« sprechen läßt (II, 44), welche die Frommen seien, die »wahren Israeliten«. — Sie seien der vollständigen Gottesnähe teilhaftig.

Bei kaum einem anderen Denker ist mit dem Faktum der Auserwählung als Folge der Berith und als realer Qualität des weltlichen Partners im heiligen Bund in dem Maße Ernst gemacht und ein Grundproblem jüdischer Theologie herausgestellt worden, wie im »Kuzari« des Jehuda ha-Lewi. Natürlich sträubt sich der königliche Gesprächspartner als Nichtisraelit auf das äußerste, eine solche Bevorzugung Israels vor der gesamten Menschheit hinzunehmen, einmal, da die Vorsehung sich doch auf alle Menschen erstrecke und zum anderen, weil doch gerade die Juden das gedrückteste und am wenigsten geachtete Volk der Welt seien. Der erste Einwand, der den partikularistischen Charakter der jüdischen Religion feststellt, erledigt sich für den konsequenten Suprarationalisten Jehuda ha-Lewi infolge der Unergründbarkeit des Willens Gottes, der sich in Freiheit erbarmt, wessen er will, was die sonder Verdienst erlangten Fügungen und Führungen der jüdischen Geschichte seit Abraham beweisen (I, 80—88, 103 u. ö.). Das andere

Argument der schlichten Vernunft gibt ihm Anlaß dazu, das *Galutproblem* in seiner eigentlichen Tiefe aufzurollen und zweifellos damit das Glaubensbewußtsein des jüdischen Volkes, wie es damals lebendig gewesen ist, zum Ausdruck zu bringen:

Zuerst verweist der Meister den fragenden König auf die Nähe und Zusammengehörigkeit von weltlichem Elend und Schande mit Glanz und Ruhm, der *vor Gott* gilt, was ja auch Christen und Mohammedaner für die Hochzeiten ihrer Religionen und für das Charakteristische im Leben ihrer Religionsstifter erklären (I, 113). Im Gegenteil käme es für die Juden darauf an, aus der erzwungenen Unterdrückung eine freiwillige zu machen und sie mit Demut zu ertragen. »Ja, ertrügen wir Verbannung und Druck im Namen Gottes, wie es sich gebührt, dann wären wir eine Zierde des Zeitalters, das wir mit dem Messias ertragen, und würden das Kommen der zukünftigen Errettung beschleunigen« (I, 115). Was aber den gegenwärtigen Zustand Israels anlangt, die Zeit des Provisoriums zwischen dem zweiten und dem dritten Tempel, so erklärt der Meister – und diese Aussagen sind für die Selbsterkenntnis des Galutjudentums von exemplarischer Bedeutung und können heute, mehr als 800 Jahre später, auch nicht anders ausgedrückt werden –, daß Israel heute »ein Körper ohne Kopf und ohne Herz sei. – – Nicht einmal ein Körper, sondern verstreute Gebeine, wie die vertrockneten Gebeine, welche Ezechiel sah. Und doch, König von Kuzar, sind Gebeine, in denen noch Lebenskraft geblieben ist, und die einst Organe von Kopf, Herz, Geist, Seele, Verstand gewesen, besser als Körper, die man aus Steinen und Kalk gebildet, mit Köpfen, Augen, Ohren und allen Gliedern, in denen niemals Lebensgeist geweilt und auch niemals weilen kann, und die nur menschenähnliche Figuren, nicht aber Menschen sind« (II, 29–30). Das *Herz* in dieser kultischen

Symbolik ist der Tempel, in dem die Bundeslade stand, und der *Kopf* sind die Priester und die Propheten, die die Lehre getragen haben. »Der uns aber in diesem Zustand in der Zerstreuung und der Verbannung aufrecht erhält, ist der lebendige Gott« (II, 32). – Darauf *Kuzari:* »Das stimmt. Denn es ließe sich sonst gar nicht denken, daß irgend eine Nation solche Verbannung ertragen könnte, ohne in eine andere Nation aufzugehen, noch dazu nach so langer Zeit. *Meister:* »Aber denke nicht, daß, wenn ich deinen Worten beistimme, darin ein Zugeständnis liegt, daß wir eine tote Sache seien. Im Gegenteil, wir stehen noch in Verbindung mit jenem göttlichen Geist durch die Gesetze, die er als einen Bund zwischen uns und ihm eingesetzt hat, z. B. die Beschneidung, von der es heißt: Mein Bund in eurem Fleische sei ein ewiger Bund (1. Mos. 17, 13). Ferner der Sabbat, von dem es heißt: Ein Zeichen sei er zwischen mir und euch für eure Geschlechter (2. Mos. 31, 17). Dazu kommt der Bund mit den Vätern, der Bund in betreff der Thora, den er einmal mit uns am Choreb und ein zweitesmal in den Ebenen Moabs geschlossen, samt den Verheißungen in betreff des Lohnes und der Strafe. – – Also nicht einem Toten sind wir zu vergleichen, sondern einem Kranken, an dessen Heilung alle Ärzte verzweifeln, während er selbst von einem Wunder, von einem außergewöhnlichen Ereignis Heilung erhofft, wie es heißt: »Können diese Gebeine wohl aufleben?« (II, 33.)

Nachdem der geschichtliche Befund des *goj qadosch* im Galutzeitalter solchermaßen geschildert worden ist, fährt der Meister mit dem Vergleich fort, daß »Israel unter den Völkern sei wie das Herz unter den Gliedern, das kränkeste von allen und zugleich das gesündeste (II, 36). Das kränkeste, weil es allen Anfällen und Stürmen der Weltgeschichte ausgesetzt ist, und das gesündeste, weil es kraft der Erwählung auf Weltzeit schlagen wird. Daran schließt sich als weitere Erklärung für Unglück und Elend der Juden eine sehr interessante, von Jehuda ha-Levi in den Vordergrund gerückte Begründung, die aber bereits in den Zeiten der Hasmonäer — exegetisch oft anknüpfend an Amos 3, 2 oder Jeremia 30, 11 — aufgekommen ist, daß nämlich die über die Juden hereinbrechenden Straf- und Leidensverhängnisse ein Anzeichen großer Gnade seien. So heißt es schon im zweiten Buch der Makkabäer: »— — daß man den Sündern nicht viel Zeit läßt, sondern schnell mit den Strafen einschreitet, ist ein Zeichen großer Gnade. Denn nicht wie gegen andere Völker der Herr sich langmütig erweist und sie erst, wenn sie das Maß der Sünden voll gemacht haben, bestraft, hat er mit uns beschlossen, daß er uns nicht, wenn wir zur höchsten Spitze unserer Sünden gelangt seien, erst am Ende bestrafe« (6, 13—15).

Es liegt auf der Hand, daß *diese* Fassung des Vergeltungsdogmas (vgl. auch Raschi zu 2. Mos. 32, 34 [53]; J. Albo: 'Iqqarim IV, 38; Chizzuq Emuna I, 22, sowie zahlreiche ältere und jüngere Midraschstellen) für das geschichtliche Selbstverständnis Israels von hoher Bedeutung sein mußte. Denn das Licht der Juden ist ja »untergegangen nur in den Augen derer, die uns nicht mit klaren Augen ansehen, und die aus unserer Gedrücktheit, Armut und Verstreuung Beweise für das Erlöschen unseres Lichtes, wie aus der Größe der anderen, ihrer weltlichen Macht und Herrschaft über uns, Beweise für das Dasein ihres Lichtes entnehmen« (IV, 21). In Wahrheit aber gehört die Erniedrigung des jüdischen Volkes ja gerade in den göttlichen Weltplan und ist nur aus der Auserwählung heraus zu begreifen, in welchem Sinne die 'Ebed-Haschem-Stellen bei Jesaja von den Kommentatoren immer wieder erklärt worden seien. Aber die Bestimmung Israels ist auch — und dies sei die jüdische Weltmission — der des *Samenkorns* zu vergleichen: »Man legt es in die Erde, wo es sich scheinbar verändert und in

Erde, Wasser, Kot übergeht und fast gar nichts mehr wahrzunehmen ist. Aber gerade *dieses* ist es, welches Erde und Wasser in *seine* Natur umwandelt und sie von einer Stufe zur anderen erhebt, daß es die Elemente auflöst und in seine eigene Gestalt verwandelt, dann Schale und Blätter ababwirft« usw. — — So wandelt auch die Lehre Mosis jeden, der nach ihm kommt, in sich um, wenn sie auch scheinbar von jedem verworfen wird. Diese Völker (sc. die christlichen und mohammedanischen) sind die Vorbereitung und Einleitung zu dem erwarteten Messias, der die Frucht ist und dessen Frucht sie alle werden, wenn sie ihn anerkennen, und alles *ein* Baum wird. Dann werden sie die Wurzel hoch ehren und achten, die sie früher geschmäht, wie wir in betreff des »siehe, mein Knecht wird glücklich« (Jes. 53, 1) erklärt haben (IV, 23) [54]. — Diese Meinung von der Mission Israels und der Bedeutung von Christentum und Islam, die aber stets als Irrlehren, die die göttliche Wahrheit entstellen, betrachtet wurden, hat erst in einer gewandelten Geisteslage, lange nach Ausklang des Mittelalters, zu lehrmäßigen Konsequenzen geführt, als *S. Formstecher* (vgl. Kapitel VI) im Gefolge der deutschen idealistischen Philosophie eine jüdische Geschichtstheologie zu entwerfen unternahm.

Isaak Troki

Geben wir nunmehr zum Beschluß dieses Kapitels — die mittelalterliche Entwicklung des Glaubensgegensatzes betreffend — den Gehalt einer ausschließlich apologetisch-polemischen Zwecken dienenden Streitschrift wieder, soweit er für diese Literaturgattung und die vorherrschende Problematik wie Argumentationsmethode als typisch zu betrachten ist. Wir wählen hierfür eine sehr späte Schrift, in der ohne übergroße Originalität die Ergebnisse der gegen christliche Auslegung und Fehldeutung streitenden mittelalterlichen Kommentatoren sowie das gegen die kirchlichen Lehren polemisierende Material, das aus der bisherigen Streitschriftenliteratur vorlag, in einer dem jüdischen Glaubensbewußtsein der Zeit entsprechenden Weise verarbeitet worden ist. Und zwar geben wir dem Werke des *Karäers Jiṣchaq ben Abraham Troki* (1533—1594): »*Chizzuq Emuna*« (Befestigung im Glauben) den Vorzug vor dem in der Polemik mitunter wenig maßvollen Werke »*Niṣṣachon*« des *R. Lippmann Jomtob Mühlhausen*[55]. Das Buch Chizzuq Emuna (wir zitieren nach der Ausgabe von D. Deutsch, Leipzig 1873 [2]) erschien 1593 und fand rasch weite Verbreitung, erlebte zahlreiche Auflagen und Übersetzungen, diente in der Wagenseilschen Ausgabe z. B. *Voltaire* (vgl. Mélanges III, p. 344) als Fundgrube für antichristliche Einwendungen, wurde aber bis ins 19. Jahrhundert fast immer für das Werk eines rabbanitischen Juden gehalten. Chizzuq Emuna ist das Werk eines ganzen Lebens, die Zusammenstellung aller Argumente, die Isaak Troki (lt. Erklärung seiner Vorrede) in zahlreichen Disputationen gegen die Lehren des Christentums vorgebracht hatte. In diesen scheint er zumeist mit polnischen Antitrinitariern der sozinianischen Bewegung (Kronzeugen seiner Polemik sind Nikolaus Paruta, Martin Czechowitz und vornehmlich der polnische Bibelübersetzer Simon Budny), also bereits *judaisierenden* Christen, zusammengetroffen zu sein, doch bezieht er auch Lutheraner, römische und griechische Katholiken (nur Calvinisten fehlen) in den Umkreis der Auseinandersetzungen mit ein[55a]. Seine streng *biblische* Orientierung, da er ja als Karäer die talmudischen Ausdrücke und Begriffe nicht zu rechtfertigen braucht, erleichtert wesentlich die jüdische Position. Die apologetischen Bemühungen Isaak Trokis kreisen in erster Linie um die Entkräftung christologischer Schriftbeweisstellen mit Mitteln textgemäßer Auslegung (d. h. also nicht durch die Brillengläser der Tradition, sondern mit Sicht der eigenen Augen) sowie um den Nachweis der Absolutheit der Bibel, die keiner Ergänzung mehr bedürfe, und schließlich um die Erklärung des kläglichen jüdischen Geschichtszustandes aus den Strafandrohungen und Verheißungen der Schrift. Die Polemik des zweiten Teils versucht aus den inneren Widersprüchen des Evangeliums selber, wie aus den Gegensätzen zu den Reden der Propheten, Waffen gegen die christliche Lehre zu schmieden. – Es ist uns in diesem Zusammenhang nur die Erörterung je eines aus dem reichhaltigen Material ausgewählten Stückes für die vier Fragekreise möglich, um so Methode und Gehalt der Trokischen Darlegungen andeuten zu können.

Für die Polemik gegen Auslegung von Schriftstellen im Sinne der christlichen Dogmatik sei die Trokische Erörterung der bekannten Strafandrohung im Paradies (1. Mos. 2, 17) angeführt, aus der das christliche Erbsündendogma exegetisch abgeleitet wird. Unter Hinzuziehung zahlreicher Parallelstellen, die auch von Straffolgen göttlicher Gebotsübertretungen handeln, wird nachgewiesen, daß die Textstelle wörtlich zu verstehen ist und nicht noch einen zweiten geheimen Sinn enthält, so daß hier lediglich davon die Rede ist, daß das Essen vom Baum der Erkenntnis als Straffolge den leiblichen Tod bewirken wird. Zahlreiche Prophetenstellen, wie Ezechiel 18,17–32 beweisen die Selbstverantwortung des Menschen für seine Sünden, »daß die frommen und heiligen Väter keinesfalls infolge von Adams Sündenfall zur Hölle gefahren und Seelenstrafen erlitten haben, da sie nicht wie jener dem Willen Gottes zuwidergehandelt, sondern sie haben vielmehr Gunst in den Augen des Herrn gefunden, und ewiges Heil ist ihnen beschieden worden durch eigenes Verdienst, ohne gemäß den willkürlichen Erdichtungen der Christen zu solchem Heil des Verdienstes anderer zu bedürfen.« Dasselbe sagt Ezechiel 18,20: »Nur die Seele, die gesündigt hat, die stirbt, der Sohn büßt nicht für die Sünden des Vaters, und der Vater büßt nicht für die Sünden des Sohnes«, d. h., der Tod trifft die Seele nur infolge ihrer eigenen Sünde, nicht aber infolge der Sünden anderer, was in den Worten des Propheten deutlich auseinandergesetzt ist« (I, 11).

Es dürfte bereits die *karaitische* Methode Isaak Trokis deutlich geworden sein, Schriftstellen, die im jüdischen Verstande falsch verstanden werden, durch die Hinzuziehung anderer Bibelstellen — also *schriftgemäß* aufzuhellen, was wohl auch die einzig zulässige Methode sein dürfte. — Noch ein weiteres Beispiel: Die Christen machen gegen die Thora den Einwand, daß das Gesetz Mosis kein ewiges, sondern nur ein zeitweiliges gewesen sei, das bis zum Erscheinen Jesu Geltung hatte, der es aber aufgehoben habe, zumal es sowieso nicht zu halten war, und ein neues Gesetz gebracht habe: das Gesetz der Liebe. Die Antwort Isaak Trokis (I, 19) lautet, daß das Evangelium selber (Matth. 5, 17 ff.) diese Meinung Lügen strafe, daß Jesus ausdrücklich das Gesetz zu halten befohlen habe und er sowie seine Jünger auch beschnitten gewesen seien, Paulus habe noch lt. Apostelgesch. 16, 3 seinen Jünger Timotheus selbst beschnitten, daß die ersten Christen noch den Sabbath gehalten haben usw. »Es scheint vielmehr, es sei die Absicht der Christen insgesamt, das Gesetz unseres Lehrers Moses aus eigenmächtiger Willkür abzuchaffen, da weder Jesus noch die Apostel es geboten. Ja, hätte sie Jesus von allen im mosaischen Gesetz verzeichneten Geboten befreit, wie sie vorgeben, warum hat er ausdrücklich geboten, einen Teil zu beobachten, wie z. B. die Verehrung von Vater und Mutter, Nächstenliebe, Mildtätigkeit, insgleichen des Mordes, Ehebruchs, Diebstahls und falschen Zeugnisses sich zu enthalten nach Matth. 19, 17 ff.? Warum haben die Apostel ferner Götzendienst, Unzucht, den Genuß des Erstickten und des Blutes verboten nach Apostelgesch. 15, 20 ff.? Was aber die Behauptung anlangt, das mosaische Gesetz sei aufgehoben worden, weil es Vorschriften des Todes enthalte, während das Gesetz Jesu ein Gesetz der Liebe sei, so entsteht z. B. die Frage, warum gebot Paulus, den umzubringen, der mit seines Vaters Weibe Umgang gepflogen, nach 1. Kor. 5, 1? — — Auch was sie noch behaupten, das Gesetz Jesu sei leicht, das mosaische hingegen mit seinen Geboten schwer zu halten, ist ebenfalls nicht der Wahrheit gemäß, da wir Matth. 19, 21 finden, Jesus habe zu einem Jünger gesagt: »Willst du vollkommen sein, so gehe hin, verkaufe das Deinige und gib es den Armen.« Ebenso Lukas 18, 22. Hieraus geht hervor: Das Gesetz Jesu gebiete, alles Gut, das man besitzt, den Armen zu geben, das mosaische Gesetz gebietet, nur den zehnten Teil des Fruchtertrages wegzugeben« (I, 19). — Dies soll zur Frage beitragen, ob das Gesetz Mosis schwerer zu halten sei als das Jesu. Troki fragt weiter, warum die Christen, wenn sie schon vom mosaischen Gesetz befreit wurden, einen Teil der verbotenen Verwandtschaftsgrade beibehalten haben, warum Jesus für die zwischenmenschlichen Rechtsbeziehungen nicht ein neues Gesetz gegeben habe usw. Aber das konnte er gar nicht, denn die Thora ist Gottesgesetz und als solches unabänderlich, unergänzbar, schlechthin vollkommen, wie 5. Mos. 4, 2; 12, 32; Ps. 19, 8—10 und zahlreiche andere Stellen beweisen. Die Schlußweissagung des letzten Propheten aus dem Munde Gottes »So gedenket denn der Lehre des Mose, meines Knechtes, dem ich geboten, auf Choreb für ganz Israel Gesetz und Rechte« (Maleachi 4, 22) gibt ebenfalls zu erkennen, daß es niemals ein anderes Gesetz geben wird als das des Mose vom Sinai. Und auch sein Kronzeuge *Budny* gebe zu, daß das göttliche Mosesgesetz vollkommen und ewig dauernd und außer demselben kein anderes göttliches Gesetz vorhanden sei und daß »diejenigen, welche behaupten, es gäbe zwei Gesetze, das des Moses und das des Jesus, sich im Irrtum befinden, da Jesus kein Gesetz gegeben, sondern vielmehr befohlen habe, das Gesetz Mosis zu beachten« (I, 20).

Nach diesen Proben für das gesetzliche Denken Isaak Trokis und seine Zurückweisung der antinomistischen Tendenzen sei noch kurz über seine meist recht geschickten und treffsicheren Antworten auf die zu jeder Zeit beliebten Geschichtsargumente berichtet: Auf die Frage eines christlichen Gelehrten, ob nicht die prophetischen Verheißungen bereits zur Zeit des zweiten Tempels in Erfüllung gegangen seien, und warum die römische Galut im Vergleich zu früheren Exilen schon so lange dauere, gibt er folgende Antworten: Die Aussprüche der Propheten sind nur z. T. durch die vorangegangenen Exile erfüllt worden (die 70 Jahre des babylonischen Exils sollten bloß den Boden seiner versäumten Erlaßjahre nachholen lassen), die Zeit der Erlösung ist ja nicht eingetroffen, erst diese vierte »gegenwärtige, langdauernde, drückende und schwere Galut« kann unsere Sündhaftigkeit und Unreinheit tilgen, so daß wir hernach keine fernere Galut mehr zu erdulden haben werden, wie auch geschrieben steht Klagel. 4, 22: »Getilgt wird deine Sünde, Tochter Zions, dann wird er dich nicht mehr austreiben.« Ferner Amos 1, 6: »So spricht der Herr: wenn auch wegen drei Freveln von Gaza, so doch wegen des vierten nehme ich die Strafe nicht zurück, weil sie die Vertriebenen ganz und gar austrieben und an Edom überlieferten.« — Diese vierte Galut dauere nur so lange »wegen der Menge unserer Sünden, Missetaten und Vergehungen« und der Eintritt der Erlösung sei von unserer Besserung abhängig, weswegen der Termin des Endes von Gott verborgen gehalten werde, wie es heißt 5. Mos. 32, 34: » Es ist verborgen bei mir, versiegelt in meinen Schätzen.« Edom und Ismael seien immer noch nicht vernichtet, und auch die viel zergrübelten Zeitangaben Daniels seien noch verborgen und geheimnisvoll. Und wenn die Juden jetzt auch schon über

1500 Jahre in der Galut schmachteten, so beweise das nichts, denn von der Welt bis zum Auszug aus Ägypten vergingen 2448 Jahre. Und – wie dies auch Isaak Arama ('Aqedat Jiṣchaq zu Paraschat Waetchanan) und ebenso Isaak Abrabanel lehren – um die Seelen der Frommen ältester Zeit von der Macht des Satans zu erlösen, habe der Messias mehrere Jahrtausende gebraucht, warum widerstrebe es da den Christen, zu glauben, daß Gott Israel auch aus dem gegenwärtigen Exil erlösen werde, von dem vielleicht erst die Hälfte der Zeit verstrichen sei (Ende von 1, 8). – Auch das Reich des christlichen Glaubens sei ja keineswegs bisher angebrochen, denn noch beherrsche der Glaube Mohammeds die halbe Welt (Ende von 1, 5).

Dann faßt Isaak Troki die von allen rabbanitischen und karaitischen Juden des ganzen Mittelalters bis zur Emanzipation festgehaltenen, aus *wörtlich* verstandenen Prophetensprüchen abgeleiteten Merkzeichen für den Eintritt der messianischen Zeit zusammen, um deren Erwartung willen der Messiasanspruch Jesu von den Juden nicht ernst genommen werden konnte. Und zwar sind es folgende noch unerfüllte Weissagungen der Propheten: 1. Die Einsammlung der zehn Stämme unter einem Davididen (lt. Ezechiel 37, 21–22); 2. Der Kampf mit Gog und Magog (lt. Ezechiel cap. 38 u. 39); 3. Die Spaltung des Ölberges (lt. Sacharja 14); 4. Das Austrocknen des Stromes in Miṣrajim zur Zeit der Einsammlung der Zerstreuten (lt. Jesaja 11, 15); 5. Das Hervorquellen lebendigen Wassers auf der Tempelstätte zu Jerusalem (lt. Ez. 47, 1 ff.); 6. Zehn Männer aus den Völkern ergreifen den Zipfel eines jüdischen Mannes und sprechen: »Wir wollen mit euch gehen, da wir gehört, Gott sei mit euch« (Sech. 8, 23); 7. Das Hinaufziehen des Überrestes der Völker nach Jerusalem zur Anbetung (Sech. 14, 16); 8. Das Erscheinen der Völker ebendort an Ruhetagen und Neumonden (Ende von Jes.); 9. Die Ausrottung der Götzen,

Lügenpropheten und des Geistes der Unreinheit von der Erde (lt. Sech. 13, 2; Jes. 42, 17); 10. In der ganzen Welt wird nur ein Glaube sein, der israelitische (lt. Jes. 52, 1; 60, 1 ff. u. ö.); 11. In der ganzen Welt wird nur ein Reich bestehen, das Reich der Israeliten als der Heiligen Gottes (lt. 4. Mos. 24, 17; Jes. 60, 10–12; Daniel 7, 27 u. ö.); 12. Der ewige Friede (lt. Jes. 2, 4; Micha 4, 3 u. ö.); 13. Friede zwischen wilden Tieren und Haustieren (lt. Jes. 11, 6–9); 14. Das endgültige Aufhören der Sünde (lt. Ez. 36, 33–37; 37, 23 bis 24; Zeph. 3, 13 u. ö.); 15. Das Aufhören der Leiden (lt. Jes. 65, 19 ff.); 16. Die Erneuerung des Bundes als Heiligung der Israeliten (Ez. 37, 26–28; Jer. 31, 34 ff. u. ö.); 17. Die Ankunft des Elia (lt. Maleachi 4, 5); 18. Der Bau des zukünftigen Tempels (lt. Ez. cap. 40–46); 19. Die Einteilung des Landes nach den zwölf Stämmen (lt. Ez. 47, 13 ff.); 20. Die Auferstehung der Toten (lt. Jes. 26, 19; Daniel 12, 2 u. ö.). »Diese und ähnliche Prophezeiungen sind unzweifelhaft noch nicht in Erfüllung gegangen und müssen notwendig noch in Erfüllung gehen; denn Gott ist kein Mensch, der lügt. Sie legen daher sämtlich Zeugnis ab, daß der von den Propheten – ihr Gedächtnis sei zum Segen – verheißene Messias, dessen Ankunft wir entgegenharren, noch nicht gekommen ist« (I, 6).

Von dieser schriftgemäßen Leugnung einer Möglichkeit der Messianität Jesu aus geht Isaak Troki nunmehr im *zweiten* Teil seines Werkes zum Angriff auf die Glaubwürdigkeit der Evangelien über [56], wofür 200 Jahre früher schon *Simon Duran* in *Kelimmat ha-Gojim* die exegetische Vorarbeit für alle folgenden geleistet hatte: Markus und Lukas haben ihre Berichte nicht als Augenzeugen geschrieben. Ihre Schriften leiden an inneren Widersprüchen und verraten schlechte Bibelkenntnisse; die Ereignisse werden tendenziös dargestellt, um die Messianität Jesu nachträglich zu erhärten. Z. B. werde Johannes der Täufer zum

Elias ernannt, da dieser nach dem Glauben der Zeit dem Messias vorangehen muß, bis Johannes aber auf genaues Befragen die Identität leugnet (Joh. 1, 21). Oder der Messias muß Davidide sein, also konstruierten Matthäus und Lukas nachträglich zwei Stammbäume. Noch dazu werde diese Abstammung für Joseph nachgewiesen, so daß die Evangelisten unversehens eine natürliche menschliche Zeugung Jesu zugegeben haben. Die Jungfrauenschaft Marias bei und nach der Geburt sei als falsche Midraschdeutung eines Jesajaverses — nämlich von 66, 7 — anzusehen. Maria soll nach Lukas durch einen Engel die Geburt Jesu und seine Größe verkündet worden sein, und doch heißt es dann, seine Mutter und seine Brüder hätten nicht an ihn geglaubt, dann wieder wird sein Bruder Jakobus als sein Jünger bezeichnet usw. Nicht minder widerspruchsvoll seien die Angaben der Evangelisten über seine Sendung und Befugnisse: Bald ist er Herr, bald ist er Knecht; bald allwissend, bald der zukünftigen Dinge unkundig; bald hat er die Absicht, das Gesetz Moses zu erfüllen, bald streitet er dawider; bald zertritt er den Satan, bald versucht ihn dieser und macht ihm Angebote. Dieselbe Unsicherheit herrsche in den Grundlehren. Wird an einer Stelle die Gottheit Jesu behauptet, so wird ihr an anderen offen widersprochen; verwirft Paulus die Werke und verlangt nur den Glauben, sagt Jakobus in seiner Epistel, der Glaube ohne Werke sei ein toter Glaube. Und so wimmle es überall von ungelösten Widersprüchen, in Hauptsachen wie in der Erzählung einzelner Begebenheiten, von falschen Zitaten und mißverstandenen Bibelversen. — Was sei von solchen Männern als Begründern eines neuen Glaubens wohl zu halten?

Dies etwa ist in knappen Worten der Inhalt des zweiten Teiles von Chizzuq Emuna, der mit 100 Kapiteln die doppelte Anzahl des ersten Teiles, aber nur ein Drittel von dessen Umfang umfaßt [57]. Im Vergleich mit anderen Werken dieser Literaturgattung aber ist selbst noch der Polemik bei aller Entschiedenheit der Ablehnung Ruhe und Milde des Urteils nachzurühmen. Die traditionellen Deutungen jedes Bibelverses waren Isaak Troki bekannt, seine Materialbeherrschung vollständig, seine biblisch orientierte Exegese maßvoll und von Gläubigkeit getragen. Von hier aus rechtfertigt sich auch das verhältnismäßig lange Verweilen (im Sinne eines pars pro toto) bei der Wiedergabe des — hiermit noch längst nicht ausgeschöpften — Chizzuq Emuna, mit der wir aber auch glauben, das Bewußtsein der Juden im ausgehenden Mittelalter umrissen zu haben, ihre Argumente und Reflexionen zu den Fragestellungen, die sich seit der Entstehung des Christentums und der Wende ihres eigenen Weltschicksals in den Jahrhunderten herausgebildet hatten.

V

VORWEGNAHME DES KOMMENDEN

Isaak Orobio de Castros Religionsdisput mit Philipp van Limborch

> Don Balthasar Orobio: De Hippokrates honor,
> de Edom oprovio, de Epicuros horror,
> de la Ley gloria, hace, de sa gran fama eco
> à la historia, Medico Profesor con elegancia,
> y Confesero fiel del Rey de Francia. (Daniel Levi
> de Barrios: Academia de los Floridos, 1685.)

In dem von Brugmans-Frank herausgegebenen Sammelwerk »Geschiedenis der Joden in Nederland« (Amsterdam 1940, S. 684) hat *L. Polak* auf das einzig wirkliche Religionsgespräch des 17. Jahrhunderts aufmerksam gemacht, das in voller Freiheit geführt worden ist. Es hat im Jahre 1686 in Holland stattgefunden und ist im folgenden Jahre, in die Form einer literarischen Korrespondenz gekleidet, als Buch erschienen unter dem Titel: *»De veritate religionis christianae; amica collatio cum erudito judaeo«* (Gouda 1687). Eine 1723 in Amsterdam erschienene holländische Übersetzungsausgabe ist mir nicht zugänglich gewesen. – Der eruditus Judaeus hieß *Isaak Orobio de Castro* und der Christ, der das Buch unter seinem Namen erscheinen ließ: *Philipp van Limborch.*

Philipp van Limborch (1633–1712), Professor am Remonstrantenseminar in Amsterdam, hatte als Dogmatiker der Arminianer, der im Prädestinationsdogma freieren Richtung des holländischen Calvinismus bereits einen geachteten

Namen und ist auch heute nicht vergessen [58]. Sein Gesprächspartner Isaak Orobio de Castro ist eine der am wenigsten gekannten und gleichwohl interessantesten Gestalten des 17. Jahrhunderts, deren monographische Behandlung auf Grund vieler noch unerschlossener Quellen sehr wohl verlohnen würde [58a]. Hier kann uns nur der Lehrgehalt des von beiden geführten und noch nie behandelten Religionsgesprächs interessieren und insbesondere natürlich die Argumentation des jüdischen Partners, der sich auf keinerlei Gesprächstradition stützen kann. Wir werden seine Position aber nur dann angemessen würdigen können, wenn wir die biographischen Voraussetzungen dieses Mannes wenigstens in aller Kürze skizzieren.

Orobio de Castro gehörte zu jener unglücklichen Generation von Marranen, im 15. und 16. Jahrhundert zwangsgetaufter Juden, die – entwurzelte Juden, glaubenslose Katholiken – wieder den Rückanschluß an das Judentum suchten und fanden. Männer wie Uriel *da Costa* sind bei diesem Versuch Opfer einer tragischen Bewußtseinsspaltung geworden und zerbrachen; andere wie der Arzt Juan *Prado* oder der bekanntere Baruch *d'Espinoza* sind über das Judentum hinaus zu einer neuen pantheistischen oder – sublim verkleidet atheistischen – Weltanschauung gekommen. Aber der großen Mehrzahl ist es doch gelungen, im Judentum wieder festen Fuß zu fassen. Die spanische Judengemeinde im Amsterdam des mittleren 17. Jahrhunderts zeichnete sich dadurch aus, daß sie eine Menge recht bedeutender, in den weltlichen Wissenschaften gebildeter Gelehrter und Rabbinen von humanistischer Lebensart hervorgebracht hat. Ich nenne hier den Freund Rembrandts, Vossius' u. a. *Manasse ben Israel* [59], den kabbalistisch orientierten *Abraham Herera, Jehuda Leon Templo,* den Leibarzt des Königs von Dänsmärk *Benjamin Mussafia,* den nach Hamburg verschlagenen *Chakham David Cohen de Lara* usw.

In diese Reihe gehört auch Orobio de Castro, dessen Lebensschicksale aber weit bewegter sind als der aller anderen.

Balthasar Orobio de Castro ist um 1620 in Braganza von Eltern geboren worden, die in aller Heimlichkeit noch den Versöhnungstag beobachteten, aber sonst kaum Kunde mehr vom Judentum zurückbehalten hatten. In Alcalá de Henares studierte er scholastische Philosophie und wurde selber in Salamanca Hochschullehrer für Metaphysik, der Vorlesungen in diesem noch ganz in mittelalterlichem Stil betriebenen Fache abhielt, daneben aber Medizin studierte, um schließlich einer der gesuchtesten Ärzte von Sevilla und Leibarzt des Herzogs von Medina-Celi zu werden. Er lebte in Wohlstand, heiratete und wurde glücklicher Familienvater. Das Schicksal brach über ihn herein, als die Inquisition ein Auge auf ihn warf. In einem anderen Werk beschreibt Philipp van *Limborch*[60] auf Grund eines persönlichen Berichtes Orobios seine Geschichte:

Ein maurischer Sklave, den er wegen Diebstahls bestraft hatte, hatte ihn der Inquisition als Kryptojuden angezeigt. Er kam zur Untersuchung auf drei Jahre (1655–1658) in einen engen düsteren Kerker der Inquisition, die ihm unter grausamen Foltern vergeblich ein Geständnis abzupressen suchte. Da er aber nur des Judaismus suspectus, nicht convictus war, entging er dem Scheiterhaufen und wurde dazu verurteilt, zwei Jahre lang öffentlich das Büßerhemd aus gelb bemalter Leinwand (sambenito) zu tragen, bis er schließlich auf Lebenszeit des Landes verwiesen wurde. Er ging nach Frankreich, wo ihm von Ludwig XIV. eine Professur als Arzt in Toulouse – einem Platz, an dem viele Marranen lebten – und der Titel eines königlichen Conseiller übertragen wurde. Ungefähr acht Jahre später (1666?) war er so weit, daß er das Sündenbekenntnis der Marranen ablegte, er habe Idolatrie (sc. Katholizismus) getrieben und oft vor Baal das Knie beugen müssen. Mit dem öffentlichen Bekenntnis zum Judentum tauschte er den christlichen Vornamen Balthasar gegen den jüdischen Isaak aus. Er ging nach Amsterdam – Stadt der Freiheit, Eleutheropolis nannte man sie damals –, wo er schon 1669 in der Liste der Parnassim (Gemeindevorsteher) erscheint. In Amsterdam gründete er 1685 auch eine »Academia de los Floridos« für spanische Poesie und Wissenschaft. Als im Jahre 1675 die portugiesische Synagoge neu eröffnet wird, widmete der Rabbiner David Zarfati *Pina* ihm die Festrede. Wie Konvertiten oft, ist er gern als Verteidiger der Lehren des Judentums aufgetreten – so gegen den atheistischen Arzt *Juan Prado* [61] und gegen *Spinoza,* dessen Ethik er scharf angriff [62]. Aber schließlich auch gegen den Calvinisten Philipp van Limborch; ein Jahr nach der mit diesem geführten, ursprünglich nicht für die Öffentlichkeit bestimmten amica collatio ist er gestorben. Limborchs Publikation erschien, wie Le Clerc bezeugt, kurz vor seinem Tode, der am 7. 11. 1687 (1 Kislev 5448) eingetreten ist.

Die uns hier interessierenden dogmatischen Auseinandersetzungen Orobios mit dem Christentum müßten eigentlich auch seine Prevenciones Divinas contra la Vana Ydolatria de las Gentes und seine Spezialauslegungen von Jesaja 53 und den 70 Jahreswochen Daniels heranziehen; aber diese nur handschriftlich vorliegenden Werke sind mir nicht erreichbar. [61a] – Das aus dem Spanischen ins Französische übersetzte Werk »Israel vengé ou exposition naturelle des prophéties que les chrétiens appliquent á Jesus leur prétendu Messie« (ed. Henriquez 1770; englisch ed Grace Aguilar, London 1835) ist schwerlich originär und hat nach *de Rossi* (Bibl. judaica antichristiana, Parma 1800, 86 f.) nur Ideen Orobios verwertet. Wir bleiben also auf die Edition des Meinungsaustausches zwischen ihm und seinem Freund-Feind Philipp van Limborch angewiesen.

Das Werk »De veritate religionis christianae, *amica collatio* cum erudito Judaeo« – der Obertitel ist übrigens dem bekannten Werke Hugo Grotius' nachgebildet – enthält nach einer Praefatio ad Lectorem drei Schreiben Orobios – das erste hat eine Länge von 2, das zweite von 11, das dritte von 99 Seiten – und drei Antworten von Limborch – 3,31 und 197 Seiten lang. Angehängt ist dann noch das bekannte Exemplar vitae humanae von Uriel da Costa mit einer Stellungnahme Limborchs. Der zweite Teil hat mit dem ersten nichts zu tun. Die Anlage des Buches muß unglücklich genannt werden. Von einer systematisch geordneten Darstellung ist nicht die Rede; störend ist auch die so ungleiche Länge der drei Schreiben. Der Anteil der beiden Disputanten ist mehr als 2:1 zugunsten Limborchs. Doch gehen wir nun zur inhaltlichen Darstellung über:

Die Praefatio ad Lectorem zeigt, daß Limborch sich bewußt ist, was das heißt, einem Juden, d. h. dem Vertreter eines positiven Offenbarungsglaubens gegenüberzustehen[63]. Als Intention Orobios, dessen Verstand und Gelehrtheit er über alle Maßen rühmt, gibt er an, dieser wolle zeigen, daß es für die Juden keine Gründe zu einem Religionswechsel gäbe, vielmehr vieles dagegen spräche. Limborch seinerseits will wohl den Glauben an die Göttlichkeit der Sendung Mosis und seiner Wunder zugeben, doch verlangt er von Orobio denselben Glauben für die neutestamentlichen Berichte über Jesus. Im übrigen wolle er aber seinen jüdischen Gegner nur mit biblischen Gründen widerlegen, nur Christi und der Apostel eigene Lehren ins Feld führen unter Absehung von kirchlichen Lehrsätzen.

Die beiden ersten Briefe, die gewechselt werden, tasten nur das Feld der Auseinandersetzung ab. Die vier Fragen, um die sich die Debatte hauptsächlich drehen soll, formuliert Orobio gleich eingangs dahin:

1. Wo steht geschrieben, daß der Glaube an den Messias heilsnotwendig für die ganze Menschheit sei, so daß, wer nicht an ihn glaube, verdammt werde?

2. Wo steht geschrieben, daß Israels einziges Rettungsmittel für sein Heil und den Wiedergewinn der göttlichen Gnade der Glaube an einen bereits erschienenen Messias sei?

3. Wo steht geschrieben, daß Israel aus seiner Stellung und Würde als Gottesvolk verstoßen wurde und unter die Völker zur Strafe dafür zerstreut sei, weil es dem erschienenen Messias nicht geglaubt habe?

4. Wo steht geschrieben, daß alle Gesetzesvorschriften — ausgenommen die ethischen — nur als Schatten und Weissagungen auf das künftige Kommen des Messias zu verstehen seien?

Wir sehen, diese vier Fragen greifen geschickt die zentralen Argumente auf, die in der kirchlichen Literatur adversus Judaeos seit anderthalb Jahrtausend immer wieder vorgetragen wurden. In der Tat muß auch jedes jüdisch-christliche Gespräch auf diese Fragestellungen kommen, die bei Orobio nur ihre Pointe dadurch erhalten, daß er als absolut an die Bibel gebundener Jude den atl. Schriftbeweis für die christlichen Behauptungen verlangt. Und diese Forderung treibt den christlichen Partner in die Enge, denn Limborch muß natürlich zugeben, daß es keine wörtlichen Schriftbelege dafür gibt, sondern nur einzelne Bibelstellen, meist aus den Propheten, die sich vom Neuen Testament her in diesem Sinne deuten lassen.

Diese vier Fragen, die den Christen dazu auffordern, die von Paulus und den apostolischen Vätern gegebenen Lösungen zu überprüfen, kreisen um das messianische Problem, das Orobio am Ende seines zweiten Schreibens dahin definiert: Der Glaube an einen messianischen Erlöser sei verursacht worden durch Adams Fall. Aber nur die

Juden hätten davon gehört und ihre Erwartung sei nach dem wörtlichen Verstand der Schrift eine fleischliche, denn sie harrt der konkreten Erfüllung der prophetischen Weissagungen. Jesus könne der messianische Erlöser schon darum nicht gewesen sein, weil dieser Messias ja Israel nicht von seinen Feinden befreit und die zehn Stämme in ihr Vaterland zurückgeführt habe. Was die Christen vom Messias glaubten, sei etwas ganz anderes als der jüdische Glaube und habe in der Thora keine Wurzel, sondern sei Inhalt der von ihnen behaupteten neuen Offenbarung des Neuen Testaments.

In seinem langen dritten Schreiben diskutiert Orobio nun im einzelnen die von ihm selber aufgestellten vier Fragen, doch springen die Argumente immer wieder von einer Frage zur anderen über, so daß ein systematisches Referat nicht recht möglich wird. Doch münden ihm alle Fragestellungen immer wieder in das messianische Problem ein, an dessen Erörterung wir uns hier hauptsächlich halten wollen. So führt er 1,6 aus, daß Gott im A. T. von den Juden immer nur den Glauben an sich, nicht an den Messias gefordert habe, daß erst das N. T. neue Dogmen über den Messias gebracht habe, die nicht den Erwartungen der Juden entsprachen. Unter den Christen seiner Gegenwart hätten nur Chiliasten und Quintomonarchisten — necque pauci, necque indocti, necque Christo infideles — den richtigen atl. Lehrbegriff, weil sie mit den Juden die prophetischen Vorhersagen über das künftige irdische Reich Israels resp. seine Wiederherstellung als von Christus noch nicht erfüllt ansehen (1,6) [64]. Überhaupt sei das Wort Gottes durch das Evangelium nicht klarer geworden, als es zuvor war. Es sei schwierig, gegen die Christen zu disputieren, weil sie in so viele Sekten zerteilt seien; was bei den einen orthodox ist, das sei verfehmt bei den anderen (III,4). Die innere Uneinigkeit der vielen christlichen Kirchen und

Sekten über die Hauptpunkte der neuen Verkündigung beweise, daß Christus das unter den Buchstaben Verborgene nicht klargelegt habe, sondern eher das Gegenteil der Fall sei. (1,7). Christus habe nicht den geistigen Sinn des Buchstaben expliziert. Doch habe er auch nicht wie später die Kirchenväter das Gesetz mystifiziert. Ebenso hielten sich die Apostel meist an das buchstäbliche Gesetz, wie das Beispiel des Paulus zeige, der den Timotheus beschnitten habe, oder die Entscheidung des Aposteldekrets gegen den Antinomismus der Heidenchristen (1,9).

Auch wenn man davon ausgehe, daß das Gesetz typisch zu verstehen sei, könne Gott doch unmöglich gewollt haben, daß das Wissen, das die Juden vor der Ankunft des Messias von diesem gehabt haben, nur eine Irreführung gewesen sei. Man dürfe auch nicht Inhalte und Ideen einer späteren Epoche, beispielsweise das christologische Dogma, ins Alte Testament zurückprojizieren, als ob sie keimhaft und in statu nascendi schon damals vorhanden gewesen wären. Jede nachträgliche Interpretation sei unangemessen, tendenziös und vergewaltige die ursprüngliche Meinung der biblischen Texte (1,11).

Eine solche tendenziöse Deutung sei auch, daß die Juden trotz ihrer Treue zum Gesetz und geradezu wegen ihres Festhaltens an den Erwartungen ihrer Propheten von Gott mit Zerstreuung und Ruin bestraft worden seien. Israel habe Christus bestimmt nicht aus Haß oder Böswilligkeit verworfen. Auch wenn man auf christlichem Boden stehe, könne man nur ignorantia annehmen, wie auch Paulus zugesteht und Christus mit dem »Vater vergib ihnen ...« ausgesprochen habe (1,12). Aber die Christen sollten den Sachverhalt auch nicht vereinfachen und die jüdische Messiaserwartung zugunsten ihres Schemas entstellen: Die Juden erwarten den Messias nicht propter carnalem affectum – für das Seelenheil der einzelnen Menschen sei sein

Kommen nicht notwendig! –, sed omnino propter Dei gloriam. Das Heil sei an das Gesetz bereits geknüpft, der Messias solle lediglich den Zustand dieser Welt mit ihrem Zwang und Unterdrückung der Juden verwandeln. Dieser äußeren Verwandlung der Welt werde dann freilich auch eine innere Verwandlung, die Erneuerung der Herzen korrespondieren (1,17).

In diesem besonders wichtigen 17. Kapitel fällt Orobio nun den entscheidenden Urteilsschluß vom jüdisch-messianischen Denken her: Soweit er sehen könne, habe der christliche Messias die Menschen nicht anders gemacht, daß sie nun ihre Nächsten mehr lieben können als zuvor. Er sagt: Weder in den Lebensläufen noch in den Herzensgesinnungen, noch in dem Vertreten der himmlischen Dinge sehe ich, daß sich die Christen einer größeren Spiritualität erfreuen als andere Völker, wiewohl sie sich dessen dauernd rühmen (S. 67). Wir haben hier also bei diesem Manne, der von den Christen viel Böses erduldet hatte, eine Vorwegnahme der Voltaireschen Religionskritik und des Nietzscheschen Motivs: »Die Christen müßten erlöster aussehen, wenn ich ihnen ihre Erlöstheit glauben soll«. Nur hatte Orobio ein größeres subjektives Recht zu seinem Urteil als Nietzsche oder gar Voltaire.

Orobio fährt fort: Statt eines Zustandes der Erlösung herrschen auf Erden Krieg, Aberglauben, Götzendienst, Sektiererei schlimmer als je zuvor. Aber das alles sei nicht dem Christentum als solchem zur Last zu legen, es sei sogar gegen seinen Geist. Aber was das Christentum ethisch (nova lex) als ein Plus zum jüdischen Gesetz hinzufügen wollte, erweise sich als unrealisierbar für die Menschen, denn kein Christ lebe nach der Bergpredigt. »Wenn ich sähe, daß alle Christen Kapuzinermönche geworden wären, würde ich gern diese evangelische Vollkommenheit anerkennen in Verachtung der ganzen Welt und des Irdischen« (S. 67). Jedenfalls rechtfertige der faktische Zustand der Christen nur die futurische Messiaserwartung der Juden, die nicht ersehen könnten, daß der heilige Geist bereits auf die Menschen ausgegossen worden sei.

Nach diesen grundsätzlichen Ausführungen, die auch das religiöse Judentum des 20. Jahrhunderts nicht anders ansehen könnte, kommt er in 1, 18 noch auf die christologische Prophetendeutung zu sprechen. Er meint: Die atl. Propheten hätten weder den Ort noch den Zeitpunkt der Geburt des Messias vorausgesagt, auch nicht seine Eltern, sondern nur seine davidische Absammung. Und gerade in dieser seien die Evangelien unstimmig, wofür er die Bemerkungen Calvins über die Schwierigkeiten im Stammbaum Josephs zitiert. Jesus von Nazareth könne höchstens der nicht in der Bibel vorkommende, aber vom Talmud erwartete Messias ben Joseph gewesen sein (1, 18) [65].

Noch wichtiger aber sei: Nichts von dem, was die Propheten über den Messias geweissagt haben, sei wirklich erfüllt worden. Kein Zeichen des angebrochenen Himmelreiches sei bisher gesehen worden, weder bei den Völkern noch bei den Juden, noch in der christlichen Kirche. Noch immer werde Gott von der Mehrzahl der Erdbewohner nicht gekannt. Die Völker verharren im Götzendienst. Israel sei in derselben, ja in einer noch viel größeren Zerstreuung als vor der Zeit Jesu. Das Christentum sei in zahlreiche Sekten zerspalten und götzendienerisch. Die Laster regieren die Menschheit nicht weniger post als ante Christum natum. In der Papstkirche, die das Gottesreich auf Erden sein wolle, könne Israel es nicht erkennen. Die Reformatoren gelten der Papstkirche nicht viel besser als die Juden, die ihrerseits nicht den Beruf dazu hätten, die internen christlichen Zwistigkeiten zu entscheiden. Aber Israel selber fühle sich unter einer speziellen Providenz stehend und erkenne, daß es vom unsichtbaren Gotte regiert werde. In der wunderbaren Erhaltung Israels bis auf den heutigen Tag habe auch ein berühmter Glaubensbruder Limborchs ein göttliches Zeugnis für den Zusammenhang Israels mit Gott zugegeben [66]. Im übrigen wisse er sich aber mit den christlichen Chiliasten in der messianischen Zukunftserwartung einig, wofür er eine Auslegung des Coccejus von Ezechiel cap. 37 zitiert.

In secundum et tertium Quaesitum Orobios finden sich des weiteren längere Ausführungen über die futura redemptio Israels, die wir hier nicht im einzelnen referieren können. Dann führt er aus, daß die christlichen Auslegungen der Propheten mißbräuchlich seien. Den Gottesknecht von Jesaja cap. 53 bezieht er auf das ganze Volk Israel in seiner Gefangenschaft, in der es viel Leid erdulden müsse [67]. Grundsätzlich aber stellt er fest, daß die Thora für den jüdischen Glauben die Prärogative vor den Propheten habe. Und im Gesetz habe Gott die Israeliten vermahnt, nicht vom Gesetz abzufallen, denn dieses sei die Willenskundgebung Gottes für sein Bundesvolk Israel. Wegen dieses Gesetzes dürfe Israel auch nicht an die Inkarnation Gottes glauben, den die Thora als für irdische Augen unsichtbar bezeugt habe. Das Christentum aber, das seinen Glauben auf eine stattgehabte Inkarnation aufbaue, müsse es für eine Form der Idolatrie ansehen [68]. Die Sünde Adams werde nach jüdischem Glauben anders als durch Inkarnation eines Gottmenschen gesühnt. Der jüdische Glaube hätte seine Heilsgewißheit, nach der Limborch gefragt hatte, in den Offenbarungswundern der Thora und in der wunderbaren Erhaltung Israels bis auf den heutigen Tag.

Im einzelnen trifft Orobio noch folgende Feststellungen: Das Kommen des Messias sei von Gott nicht darum verheißen worden, daß er Israel etwas ganz Neues offenbare oder neue Gesetze gebe, sondern vielmehr als ein König, der es vom Druck der Völker in der Galut befreien werde (11, 1). Ein solcher Messiaskönig sei Christus nicht gewesen, womit auch die Behauptung hinfällig würde, daß Israel wegen Christi Tod irgendwelcher Benefizien beraubt worden sei (11, 4). Die Strafleiden Israels erklären sich vielmehr aus seiner mangelnden Beobachtung des Gesetzes und seinem Ungehorsam gegen Gott (11,7). Niemals hätte weder der Messias noch ein Prophet etwas gegen das göttliche Gesetz sagen können (111, 1). Auch erwarte man vom Messias nicht die Schaffung eines neuen Kults, da der alte »äußerliche« – als von Gott eingesetzt – bereits vollkommen sei (111, 10).

Zur vierten Fragestellung führt Orobio noch aus, daß es zwar neben dem sensus literalis auch einen sensus mysticus gebe (IV, 1); doch hebe dieser niemals den Wortsinn auf, auch sei er niemals von den Gelehrten zum Dogma erhoben worden (IV, 2). Die Wunder Mosis seien unvergleichbar (IV, 3), die jüdische Tradition infallibilis (IV, 5), das mündliche Gesetz stamme von Gott entgegen den christlichen Bestreitungen (IV, 6). Darum habe der Traditionsgang der Thora auch eine höhere Gewißheit als der des Evangeliums (IV, 8). Die Gesetze der Thora seien also nicht allegorisch oder typologisch zu verstehen, am allerwenigsten als Präfigurationen. Gott habe durch sie seinen Willen der Wüstengeneration und durch diese allen jüdischen Generationen offenbart. Der Gesetzeswille Gottes sei ein Concretum, und müsse konkret befolgt werden (IV, 9 ff.).

Wir haben Orobios Darlegungen relativ ausführlich referiert, weil es seit dem Dialog Justins mit dem Juden Trypho vor mehr als 1500 Jahren das erste Mal ist, daß in einem jüdisch-christlichen Streitgespräch ein Jude in voller Freiheit ohne kirchliche Zensur das Wort ergreifen konnte. Und so knüpft sich alles Interesse daran, zu erfahren, was der Jude den Christen zu sagen hat. Limborchs Antworten brauchen wir hier nicht ausführlich wiederzugeben [69], weil sie keine wirklichen Antworten sind, sondern Variationen über das christliche Dogma in Monologform, für die er sich vom Gegner lediglich die Stichworte hatte liefern lassen. Wenn wir seine wichtigsten Stellungnahmen zu den vier Eingangsfragen zusammenziehen, die Orobio in den drei Briefen im jüdischen Sinne beantwortet hatte, so ist sein Standpunkt folgender:

ad 1: Der Glaube an Jesus Christus sei entgegen Orobios Bestreitungen heilsnotwendig für jedes Individuum. Der Heiland, auf den die prophetischen Verheißungen des alten Bundes gehen, stamme einerseits aus Davids Hause, andererseits sei er ein himmlischer König mit einem Reiche »nicht von dieser Welt«; beides sei in Jesus Christus und nur in ihm erfüllt.

ad 2: Auf Jesum als den bereits gekommenen Messias und seine Passion weise das richtige Verständnis solcher Weissagungen wie Jesaja 53, Daniel 9, 24–27 und anderer Stellen des A. T. hin.

ad 3: Nur Israels an Jesus begangener Mord könne die wirkliche Ursache seiner Bestrafung durch das gegenwärtige, schon so lang andauernde Verbannungselend sein.

ad 4: Der Sinn von Mosis Satzungen sei ein über die Gegenwart hinausweisender, was das A. T. selber ausspreche. Die buchstäbliche Fassung der Gesetze als äußerlicher Zeremoniendienst sei Gott mißfällig. Die Gesetze seien typisch und mystisch zu verstehen. Die Propheten hätten geweissagt, daß ein neuer – sc. der Christi – Gottesdienst an die Stelle des mosaischen Kultus treten werde.

Diesen Stellungnahmen zu Orobios vier Fragen hatte Limborch eine Parallelisierung von Moses und Christus vorausgeschickt (144–189), die zeigen soll, daß 1. Christi Wunder die Mosis übertreffen und zuverlässiger bezeugt seien, 2. daß die Geschichtsbeweise für das Christentum stärker seien als die Traditionsbeweise des Judentums, 3. daß die ntl. Schriften unverderbter seien und einen höheren Grad der Inspiration aufwiesen als die des A. T. Aber es genüge schon, wenn Orobio nur das eine zugeben wolle, daß im N. T. wirklich eine göttliche Offenbarung vorläge. Denn dann könne auch leicht ihre Übereinstimmung mit dem A. T. in allen wesentlichen Punkten nachgewiesen werden. Limborchs Darlegungen sind nämlich samt und sonders Beschreibungen des heilsgeschichtlichen Aufrisses nach christlichem Glauben, daß die Weissagungen der atl. Propheten in Jesus erfüllt worden seien. Für die Auseinandersetzung mit Orobio stellt er sich daher unter Verzicht auf eigene Originalität ganz in die Tradition des altkirchlichen Schriftbeweises [70], dessen Recht er bereits in seinem dogmatischen Hauptwerk »Institutiones Theologiae Christianae« (Amsterdam 1686, I. III, cap. 27) ausführlich behandelt hatte. Hinsichtlich seines Glaubens an einen Stufengang der Offenbarung zeigt er coccejanische Betrachtungsweise.

In diesen Ausführungen dürfte – trotz des summarischen Referates – Limborchs *eigene* Theologie wenigstens angedeutet worden sein. Sie baut sich auf seiner Argumentation auf, daß Jesus größer als Moses sei, weil er nicht nur Prophet wie dieser war, sondern auch Messias. Nur das meine der Titel »Gottes Sohn«; hingegen war er nicht, wie der Jude argwöhne, daß die Christen meinten, Gott selbst. Hierfür beruft er sich bezeichnenderweise auf Erasmus und die Kronzeugen seiner Religionspartei Episkopius und Hugo Grotius (198, 218, 243).

Neben dieser starken Betonung der messianischen Würde Jesu muß auch seine Beschränkung der heilsnotwendigen Wahrheiten auf die Gedanken des N. T. als spezifisch *arminianisch* angesehen werden, daß ein Christ nur zu glauben brauche, was im N. T., speziell in den Evangelien, geschrieben sei. Diese Abgrenzung des ntl. Christentums von der folgenden Dogmenperiode ist übrigens auch bei dem Limborch sachlich nahestehenden und persönlich befreundeten englischen Philosophen John *Locke* zu finden, der in theologischer Hinsicht einen rationalistischen Supranaturalismus vertrat [71]. Insofern Locke die christlich motivierten Toleranzideen der Cromwellschen Revolutionsperiode verfocht, hat er das Unternehmen einer jüdisch-christlichen amica collatio als solcher nur begrüßen können [72]. — Lockes Epistola de Tolerantia ist Philipp van Limborch zugeeignet!

An diese Kennzeichnung der Glaubenspositionen beider Gesprächspartner sollen nun zum Abschluß noch einige Einzelbeobachtungen und mehr allgemeine Bemerkungen angeschlossen werden: So fällt zunächst auf, daß der Jude Orobio fast niemals auf talmudische und rabbinische Belege zurückgreift, was auf seine mangelnde Vertrautheit mit der hebräischen Sprache zurückzuführen sein wird. Seine Argumentation ist rein biblisch und wird nur dann und wann mit Beispielen aus der Geschichte Spaniens und der spanischen Juden unterstützt [73]. Auch mit der Geschichte des Christentums, zumal seiner Häresien — zeigt er eine oft erstaunliche Vertrautheit. — Auf der anderen Seite besitzt aber auch Philipp van Limborch bemerkenswert gute Kenntnisse der Geschichte des spanischen Judentums, die sich bei ihm aus seinem Studium der Inquisitionsgeschichte erklären. Er spricht von der marranischen Situation, daß die spanischen Juden ihre Kinder lehren, es genüge, Jude im Herzen zu sein, auch ohne ausdrückliches Bekenntnis und daß man das geschriebene Gottesgesetz nicht verletze, wenn man nur in der Seele Jude sei — auch wenn man wie die römischen Katholiken lebe (275 f.). Er ist auch über das zeitgenössische sefardische Judentum Hollands gut im Bilde und zitiert mehrfach seinen gefeiertsten Wortführer Manasse ben Israel (154, 221 u. ö.). Auch das Auftreten Sabbatai Şebis, den er »Messiam ridiculum« nennt (163), wird von ihm erwähnt. Ebenfalls die klassischen Bibelkommentare der Rabbinen sind ihm zugänglich; auf Ibn Esra, Maimonides, Raschi greift er wiederholt zurück. Doch geht auch *sein* Bestreben laut der programmatischen Vorrede darauf hinaus, eine rein biblische Argumentation zu führen.

Zu einem wirklich *dialogischen* Eingehen auf die Ausführungen Orobios hat Limborch es trotz seiner langatmigen Erörterungen vieler Detailfragen nicht gebracht. Zu einem echten Glaubensgespräch war die Zeit noch nicht reif. In dieser amica collatio wurden nur zwei Glaubenswirklichkeiten in monologischer Darstellung nebeneinander hingestellt. Glaubensgespräche aus der Existenz sind erst eine späte Frucht des 20. Jahrhunderts. Auch in Holland, dem klassischen Lande der Religionsfreiheit und an der Schwelle zum Toleranzzeitalter, war eben nur eine amica collatio möglich, ein einmaliges Ereignis ohne Folgen.

Isaak Orobio de Castro war in seiner Weise ein guter Vertreter der jüdischen Glaubenslehren gewesen, zumal wenn man ihm zugutehält, daß er nicht aus der vollen jüdischen Wirklichkeit heraus sprechen konnte, sondern nur aus der verkürzten des marranischen Rückkehrers. In vielem berühren sich seine Ausführungen — speziell in seiner Kritik des N. T. und der ntl. Wunder, die wir in dieser Darstellung als weniger wesentlich übergangen haben — stark mit dem, was 100 Jahre vor ihm schon der polnische Karäer Abraham ben Isaak Troki gegen das Christentum vorgebracht hat, dessen »Chizzuq Emuna« ihm aber kaum bekannt geworden sein kann.

Das wesentliche Verdienst Orobios, das ihm seinen Platz in der Geschichte der jüdisch-christlichen Religionsgespräche sichert, sehe ich darin, daß er als ein frühmoderner

Mensch die ersten schüchternen Standortsreflexionen angestellt hat. Die eigentliche Quintessenz seiner apologetischen und polemischen Ausführungen liegt — scheint mir — darin, daß er klar sah und aussprach: Wenn Juden und Christen auch die gleichen Begriffe und Termini haben wie Offenbarung, Erlösung, Messias, Wiederherstellung usw., so sind doch meist verschiedene Inhaltlichkeiten gemeint, weil die jüdischen Glaubensvoraussetzungen andere sind als die christlichen. Die jüdischen ruhen im Bunde und in der Erwählung des einen Volkes, die Geltung und Bestand haben über alle Stürme der Weltgeschichte hinweg; die christlichen in der Erlösungstat des einen Menschen, der nach christlicher Lehre zugleich Gott gewesen ist. Diesen Unterschied hat Philipp van Limborch nicht verstanden und zu seiner Zeit auch nicht verstehen können. Gleichwohl ist ihm nachzurühmen, daß er sich um die in dieser Art Disputationen nicht allzu häufige Objektivität und Leidenschaftslosigkeit bemüht hat.

Auch die in seiner Dogmatik entwickelten arminianischen Sonderlehren [74] hat Limborch für diesen Anlaß hinter die allgemein christlichen zurücktreten lassen, um den Glauben an Christus als den gottgesandten Erlöser auf biblischer Grundlage darzustellen und auf die polemischen Fragen des Juden die gemein christlichen Antworten geben zu können. Und dennoch ist ihm vorgeworfen worden, daß er die arminianischen Grundsätze noch immer nicht genügend zurückgestellt hätte und sich versteckte Ausfälle gegen die Rechtgläubigkeit habe zuschulden kommen lassen [75]. Aber gerade weil Limborch Arminianer war, der in seinen Grundsätzen weit mehr als die Orthodoxen den Postulaten der Religionstoleranz aufgeschlossen gewesen ist, hat er ja diesen Disput überhaupt nur führen können [75a].

Für Orobio möchte ich abschließend urteilen, daß der Realismus seiner messianischen Erwartung und sein Protest gegen die christliche Ausdeutung des A. T. legitim jüdisch gewesen ist. Denn er hatte ja gegen *das* protestiert, was Friedrich *Nietzsche* [76] ein »unerhörtes Possenspiel« genannt hat: das »Alte Testament den Juden unter dem Leibe wegzuziehen mit der Behauptung, es enthalte nichts als christliche Lehre«. Im übrigen gilt für Orobio, dessen »fleischliche« Auslegungen der prophetischen Weissagungen nicht zufällig den begeisterten Beifall der christlichen Chiliasten gefunden haben [77], durchaus das Urteil M. *Kayserlings* [78]: »Keiner seiner Zeitgenossen hat die Grunddogmen des Christentums mit mehr Schärfe angegriffen als er«. — Darüber, daß auch der folgende Satz berechtigt ist: »Von wenigen wurden dieselben mit solcher Gelehrsamkeit und Präzision widerlegt«, wird man allerdings verschiedener Meinung sein können.

VI

DIE NEUZEITLICHE WENDUNG MOSES MENDELSSOHN

Wenn man den jüdisch-christlichen Glaubensgegensatz durch die Jahrhunderte verfolgt, so wird man in der Geschichte dieser Dispute und Streitschriften die entscheidende Zäsur an das Ende des 18. Jahrhunderts setzen müssen, als auch die ersten Juden vom Geist der Moderne ergriffen wurden und mit der Öffnung der Ghettotore ein letzter Block stehengebliebenen Mittelalters aus dem neuzeitlichen Europa verschwand. Es ist bekannt, daß die Juden in wenigen Jahrzehnten – im Lebensalter einer Generation – die Entwicklung von drei Jahrhunderten nachgeholt haben, die das christliche Abendland gebraucht hatte, um von einer theonom gebundenen Sakralkultur zur Emanzipation des Menschen und zum Glauben an ihn als schöpferisches Wirklichkeitszentrum zu gelangen. In der Person *Moses Mendelssohns* (1729–1786) tritt – abgesehen von dem Sonderfall Baruch Spinozas – der erste geistig emanzipierte Jude auf den Boden der späten Aufklärung. Und kaum betritt der »philosophische Jud' Moses Mendelssohn« – wie ihn der Jesuit Benedikt *Stattler* in einer unbekannten Gegenschrift nannte – dieses Parkett, wird er auch gleich von einem enragierten Kirchenchristen zur Rede gestellt. Der Streitfall *Moses Mendelssohn – Johann Caspar Lavater,* dessen innere Motive wir heute ziemlich genau kennen [79], ist *als Novum* in der Geschichte dieser Auseinandersetzungen von exemplarischer Bedeutung, denn es ist zum ersten Male mit dem Pathos des guten und noch ungetäuschten Glaubens von »Toleranz«, von »Verstehen« und von »gegenseitiger Anerkenntnis« die Rede.

Die Wendung, die hier vorangegangen ist, vom mittelalterlichen zum aufklärerischen Denken, vom Glauben an die suprarationale Offenbarung zum Glauben an die metaphysizierte Vernunft, ist von uns in ihrer Bedeutung für die philosophisch-theologische Reflexion anderen Ortes detailliert beschrieben worden [80]. Für die *Geschichte* der Religionsgespräche hat diese Reflexion die Folge gehabt, daß zum ersten Male die Vielzahl vorhandener Religionen und die Frage nach dem jeweils besonderen Anteil an der allgemeinen Wahrheit, die doch nur *eine* sein kann, ernsthaft zum Problem wurde. Ein solcher Gedanke, daß eine andere bestehende Religion *neben* der eigenen ein Stück Wahrheit repräsentieren könne, wäre dem ganzen Mittelalter absurd und undenkbar vorgekommen; erst die relativierende Tendenz der Moderne hat auch diesen Gedanken denken lassen. *Daß* dem so ist, darüber dürfen auch die relative Anerkenntnis, die das Christentum religionsgesetzlich erfuhr, und gelegentliche Spekulationen bei Jehuda ha-Lewi, Maimonides u. a. über den weltgeschichtlichen Zweck des Christentums (vgl. S. 77) nicht hinwegtäuschen, da Christen und Mohammedaner letzten Endes doch als von der Wahrheit Abgeirrte angesehen wurden [81].

Alle Debatten, die wir im vorigen Abschnitt behandelt haben, hatten letztlich feindseligen Charakter, apologetisch oder polemisch den Sinn gehabt, die Wahrheit der eigenen Lehre zu begründen und deren Bekenner zu rechtfertigen, waren aber weit davon entfernt gewesen, den Wahrheitsanspruch des anderen Glaubens auch nur im entferntesten ernst zu nehmen. Weder hat der »Kuzari« noch irgend eines der mittelalterlichen »Streitgespräche« zu einem echten *Dialog* geführt, freilich auch der Lavater–Mendelssohn-

Streit noch nicht, aber er leitet über zur echten *Zwiesprache,* wie sie dann im 20. Jahrhundert möglich geworden ist. Insofern läßt sich hier schon von »Fortschritt« reden, zumal wir nicht vergessen dürfen, daß die theologischen Kontroversen in den vorangegangenen Zeiten, die wir bislang darstellten und die sich auf hoher Ebene abspielten, einige Etagen tiefer schon sehr viel primitiver verliefen. Da wurden die Juden meistenteils als »Religionsverbrecher« angesehen, als »böse und verstockte Menschen«, die »unseren Herrn und Heiland Jesus Christus« ans Kreuz geschlagen haben und an deren Leib und Gut deshalb hunderte- und aber hundertemal, wenn die jeweilige Obrigkeit den fanatisierten Massen die Straße freigab, Rache für diese Tat genommen wurde. Mehr als ein Stadtgetto ging mehr als einmal im Lauf der Jahrhunderte in Flammen auf. Und die Juden, die sich an ihren mächtigen Peinigern nicht durch Taten rächen konnten, rächten sich dafür durch Wort und Schrift. Jedenfalls ist die apokryphe – oft aufgelegte und in den niederen Volksschichten sehr verbreitete, viel am Weihnachtsabend gelesene – Schmähschrift »Toledot Jeschu« mit ihrem beißenden und stechenden Spott über das Christentum und seinen Gründer eine wichtige Quelle, wenn man die wirkliche Stimmung der unterdrückten Judenmassen jener Jahrhunderte erkunden will. *Diesen* Hintergrund darf man nicht aus den Augen verlieren – so wenig wie den eigentlichen »Sinn« der Religionsgespräche zwischen Geistlichen und Rabbinen an mittelalterlichen Höfen, von denen der jeweilige König oder Landesfürst sich meist zu Zwecken begründeter (!) Expropriation der jüdischen Vermögen einen Pogromanlaß versprach –, will man die Bedeutung der *Aufklärung* für die Juden, den weltanschaulichen Wert des *Toleranzbekenntnisses,* die ungeheure Errungenschaft der *Emanzipation* und das erste Zusammentreffen mit dem alten Gegner in der

Morgenluft der Freiheit, also den *Lavater–Mendelssohn-Streit* entsprechend würdigen. Man wird dann über den problemmäßig geringen Sachertrag dieser ersten modernen Kontroverse hinwegsehen und sich auch darüber nicht wundern, daß fast alle schon traditionell gewordenen Argumente pro und contra in diesem Streite abgewandelt und abgeblaßt sind; aber man wird dafür begreifen, welch erhebendes Gefühl den jüdischen Partner bei diesem ersten die-Klingen-Kreuzen in voller Gleichberechtigung des Geistes vor der Öffentlichkeit des gebildeten Europas erfüllt haben muß.

Betrachten wir nunmehr Verlauf und Gehalt dieses nicht zuletzt durch sein literarisches Echo (fast 30 selbständige Schriften erschienen damals!) berühmt gewordenen Streites: In der französischen Schweiz war ein Werk »Palingénésie philosophique« von Charles *Bonnet*, einem Vertreter der dortigen »vernünftigen Orthodoxie«, herausgekommen, dessen apologetischen Teil Johann Caspar *Lavater* unter dem Titel »Herrn Charles Bonnets Untersuchung der Beweise für das Christentum etc.« ins Deutsche übersetzt hatte. Diese deutsche Ausgabe hatte Lavater unter Bezug auf früher gepflogene Gespräche mit einer Moses Mendelssohn gewidmeten »Zuschrift« versehen, die vom 25. August 1769 datiert war und in der Mendelssohn öffentlich aufgefordert wurde, diese Beweise für das Christentum entweder zu widerlegen oder, wenn er das nicht könnte, Konsequenzen zu ziehen. Diese öffentliche Herausforderung, die den in der gebildeten Welt Europas sich noch gar nicht so sicher bewegenden Mendelssohn in die allerschwersten Nöte brachte, entstammte der Feder eben jenes Lavater, der in seinen »Physiognomischen Fragmenten« wenig später erklären konnte: »Es ist unsinnig, dem Gewissen einer Nation, Gemeinde, Gesellschaft *eine* Religionsform aufzudringen. Zum äußerlichen Bekenntnisse kann man durch Zwang gebracht werden; zur innerlichen Überzeugung nicht« (III, 240).

Es ist hier nicht unsere Aufgabe, die Geschichte dieses Streitfalles zu schildern, in dem für das Urteil der Nachwelt Mendelssohn jedenfalls die würdigere Rolle gespielt hat als der in seinen inneren Motiven zweideutige Lavater, sondern den *Sachertrag* des Streites zu beurteilen. Aber immerhin muß als Motiv der Lavaterschen Herausforderung anerkannt werden, daß dieser junge Züricher in seiner schwärmerischen Begeisterung für das Christentum und seinem auch vor Goethe, Rousseau u. a. nicht haltmachenden Bekehrungseifer mit dem Phänomen nicht fertig wurde, daß im christlichen Kulturleben der Zeit zum erstenmal ein Jude eine geachtete Position errungen hatte und trotz seiner Zuneigung zur kosmopolitisch-universellen Vernunftreligion, wie sie die Zeit hegte, doch eine *partikuläre* Religionsform so hartnäckig festhielt. Der »jüdische Weltweise in Berlin« wollte sich aber nicht bekehren lassen und, da er andererseits auch nicht mehr schweigen konnte, ließ er sich in einen Briefwechsel mit Bonnet und Lavater ein, dessen Veröffentlichungen über zwei Jahre unter angespannter Aufmerksamkeit Europas hin- und hergingen, Friedrich Nicolai, »des heiligen römischen Reiches Erzzänker«, zum Eingreifen bewogen und nach Abschluß Hamann, Lichtenberg, Matthias Claudius, Pfarrer Kölbele und manch andere Männer zur Stellungnahme herausforderten. Mendelssohns Position in diesem Streit, die auch nochmal durch die 13 Jahre später erfolgte Veröffentlichung des Werkes »Jerusalem oder über religöse Macht und Judentum« (1783) beleuchtet wird, war dadurch doppelt erschwert, daß er einmal nicht gegen die von ihm proklamierte Toleranz in Religionsdingen verstoßen wollte, welche Weltanschauung sein Freund Lessing in dem Schauspiel »Nathan der Weise« etwas später dichterisch gestaltete; zum anderen aber gebot ihm die politische Rücksicht Zurückhaltung von Religionsstreitigkeiten aller Art, denn er wußte sich ja als »Mitglied eines unterdrückten Volkes, das von dem Wohlwollen der herrschenden Nation Schutz und Schirm erflehen muß und solchen nicht allenthalben, und nirgends ohne gewisse Einschränkungen, erhält« (VII, 14). Darum erinnert er auch Lavater daran, daß in Zürich einem Juden nicht einmal der Aufenthalt vergönnt sei. Wie sollten es da die preußischen Juden wagen, der Religion ihrer Beschützer den Kampf anzusagen, d. h. »diese von *der* Seite anzufallen, die tugendhaften Menschen die empfindlichste sein muß?«

Aber die *eigentliche* Schwierigkeit liegt noch tiefer — und ihre Erörterung führt mitten ins Zentrum der Dinge. Es stellt sich nämlich heraus, daß der Aufklärer und Humanist Moses Mendelssohn glaubensmäßig bestimmte Positionen, die alle Rabbinen und Gelehrten vor ihm vertreten hatten, nicht mehr halten kann. So wird er von Lavater im Verlauf der öffentlichen Auseinandersetzung zu einer Stellungnahme zur Person Jesu und seiner Verurteilung durch das jüdische Synhedrion gezwungen und hier (im letzten privaten Brief an Lavater in dieser Sache vom 15. 1. 1771) macht er folgende bezeichnende Abschwächung, zu der sich die mittelalterlichen Disputanten schwerlich verstanden hätten: »Scheint es doch, als wenn man noch immer von uns dieserhalb (sc. wegen des Verschuldens der Sadduzäer und Pharisäer an der Person Jesu) Rechenschaft forderte. Was weiß ich's, was meine Vorfahren vor 1700—1800 Jahren zu Jerusalem für gerechte oder ungerechte Urteile gefällt haben?« (VII, 362). Er könne noch nicht einmal die Verantwortung für die königlich-preußischen Gerichte seiner Zeit übernehmen. Ein Urteil in dieser Sache lehne er jedenfalls mangels authentischer Berichte ab, und außerdem habe er das Vergnügen, viele

Glaubensgenossen zu kennen, die diese weise Mäßigung besitzen und sich keine Blasphemien erlauben. – Nun aber kommt ein ganz neuer Ton hinein: »Ich kenne auch so manche, die mit mir noch weitergehen und auf die Aussagen christlicher Zeugnisse die Unschuld jenes Religionsstifters sowie die sittliche Güte seines Charakters wohl anerkennen« (ebd.). Freilich mache er mit diesen die *traditionellen* Bedingungen, daß Jesus sich nie dem Vater habe gleichsetzen wollen, sich nie für eine Person der Gottheit ausgegeben, sich nie die Ehre der Anbetung angemaßt habe und daß er die Religion seiner Väter nicht habe umstoßen wollen. Diese Bedingungen werden nun aber interessanterweise nicht im Geist der Tradition begründet, daß von ihrer Anerkenntnis die *Wahrheit* Gottes und der *Offenbarung* an Israel abhängt, sondern im Geist der Aufklärungsreligion, die die *moralische Güte der Absichten* zur obersten Richtnorm erhebt, denn, heißt es weiter: »Diese Bedingungen sind von der äußersten Notwendigkeit; denn in der Tat, wenn einige verdächtige Reden und Äußerungen nach dem buchstäblichen Sinne genommen werden müßten, so würde das Urteil über die moralische Güte seiner Absichten eine ganz andere Wendung nehmen« (ebd.).

Im Mendelssohn-Kapitel unserer »Geschichte der jüdischen Religionsphilosophie in der Neuzeit« ist an verschiedenen jüdisch-theologischen Zentralbegriffen die Aufweichungsarbeit der Aufklärungsphilosophie eingehend dargelegt und erörtert worden. Von *hier* aus betrachtet kann es nicht verwundern, daß das Toleranzpathos und die Harmonisierungsbestrebung auch an den *christlichen* Grundlehren nicht vorbeigeht; freilich teilt Mendelssohn hier nur die Auffassungen seiner Zeit, die ebenso von christlichen Aufklärungsphilosophen vertreten wurden. So etwa, wenn er das Dogma vom Sühneleiden Jesu aus den Prämissen seines Vernunftdenkens mit der Bemerkung abtut: »Kein

Individuum leidet in der Haushaltung Gottes bloß anderen zum besten« (VII, 73). Aus den »Gegenbetrachtungen« (1770), die – durch den Lavaterstreit hervorgerufen – direkt an Bonnet gerichtet sind, aus zahlreichen Briefen dieser Jahre und den entsprechenden Partien des Spätwerkes »Jerusalem« geht ganz deutlich hervor, daß Mendelssohn den Vorzug des Judentums vor der christlichen Religion im Fehlen gerade jeder über die Vernunft hinausgreifenden *Glaubenslehre* von positiver Verbindlichkeit erblickt[82]. In einem sehr aufschlußreichen Briefe Mendelssohns an den Erbprinzen von Braunschweig von Anfang 1700 verlegt er das »Schibboleth« der Religion ausdrücklich von der »historischen Wahrheit der Gesandtschaft« fort in die »logische Wahrheit der Lehre« und verwirft eben deswegen Dreieinigkeit, Menschwerdung, Leidensweg und Sühnetod Christi, weil sie »den ersten Gründen der menschlichen Erkenntnis schnurstracks zu widersprechen scheinen« (VII, 301). Gerade dies sei der Unterschied zwischen den Büchern des Alten und des Neuen Testaments: »Jene harmonisieren mit meiner philosophischen Überzeugung oder widersprechen derselben wenigstens nicht, diese hingegen fordern einen Glauben, den ich nicht leisten kann« (ebd.). – Hatte also ein *Chasdai Crescas* (in Biṭṭul 'Iqqere ha-Noṣerim) oder ein *Josef Albo* (in Iqqarim), wie wir gesehen haben, die Waffen zur Widerlegung des Christentums gerade aus *dem* Umstand geschmiedet, daß dieses in seinen zentralen Glaubenslehren mit dem zwar vernunftgemäßen, aber streng supranaturalistischen Offenbarungsbegriff des A. T. im Widerspruch stünde, so glaubt 300 Jahre später der erste jüdische Religionssystematiker der Neuzeit, weil er im Letzten doch nur ein jüdischer Philosoph der Aufklärungsreligion war, in seinen »Gegenbetrachtungen« das Christentum *dadurch* »widerlegt« zu haben, daß seine Offenbarungsweisheit – im Gegensatz zur jüdischen, die in nichts »mit der Vernunft streitet« – sich nicht vor der natürlichen Menschenvernunft ausweisen und beglaubigen könne (VII, 91 ff. – vgl. auch Alte Ausg. »Jerusalem«, Ges. Schr. III, 129–133).

Für die Beurteilung der *Wandlungen* in der Stellungnahme zur christlichen Religion ist aber noch ein weiterer Gesichtspunkt ausschlaggebend: Es ist der eines erst durch die Aufklärung möglich gewordenen *ethisch-religiösen Universalismus*. In dem ungemein aufschlußreichen Schreiben an den Erbprinzen von Braunschweig, das im Januar 1770 der Abfassung der »Gegenbetrachtungen« für Bonnet unmittelbar vorangeht, versteht sich der wider seinen Willen in einen Religionsstreit hineingezogene Verfechter der Vernunft und undogmatischen Toleranz zu folgender programmatisch zu wertenden Festellung: »Da die Menschen alle von ihrem Schöpfer zur ewigen Glückseligkeit bestimmt sind, so kann eine ausschließende Religion nicht die wahre sein. Diesen Satz getraue ich mir als Kriterium der Wahrheit in Religionssachen anzugeben. Eine Offenbarung, die allein die seligmachende sein will, kann nicht die wahre sein, denn sie harmoniert nicht mit den Absichten des allbarmherzigen Schöpfers« (VII, 302). Hier hat also Mendelssohn in unzweideutiger Weise zu einem Problem Stellung genommen, das sich als *Problem* erst einem Juden der Aufklärungszeit stellen konnte, was denn aus den Millionen und Millionen Erdenbewohnern werden solle, wenn nur eine einzige Menschengruppe allein des Heils und der Glückseligkeit gewürdigt worden sei. Die Talmudisten und die Rabbinen des Mittelalters hatten auf diese Frage allenfalls die Antwort bereit gehabt, daß die Gottesfürchtigen unter den Völkern, die die noachidischen Gesetze halten, zusammen mit den Israeliten an der zukünftigen Welt Anteil haben werden. Weitergehende Überlegungen haben sie kaum angestellt. Christentum und Islam waren von ihnen unter dem Begriff des »Schittuf« religionsgesetzlich klassifiziert; daß die Wahrheit den Synkretismen gegenüber nur *eine* sein kann, geknüpft an den Bund und die gnädige Erwählung des jüdischen Volkes, war so über allem Zweifel erhaben, daß sie die Frage nach dem Heilsschicksal der Nichtjuden nicht weiter beunruhigen konnte. Aber Mendelssohn *ist* beunruhigt, zumal jetzt, da er auf dieses Fragezeichen hingestoßen worden ist, und so erklärt er denn feierlich, daß »eine ausschließende Religion nicht die wahre sein« kann, daß eine nur für einen Teil der Menschheit Geltung habende Offenbarung immer nur partikulär sein könne. Die allweise Güte Gottes könne aber nicht zulassen, daß dann die übrige Menschheit ohne Offenbarung bliebe. Es seien doch gerade »alle Bewohner der Erde zur Glückseligkeit berufen, und die Mittel derselben sind (daher) so ausgebreitet als die Menschheit selbst« (III, 215 — Jerusalem). Für die von Gott dem Menschengeschlecht bestimmte Glückseligkeit gibt es aber nach Mendelssohn eine universale Erkenntnisquelle — in dieser Fassung freilich nur eine vermeintlich jüdische, in Wahrheit eine der Aufklärung: die *Vernunft.* Denn das Judentum ist ihm mit der Vernunft völlig identisch und seine Vernunftgrundsätze, die für alle Menschen gleiche Geltung haben, seien nur noch um gewisse Geschichtstatsachen (Sinaioffenbarung) und um besondere auf diese Geschichtstatsache bezogene Ritual- und Zeremonialgesetze ergänzt und erweitert, die als solche verbindlich und nicht abrogierbar, zu deren spezieller Einhaltung und Befolgung aber auch nur die Juden verpflichtet seien. Die für die ganze nichtjüdische Menschheit geltenden Postulate der offenbarungslosen Naturreligion, die »durch die Schöpfung selbst und ihre innerlichen Verhältnisse allen Menschen leserlich und verständlich sind« (III, 315) und die historische jüdische Religion, deren Sonderoffenbarung einem partikulären Teil der Menschheit nur noch zusätzliche Sonderverpflichtungen auferlegt habe, sind ihm der Anlage seines Gedankengebäudes nach *ein und dasselbe.*

Dann wäre also eine besondere Offenbarung im Grunde unnötig? Mendelssohn stellt sich diese Frage auch tatsächlich und bejaht sie, wenigstens »für alle die Völker, die keine gehabt haben«. Den Israeliten habe Gott zwar eine Offenbarung gegeben, »nicht weil die Menschen als Menschen ohne Offenbarung nicht glückselig sein könnten, sondern weil es seine weisen Absichten erforderten, dieses besondere Volk einer besonderen Gnade zu würdigen«. »Nunmehr ist es diesem Volke nicht mehr erlaubt, seine Seligkeit auf einem anderen als dem von Gott ihm vorgeschriebenen Wege zu suchen« [83]. Aber »alle übrigen Völker der Erde können und sollen nach dem Lichte der Natur leben und zur Seligkeit gelangen.« Und nun mit dem ganzen Optimismus des vertrauensseligen Aufklärers: »Wenn der Grad der Erleuchtung eines Volkes es zuläßt, so können am Ende alle zur Glückseligkeit des Menschengeschlechtes unentbehrlichen Wahrheiten auf vernünftige Erkenntnis gebaut werden« (VII, 75 — Gegenbetrachtungen). Was aber den naheliegenden Einwand der vernunftmäßigen Uneinsichtigkeit gerade der jüdischen Ritual- und Zeremonialgesetze anlangt, so entgegnet ihm Mendelssohn mit der Erklärung, daß dies nur den Anschein habe, in Wirklichkeit aber »beziehen oder begründen sich alle Gesetze auf ewige Vernunftwahrheiten oder erinnern und erwecken zum Nachdenken über dieselben« (III, 321 — Jerusalem).

Für den nur etwas informierten Leser bedarf es kaum einer besonderen Erklärung, daß diese für den jüdischen Liberalismus des 19. Jahrhunderts epochal gewordene Konzeption des Judentums ahnungslos das *Herzstück,* nämlich den *lebendigen Gott,* fortgelassen hat, der ohne Rücksichtnahme auf Vernunft und »Billigungsvermögen« (was nach Definition in »Morgenstunden VII« die höchste Zweckmäßigkeit bedeutet) in der Geschichte dieses Volkes gehandelt hat und der vor allem nicht nur Gesetze, sondern auch *Lehren* offenbart hat, wie etwa die Lehre von der *Schöpfung aus Nichts*, die aber bei Mendelssohn bezeichnenderweise zur Abstraktion einer ersten Handlungsursache abgeblaßt ist [84]. So kann es auch nicht wundernehmen, daß er mit den positiven Momenten der christlichen Lehre noch viel weniger anfangen kann. In den »Gegenbetrachtungen«, im »Erbprinzenbrief« und in anderen Zusammenhängen bemüht er sich um den Nachweis der Un- bzw. Außervernünftigkeit der christlichen Lehre von der Dreieinigkeit, der Erbsünde, der Menschwerdung und Erlösung durch Christus, Auferstehung, Himmelfahrt usw., daß diese Lehren dem Menschengeschlecht »keine notwendige Bedingung der Glückseligkeit« geben können. Aber auch noch diese Polemik, die in der Zurückweisung christologischer Bibelstellen besteht, die einen »unter dem mosaischen Gesetz lebenden Weltweisen« zur Annahme des neutestamentlichen Zeugnisses bewegen sollen [85], bleibt milde und konziliant, ja gibt doch Mendelssohn der Hoffnung Ausdruck, daß nach der »Lehre einiger vortrefflicher Männer (sc. der englischen Deisten und Unitarier), die es mit der Wahrheit und der christlichen Religion sehr gut meinen, alle diese der gesunden Vernunft — wie es scheint — anstößigen Sätze für menschliche Zusätze erklärt werden« (VII, 301) [86].

Das ist ja nun nicht gerade geschehen, wohl aber zogen seine Schüler und die in seinem Geiste aufgewachsene nächste Generation in weiten Kreisen die Konsequenz aus der von Mendelssohn — gewiß wider Willen — geförderten Aushöhlung eines Glaubens, der nur noch an das Zeremonialgesetz als eine ihres Inhalts entleerte Form gebunden war und dieses nunmehr (30 Jahre später!) für den

Preis der bürgerlichen Emanzipation mit Freuden opfern will. Und nicht nur das Zeremonialgesetz, sondern anstandslos die ganze Religion der Väter – wofür neben dem Übertritt von Moses Mendelssohns leiblicher Nachkommenschaft *David Friedländers* Schreiben an den Berliner Oberkonsistorialrat Propst Teller im Namen einiger jüdischer Hausväter hinreichend Zeugnis gibt –, sofern es nur »ohne Beeinträchtigung ihrer Vernunft, ohne Verletzung des moralischen Gefühls geschehen könnte« [87]. Tatsächlich ist *dies* die letzte reservatio mentalis für den Übertritt gewesen, den die nicht zuletzt durch Mendelssohns Einfluß aus dem jüdischen Glauben und Geschichtsbewußtsein entwurzelten Aufklärer eines utilitaristischen Verstandesrationalismus zu machen wußten. Freilich Moses Mendelssohn, zum Unterschied von seinen Jüngern, verharrte noch in einer für seine Person aufrichtig frommen Haltung und hielt das Religionsgesetz streng ein, weil es ihm noch göttliche Verbürgung der »Glückseligkeit« bedeutete (vgl. die Ausführungen im »Jerusalem«, Bd. III, 350 f.) und er sich darum auch bewußt blieb, daß »uns unsere Vernünftelei nicht von dem strengen Gehorsam befreien kann, den wir dem Gesetze schuldig sind« (ebd. p. 356).

Aber was den im Schriftwechsel mit Lavater und Bonnet ausgefochtenen jüdisch-christlichen Religionsstreit – den ersten der modernen Zeit – angeht, so ist zu urteilen, daß infolge der verhängnisvollen Verkürzung beider Religionslehren, die freilich im Zeitgeist ihre grundsätzliche Erklärung findet, nur oberflächliche und verzerrte »Behauptungen« und »Widerlegungen« stattgefunden haben. Dennoch ist diese Auseinandersetzung ein Fortschritt und ein Markstein in der Entwicklung, weil zum erstenmal für das traditionsbewußte Judentum, das mit Mendelssohn in den geistigen Raum des modernen Europas eingetreten war, in seiner ganzen Schwere die Frage aufgetaucht ist, wie sein religiöser Wahrheits- und Absolutheitsanspruch mit den gleichen Ansprüchen der in diesem Raum herrschenden Religionen ins Einvernehmen zu bringen sei. Diese Frage blieb nach diesem ersten Rencontre und nach der schmählichen Kapitulation der Mendelssohnschen Schüler erst recht und nur noch dringlicher gestellt.

Salomon Formstecher

Als 70 Jahre später ein Jude erneut den Versuch unternahm, sich mit der christlichen Religion prinzipiell auseinanderzusetzen und sie in sein philosophisches Weltbild einzuordnen, da geschah dies alles in einer von Moses Mendelssohn und der Aufklärung schon weit entfernten Welt. Denn inzwischen war die Judenemanzipation als Gedanke durchgedrungen und praktisch weithin durchgeführt, die im deutschen Geistesleben aufgewachsene und in einem vom Christentum bestimmten Kulturmilieu erzogene *zweite* Generation stand schon im besten Mannesalter. Ferner hatte das deutsche Geistesleben und das Wirklichkeitsbewußtsein jener Tage durch die Kantische Philosophie und die klassischen Systeme des deutschen Idealismus eine gegenüber der Aufklärung tiefgreifende Umwandlung erfahren. Auch der Ort des Judentums war für die christlich-bürgerliche Bildungsschicht des mittleren 19. Jahrhunderts ein anderer geworden, als den es im unvermischt christlichen Denken behauptet hatte. Wenn *Kant* das Judentum noch mit den Augen Spinozas und unter dem Einfluß Mendelssohns gesehen hatte – nämlich als geoffenbarte Gesetzgebung [88] –, so hatte es für *Schelling* und *Hegel*, die die christliche Logoslehre zur Errichtung und Begründung eines universalen Denksystems verwandt hatten, über die trockene Rationalität hinaus eine zumindest auf den Gehalt mehr Rücksicht nehmende spekulative Bedeutung erhalten. Zumal in Hegels »Philosophie der Religion« war dem Judentum, seinem — nach Hegel — »Begriffe« angemessen, ein Platz in der Menschheits- und Religionsgeschichte zugemessen worden, den es in den Augen der christlich-bürgerlichen Bildungsschicht länger als 50 Jahre, vielleicht bis nahe an die Gegenwart behalten hat, obwohl von der großartigen Gesamtkonstruktion des universalistischen Philosophen und preußischen Staatsdenkers Hegel schon zehn Jahre nach seinem Tode fast nichts mehr unverfälscht erhalten geblieben war. Aber daß das Judentum, »eine Religion aus dem Unglück und für das Unglück«, in der Entfaltung des logischen Begriffsprozesses als Repräsentant der »Negativität« eine niedere, historisch überwundene Religionsstufe darstelle — und zwar die Stufe der »*Erhabenheit*«, auf welcher der Geist »erst allgemein vorgestellt«, in seinem »Für-sich-sein« noch unerkannt außerhalb Israels sich befindet und den blind Abhängigen nur als ein Fremdes, Äußeres zum Bewußtsein kommt, das als reine Negativität gegen die Natur (zorniger Gott) erscheint, während das Christentum die Religion der vollendeten Versöhnung zwischen Gott und Mensch darstelle [89] — das alles ist dem Sinne nach auch nach Abstreifung der spekulativen Denkelemente des Systems noch lange lebendig geblieben. Infolgedessen entstand im 19. Jahrhundert die Meinung, daß man sich mit dem Judentum als einer längst überwundenen und toten Sache — von der paradoxerweise nur noch die Juden selber übrig geblieben waren, die man darum tunlichst rasch assimilieren und missionieren wollte — nicht mehr grundsätzlich auseinanderzusetzen habe. Und im Gegensatz zu allen bisherigen dogmatischen Abgrenzungen und Widerlegungen, um die man sich von den Kirchenvätern über die Scholastiker und Reformatoren bis hin zu Lavater noch ernstlich bemüht hatte, ist dies seit Hegels spekulativer Konstruktion der Religionsgeschichte aus dem Begriff (Logos) beschlossene Sache geblieben. Daran haben auch *Salo-*

mon Formstechers (1808 bis 1889) und *Samuel Hirschs* (1815 bis 1889) eindrucksvolle Systemkonzeptionen nichts mehr ändern können, zumal sie erst 10 Jahre *nach* dem eigentlichen Abschluß der spekulativen Philosophieepoche erschienen, und dieser geschichtlichen Verspätung zufolge – die übrigens ein charakteristisches Merkmal aller bisherigen Bemühungen des emanzipierten Judentums geblieben ist – haben sie weder die jüdische, noch die christliche Öffentlichkeit mehr nachhaltig zu interessieren vermocht. Dennoch sind sie vom Standpunkt des Religionshistorikers aus als ein schätzenswerter Beitrag zur Auseinandersetzung mit der spekulativ-idealistischen Philosophie zu betrachten und ihre Fruchtbarmachung für den jüdischen Raum der Untersuchung für wert zu erachten [90]. Für die Geschichte des jüdisch-christlichen Gespräches bedeutet insbesondere *S. Formstechers »Religion des Geistes«* (Leipzig 1841) – S. Hirschs »Religionsphilosophie der Juden« (Leipzig 1842) hat hierbei geringere Bedeutung [91] – eine interessante Wendung, die radikalste überhaupt, die je vorgekommen und zufolge der spekulativen Denkvoraussetzungen je möglich geworden ist, wird doch in totaler Umkehrung des geschichtlichen Befundes und unter totaler Absehung von der dogmatischen und historischen Sachlage das Judentum zur eigentlichen *Weltreligion* und die christliche Kirche zur jüdischen *Weltmission* erklärt. Wie Formstecher auf den Spuren von Schellings Identitätsphilosophie dieses Kunststück trotz manch richtiger Beobachtung fertiggebracht und von seinen Voraussetzungen aus sogar glaubhaft zu machen verstanden hat, sei im folgenden kurz betrachtet:

Formstecher sieht den Verlauf der Weltgeschichte von einer ursprünglichen Polarität aus bestimmt, von Heidentum und Judentum, die der polaren Dualität entspricht, in der sich bei Schelling die »Weltseele« jeweils entfaltet. Das Heidentum als eine »ästhetische Manifestation des Absoluten« oder Religion der Naturvergötterung, hat lediglich ein »Ideal des Universallebens« und ist darum gehalten, am Kulminationspunkt seiner Entwicklung, sobald es also zu dem ihm möglichen Selbstbewußtsein gekommen ist, sich ins Judentum als die »Religion des Geistes« aufzulösen, so daß der Dualismus des Religionslebens im Subjekt, im Träger des Geistes, in eine Einheit zusammenfällt (p. 363). Da dies aber erst am Ende der Geschichte geschehen wird, wenn die »relative« Wahrheit des Judentums endgültig zur »absoluten« Wahrheit geworden ist, »müssen sich Heidentum und Judentum historisch nebeneinander als feindliche Gegensätze ausbilden und solange weiterschreiten, bis eine jede Religion in ihrer Sphäre ihr Ideal erkannt und realisiert hat« (p. 70). Weil also das Judentum eine eigene Entwicklung hat von der Unvollkommenheit zur Vollkommenheit und auf jeder Stufe einen gleichbleibenden, dennoch jeweils verschieden hervorgehenden Missionsauftrag an das Heidentum, ferner hinzukommt, daß dem Judentum, das eine zwiefache Geschichte – eine der Selbstentwicklung und eine seines Verhältnisses zur Menschheit – aufzuweisen hat, nach dem Willen seines Gottes kein direktes Einwirken auf das Heidentum im Sinne eines Sich-Hineinstellens gestattet ist [92], treten nunmehr Christentum und Islam als »transitorische Repräsentanten jenes strebenden Einwirkens auf, um gleichzeitig ihrerseits wieder Wahrheitszeugen für die ›Religion des Geistes‹ abzugeben. Christentum und Islam als *Missionsträger des Judentums* vermitteln die Verhältnisgeschichte der Wechselwirkung von Judentum und Menschheit (Heidentum) und bringen diese zum Selbstbewußtsein des Geistes.« Das Wesen der Mission ist ein Bewegen des Judentums aus sich selbst durch das Heidentum zu sich selbst zurück, nach der Form des Denkaktes, der als ein Bewegen des Subjekts durch das Objekt zu sich selbst zurückkehrt« (p. 365). – Nunmehr erkennen wir auch Formstechers eigene Absicht, *warum* er eigentlich Schellings spekulative Identitätsphilosophie ins Judentum übernommen hat und selbst die größten Mißverhältnisse und Widersprüche hingehen läßt: Aus keinem anderen Grunde, als um in der Ausdehnung und Anwendung dieses Prinzips auf die Geschichte des Judentums, seine *Religion des Geistes* als die Religion der absoluten Wahrheit zu beweisen: »Hat der Geist das erste Stadium seines Strebens zurückgelegt, ist er im Judentum durch die Erkenntnis des Ideals seines Individuallebens zum Bewußtsein seines subjektiven Charakters gelangt, dann beginnt er den zweiten Teil seines Strebens, dasjenige nach Identifizierung, welches er aber aktiv nur mittels des Judentums darstellen kann, während dabei das Heidentum sich rein passiv und hingebend zeigen muß. Das Judentum mußte dann aus seiner Isolierung heraustreten und der Menschheit sein Dasein zeigen ... Der Geist muß somit während seines zweiten Lebensteils, während seines Strebens nach Identifizierung des Subjektiven mit dem Objektiven, sein errungenes Bewußtsein als Subjektives behaupten und bewahren und zugleich auf das Objektive so einwirken, daß es endlich in dem Subjektiven zur Einheit mit demselben sich auflöse, welch zwiefaches Streben der Geist damit darstellt, daß er das Judentum als steten Repräsentanten seines Selbstbewußtseins und eine Mission des Judentums an das Heidentum als transitorischen Repräsentanten jenes strebenden Einwirkens auf das Objektive erscheinen läßt. Findet das Judentum ein jedes Proselytenmachen mit seinem wesentlichen Charakter im Widerspruche, weil es seine Wahrheit nur repräsentieren, aber nicht geltend machen soll, so erkennt die Mission des Judentums (sc. Christentum und Islam) gerade darin ihre Aufgabe, daß sie die Wahrheit des Judentums in die Menschheit einführen und ihr die Herrschaft erringen soll« (p. 363 f.).

Was nun das Christentum anlangt, so ist seine »jüdische« Missionsaufgabe diese: »den Geist von seinem Universalleben zu einem Individualleben zu erheben, ihn aus seinem Versunkensein in der Natur zu sich selbst zurückzuführen, ihn aus diesem Abfalle von sich selbst zu erlösen, ihn mit sich selbst wieder zu versöhnen ... Das lebensvolle Symbol dieser Erlösung und Versöhnung erkennt das Christentum in dem Tode Jesu, in welchem der Menschheit gezeigt wurde, wie die Natur dem Geiste, das Heidentum dem Judentum untergeordnet und unterworfen werden muß« (p. 369). — Man sieht also, daß Formstecher an Umdeutungen und Umwandlungen von Glaubenssymbolen und Geschichtstatsachen Schelling, Hegel und ihren theologischen Jüngern im protestantischen Lager nichts nachgibt [93], nur daß diese Umdeutungen im Interesse seiner jüdischen Geschichtsbetrachtung erfolgen. Besonders reizvoll ist die Wendung, mit der er den Absolutheitsanspruch des Christentums als ein Selbstmißverständnis seiner »jüdischen« Sendung interpretiert: »In diesem Streben, den Geist aus seinem Versunkensein in dem Naturleben zu sich selbst, aus seinem Universal- zu seinem Individualleben herauszubilden, zeigt das Christentum seine absolute Wahrheit, denn in diesem Streben kündigt es sich als Mission des Judentums an. Seine relative, nur transitorische Wahrheit zeigt es aber darin, daß es den Anfang der Lösung seiner Aufgabe als Ende feiert und sich dadurch irrtümlich eine absolute Selbständigkeit vindiziert.« Über die Art der Umdeutungen, durch die Formstecher alle christlichen Dogmen als notwendige Missionscharaktere interpretiert, um in der relativen Wahrheit der Absenker die Absolutheit der alleinigen »Religion des Geistes« (Judentum) zu feiern, ist zu urteilen, daß sie sehr geschickt vonstatten geht. So war es auch nach ihm erfreulich, daß »das Christentum seinem Missionsauftrag zufolge den ›Geistesprozeß‹ (!) in Gewänder des Heidentums hüllen« mußte, »daß letzteres ihn als eine Forderung seines eigenen Lebens erkenne und als solche realisiere. Deshalb trat das Christentum bei seiner Geburt im heidnischen Gewande des Pantheismus auf, welcher den Menschengeist apotheosiert und dadurch die Identität von Gott und Welt verkündet. Es war nicht mehr der Menschengeist, der sich erlösen und versöhnen sollte, sondern der Geist Gottes nahm dieses Erlösungswerk vor, er selbst opferte sich, um seiner Gerechtigkeit zu genügen, die wegen des Abfalls der Menschheit durch die Erbsünde ein sühnendes Opfer verlangte, und um seiner Liebe zu genügen, welche die Menschheit nicht länger im Elend der Sünde verharren lassen konnte« (p. 373). Die noch sehr ins einzelne gehende Umdeutung der christlichen Glaubenslehren zu dem Zweck, ihre relative Missionsaufgabe und die Absolutheit des Judentums zu erweisen, gipfelt in dem Urteil, daß »das Christentum die Ethik des Judentums mit der Metaphysik des Heidentums umhüllt habe, um die Aufgabe seiner Mission organisch zu realisieren« (p. 374).

Während das Christentum als Mission überwiegend an die nordländische Völkerwelt ausgesandt war, »damit es mittels der dem Nordländer angeborenen Freiheit als Philosophie das Heidentum zum Judentum umwandle« (p. 398), bedurfte es für den Süden einer anderen »durch die Lokalität bedingten Methode«, eben des Islams, der nicht wie das Christentum »religiöse Philosophie«, sondern »religiöse Poesie« darstellt. »Bezeichnet im objektiven Entwicklungsgange des Geistes Christentum das aus den Banden der Natur sich selbst erlösende Element und fordert somit absolute Freiheit, so deutet Islam zwar ebenfalls auf das dem Gebiete der Natur sich entwindende Element hin, das aber diesen Übergang nicht mittels der Freiheit, sondern mittels der nichtdenkenden *Hingebung* verwirklicht. Ein sklavisches Unterwerfen dem despotischen Machtgebote

Gottes ist Islam und ein jeder, der diese Unterwerfung in seiner Denk- und Handlungsweise darstellt, ist Moslem« (p. 399). – Diese konsequent nicht durchzuführende Verschmelzung der jüdischen Freiheit mit dem heidnischen Fatum produziert für diese Mission an den südlichen Teil der Menschheit jenen jüdisch-heidnischen Charakter, den nur der Ausdruck »islamitisch« wahrhaft bezeichnet.

Wenn aber Christentum und Islam ihre Mission erfüllt haben, d. h. die Bewegung des Geistes zu dem ihm vorgesteckten Ziel an sein Ende gekommen ist, die gesamte heidnische Menschheit missioniert und für den Gott des Judentums gewonnen ist, dann werden nach Formstecher die beiden transitorischen Repräsentanten der Geistesreligion wieder ins Judentum zurückgekehrt sein, was Formstecher für den Gang der inneren Entwicklung des Christentums so ausdrückt: »Dann, wenn das Christentum es erkannt hat, daß es den Menschen versöhnen soll, nicht mit Gott, mit dem es wegen dessen Allgüte stets versöhnt ist, sondern mit seinem eigenen Geiste, mit dem er sich durch seine Naturvergötterung entzweit hat; daß diese Erlösung und diese Versöhnung im Judentume in diesem Gegensatz der Naturreligion schon längst gegeben ist, daß somit das Christentum nur als eine Mission des Judentums an das Heidentum, in keiner Hinsicht aber auch an das Judentum selbst, betrachtet werden muß; nur dann, wenn das Christentum dieses erkannt hat, diese Erkenntnis lehrt und in allen Richtungen und Verhältnissen des Lebens manifestiert, nur dann hat es das heidnische Element in sich selbst organisch zum jüdischen umgeschmolzen, nur dann hat es in qualitativer Hinsicht seine Mission gelöst, ein Himmelreich auf Erden realisiert« (p. 394 f.).

In dieser Stunde also hat das Christentum seinen transitorischen Zweck in der Menschheitsentwicklung erfüllt und wird am Vorabend der messianischen Zeit – die, nota bene, nicht gemäß der Tradition als hereinbrechende Geschichtskatastrophe, sondern von Formstecher und dem religösen Liberalismus als Frucht der *Aufwärtsentwicklung* begriffen wird — wieder ins Judentum zurückkehren, um so das Prophetenwort wahr zu machen: »Und viele Völker schließen sich an diesem Tage dem Ewigen an und werden meine Gefolgschaft« (Sach. 2, 11).

Die grundsätzliche Bedeutung, die diese spekulative Konzeption S. Formstechers für den geschichtlichen Zusammenhang hat, möchten wir zusammenfassend dahingehend kennzeichnen, daß hier — ermöglicht durch die dem idealistischen Zeitalter eigene spekulative Geschichtsanschauung — ein Jude das Problem des weltgeschichtlichen Nebeneinanders von Israel und Christenheit damit erklärt hat, daß das Christentum als diejenige Kraftäußerung der »Weltseele«, die die Wahrheit in Mischform vertreten *dürfe*, berufen sei, die Welt für das Judentum zu missionieren, dieses aber dadurch von der direkten Missionsaufgabe zu entlassen — zwischen beiden spielt der von Fichte entlehnte mißliche Begriff der »Wechselwirkung« —, um so die Frage nach der universellen Geltung des Judentums befriedigend beantworten zu können, das dieser Konstruktion zufolge in seiner ursprünglichen Reinheit verbleiben darf [94]. Ist dieser Gedanke einer indirekten Missionsrolle, die Christentum und Islam im Weltganzen haben, dem Mittelalter auch nicht gerade undenkbar gewesen, so liegt das eigentlich *Undenkbare* und damit die grundsätzliche Wandlung etwa gegenüber parallelen Gedanken bei Jehuda ha-Lewi oder Maimonides in der die Kontingenz verbannenden rationalen Zusammenschließung alles geschichtlichen Geschehens von einem Systemgedanken aus, welcher Ereignisse und Entwicklungen für notwendig erklärt, die doch nur den Charakter der Möglichkeit haben und erst vom Ende der Geschichte her in ihrem wirklichen Sinn erkannt werden können. Mit anderen Worten: Der in den jüdischen Raum eingebrochene Denker des deutschen Idealismus hat die *Notwendigkeit* seiner – nota bene spekulativen – Denkresultate, eben das *System*, an die Stelle des *Geschichtsplanes* gesetzt, der nur vor dem göttlichen Auge »Notwendigkeit« hat, nämlich nach Vorbestimmung (Prädestination) abläuft, aber den Menschen in der Endlichkeit seines Erkenntnisvermögens in die *Freiheit* der jeweiligen Entscheidung gestellt sein läßt.

Gerade an Formstecher – genau so an S. Hirsch – wird deutlich, daß es vom idealistischen Systemdenken aus, das in der Einsamkeit des Denkens seine Begriffe aus sich selbst heraus entwickelt, der Sachlage nach niemals eine Möglichkeit zum dialogischen Sprechen geben kann. Die Spannung zwischen Judentum und Christentum als zweier realer und in keiner Weise relativierbarer Wahrheits*ansprüche* und – vom Faktum der im Glauben bekannten Offenbarung aus – Wahrheits*teilhaben* kann von hier aus in keiner Weise als Wirklichkeit gesehen oder gar eingesehen werden. Gegenüber dem Aufklärer Mendelssohn, der doch mit Lataver noch sprechen konnte, wenn auch vieles entstellt und verzerrt herauskam, ist Formstechers Bemühen geradezu ein Rückschritt hinter Mendelssohn zurück zu nennen – aber nicht zurück ins jüdische Mittelalter, denn dieses hatte nicht begriffliche, sondern dogmatische Setzungen gekannt, in denen das Verhältnis Judentum–Christentum zwar nicht als »polarer Dualismus der Weltseele« zur endgültigen Erreichung der weltgeschichtlichen »Indifferenz« (= messianische Zeit), sondern als schroffe Antithese von Wahrheit und Irrtum bestimmt gewesen war.

Jedoch ehe eine neue Basis für ein besseres Erkennen und Verstehen der Gegensatz- und Spannungsphänomene erreicht werden konnte, lebte, wie wir gleich sehen werden, auf dem Boden der erkenntnis-theoretischen Problematik des

19. Jahrhunderts noch einmal der alte dogmatische Gegensatz des Mittelalters von wahrer und falscher Lehre auf, aber diesmal doch schon modifiziert durch eine *moderne* Tendenz, nämlich die Geschichte der falschen Lehre als Amalgamierung widersprüchlicher Tendenzen *in ihrer Entwicklung* zu verstehen.

Salomon Ludwig Steinheim

Dasselbe Wahrheitselement, das unzweifelhaft in der Formstecherschen Konzeption enthalten war, nämlich daß das Christentum seiner geschichtlichen Entstehung und Entwicklung nach eine jüdisch-heidnische (griechische) Amalgambildung bedeutet, hat *Salomon Ludwig Steinheim* (1789 bis 1866) in den vier Bänden seines bedeutenden Werkes »*Die Offenbarung nach dem Lehrbegriff der Synagoge*« (1835—1865) zum Angelpunkt einer überaus scharfen Polemik genommen. Im *dritten* Band dieses Lebenswerkes, der den Untertitel »Der Kampf der Offenbarung mit dem Heidentum, ihre Synthese und Analyse« (Leipzig 1863) führt, hat Steinheim in leider recht unsystematischer und sprunghafter Form eine Art *Geschichte der christlichen Kirche und Lehre nach jüdischer Sicht* in polemischer Absicht geschrieben. Diese Polemik ist aber rein *dogmatischer* Natur und daher jüdisch legitimierter als alle mehr oder weniger willkürlichen Distinktionen, die sich als Konsequenzen spekulativen Systemdenkens ergeben. Und gegen die »Verphilosophierung der jüdischen Religion« durch Formstecher-Schellings Identitätsdogma oder Hirsch-Hegels Begriffsprozeß als mathematisch ausgeklügelter Denkkonstruktion ist Steinheim in schärfsten Tönen, mit freilich endlosen Wiederholungen, zu Felde gezogen (II, 36 f.; III, 319; IV, 200, 240 f. u. ö.). Allerdings ist auch die Steinheimsche Deduktion in keiner Weise geeignet, eine Basis für Religionsgespräche abzugeben; doch kommt bei aller Übertreibung der Polemik und trotz seiner auffälligen Blindheit gegen den geschichtlichen Charakter des jüdischen Bundesvolkes zugunsten der »reinen Lehre« *mehr* unverfälschte jüdische Theologie zutage als bei allen anderen jüdischen Denkern des 19. Jahrhunderts. Deshalb ist S. L. Steinheim ein so überaus bedeutsamer Denker und Kontroverspartner, weil er fast als einziger Theologe — er selber nannte sich als Arzt nur einen Laientheologen — im Judentum des 19. Jahrhunderts, das — ausgenommen den engen Kreis der Orthodoxie — alle zentralen Lehrbegriffe humanitär-ethisch aufweichte, am supranaturalen Faktum der Offenbarung festgehalten hat und seine Glaubensorthodoxie vielleicht biblischer war als selbst das meiste an christlicher Kirche und Theologie in seinen Tagen.

Steinheims grundsätzlicher Einspruch gegen das kirchliche Christentum, den er seit seinem ersten Auftreten auf der philosophisch-theologischen Arena (1833) — ausgerechnet in Hengstenbergs »Evangelische Kirchenzeitung« gegen den Philosophiehistoriker H. Ritter — zur Geltung brachte, geht zurück auf die Lessingsche Unterscheidung der »Religion Christi« und der »christlichen Religion«; nur daß diese Unterscheidung bei ihm eine besondere Wendung erhält. Er sieht nämlich in der Religionsgeschichte der ganzen Menschheit — auch in der Israels — den Widerstreit zweier feindlicher und einander ausschließender Prinzipien am Werk: das reine Prinzip der *göttlichen Offenbarung,* die als ein totaliter aliter in die Weltgeschichte eingebrochen ist und die menschliche Vernunft selbst *gegen* ihre eigentliche Absicht zur Anerkennung und zum Glauben nötige, sowie das *urmenschliche* Prinzip des *Mythophilosophems,* das die apriorischen Denkdogmen der konstruktiv spekulierenden Vernunft in den ihr gemäßen verschiedensten Möglichkeiten und Varianten innerhalb der Menschheitsgeschichte zutage gefördert hat. Die wirkliche Offenbarung ist nach

Steinheim immer nur hörbar (Gebot und Lehre), nicht sichtbar (Inkarnation); ihr Organ daher das Ohr, während die Augen im Zusammenhang mit der Begierde stehen. Diese auch bei Kierkegaard vorkommende Unterscheidung dürfte auf Philon zurückgehen. Das reine Prinzip der jüdischen Offenbarung, der Glaube an die Einheit Gottes, an die Schöpfung der Welt aus dem Nichts und an die Freiheit des Menschen (zur Gottesfurcht), sei auch die wahre und noch nicht durch Zusätze entstellte Lehre Christi gewesen, wie ja auch nach dem Bericht des Markusevangeliums Jesus auf die Frage des Pharisäers, was das höchste Gebot sei, mit dem jüdischen Glaubensbekenntnis der *Einheit* Gottes geantwortet habe (12, 28–30). Diese Antwort sei schon in den Berichten des Matthäus und Lukas bedenklich verändert und verkürzt worden, während in dem ganz außerjüdischen Johannesevangelium (1, 1–16) an die Stelle des höchsten aller Gebote die mythologische Rede von der göttlichen Dreieinigkeit getreten sei, in der Jesus selbst als zweite Person der Gottheit erscheine, und die sich sehr viel eher aus ägyptischen und syrischen Mysterienkulten ableiten lasse. »Hier (sc. im Johannesevangelium) erscheinen deutlich die beiden heterogenen Elemente, aus deren Zusammenschluß das christliche Urdogma zustande gekommen ist, die Lehre von der konkret-individuellen, selbstbewußten Einheit der Offenbarung und die heidnisch-philosophische Mystik Platos. Dort das uns mitgeteilte göttliche Wort mit seiner expliziten Zugabe und trennenden Differenz, einer Schöpfung aus Nichts; hier das in uns begründete und durch Denkoperationen gewonnene Dogma, das in proteischer Gestaltenwandlung in allen Systemen der heidnischen Theologie, Mystik und Philosophie wiederkehrt und zumeist als Pantheismus bezeichnet wird« [95].

Dieser bedenkliche Urzwiespalt in der Entstehungszeit des Christentums – glücklicherweise habe die Synagoge den gleichen mythischen Denkhabitus, erhalten in jüdisch-alexandrinischen Schriften, im eigenen Raum nicht epochal werden lassen — sei bis zum heutigen Tage nicht geschwunden. Die Dogmatik der Kirche sei aus Offenbarungslehre und Philosophem komponiert (III, 77). Das eigentlich Bedenkliche in diesem Mischverhältnis aber sei, daß durch die Trinitätslehre — endgültig seit Athanasius — der wahre Schöpfungsbegriff des »omnia ex nihilio«, der die Grundunterscheidung zur Vernunftdogmatik des »ex nihilo nihil fit« bietet, gefährdet worden sei, indem in der Gottheit selbst zwei unerschaffene Personen statuiert wurden und an die Stelle der Freiheit die heidnische Prädestinationslehre gesetzt worden sei. Der gleiche erkenntnismäßige Widerspruch — denn auch Steinheim stellt als Religionsdenker, der durch die Aufklärung und Kant hindurchgegangen ist, Erkenntnisansprüche — finde sich im »Dogma des Sohnes« als »gleich substantieller Person, die zugleich kosmische Schöpfungspotenz und historische Person bedeutet« (III, 100). »Als *ewig gezeugtes Wort* ist er das kosmisch-ewige Gottheitliche; als *zeitlich geborener* Weibessamen ist er der tellurisch-endlich sterbliche, der *historische* Christus. Daß aber ein und dasselbe Wesen nicht endlich und unendlich, zeitlich und auch ewig sein kann, sondern entweder das eine oder das andere sein muß, ist offenbar. Es ist daher klar, daß wir ebensowenig, wie wir mit dem persönlichen Gott die mystische Dreiheit zusammendenken können, wir mit dem historischen Christus, dem Sohne der Zeit, das ewig-kosmische Prinzip zu verbinden vermögen« (III, 101).

Dieser auf dem Boden des Erkenntniswiderspruches (nach der Formel: credo, quia absurdum) gewachsene Synkretismus sei zwar erst in der Zeit der Kirchenväter zur vollen Ausbildung gelangt und im Nicäensischen Symbolum quicumque verewigt worden, tatsächlich aber schon im

Gegensatz zwischen den Aposteln Paulus und Petrus als Widerstreit der Heiden-Christen gegen die Juden-Christen angelegt gewesen. Im Mischdogma des Symbolum Nicaeense, das in der Fixierung der Trinitätslehre den genauen Begriff des Amalgams herausgearbeitet hätte, seien jüdische und heidnische Lehrbestandteile »mit einer erstaunlichen Kraft des Gedankens, aber auch mit einem fast erschreckenden Eigensinn zusammengeschüttelt und zur homogenen Mixtur verbunden worden« (III, 243). Die ganze weitere christliche Kirchengeschichte aber sei von dem unter der Einigungsformel weitergehenden Zwiespalt von Judentums- und Heidentumselementen abhängig und bestimmt worden. »Das spätere und frühere Schwanken zwischen diesen beiden zu *einer* verschmolzenen Gotteslehre, bald das Herüberneigen zur Einheitslehre der Offenbarung, bald zur Vielheitslehre des Heidentums und Philosophems, ist der *Inhalt* der Fortbildungsgeschichte des Christentums bis auf den heutigen Tag« (Isr. Volkslehrer 1860, p. 93). Dagegen, daß die Hauptlehre der echten Offenbarung: Einheit, Schöpfung und Freiheit in der Geschichte des Heidentums heidnisch korrumpiert worden sei, richtete sich nach Steinheim der »jüdische« Protest zahlreicher Sekten innerhalb der Kirche, für die er einen umfangreichen Katalog aufstellt, von den Ebioniten über Arianer, Pelagianer, Molinisten, Sozinianer usw. bis zu neuzeitlichen Unitariern von allerlei Modulation.

Und sicherlich sieht Steinheim gar nicht so falsch, daß die Geschichte des Christentums bis zur jüngsten Gegenwart durchzogen ist von einem Kampf jüdischer Offenbarungselemente mit heidnischen Mythen und Philosophemen, die immer wieder zu überwuchern drohen. Denn es bedarf nur einer kleinen Wendung, um aus der christlichen Trinitätslehre die Hegelsche Trias des Begriffsprozesses oder ein Symbolum der Naturreligion (Sein – Werden – Vergehen) zu schaffen; um aus der Schöpfungslehre eine Emanationslehre zu machen und irgendwelche Materien oder Organismen zu etwas uranfänglich Daseiendem – aus Gott herausgeflossen – zu erklären und somit mythisch zu vergotten; oder um schließlich aus der Freiheitslehre infolge unrichtiger Verhältnisbestimmung durch das Überwiegen deterministischer Begriffe (Augustinisch-Lutherische Prädestinationslehre) das freie Handeln und die sittliche Entscheidung des Menschen austilgen zu lassen und so den Anspruch der göttlichen Forderung für den Angesprochenen untauglich zu machen, d. h. mit der Verstehbarkeit des göttlichen Gesetzes auch das ethische Verhalten selber aufzuheben.

Es ist bekannt, daß die christliche Kirche je und je diesen Gefährdungen unterlegen ist und unterliegt. Aber Steinheim hat nicht recht, wenn er meint, daß dies zufolge der heidnisch-jüdischen Amalgamierung seit Nicäa auch je und je so sein *müsse,* denn alles kirchliche Bemühen – zumal im Protestantismus – versucht und vermag ja gerade durch das stets erneute und sich stets erneuernde Aussprechen des rechten Glaubens sowie durch *rechte* dogmatische Fixierung diese Gefährdung zu bannen. So viel er falsch gesehen hat und so unsystematisch und ungeschichtlich er auch gedacht hat, so sollte die Stimme Steinheims als Warnung von wirklichen Christen nicht überhört werden, des Mannes, der es im dichtesten 19. Jahrhundert unternommen hatte, als Israelit auf dem Posten zu bleiben, »als Mitglied jener großen Missionsanstalt, die hienieden nicht sowohl mit Undank, als vielmehr mit Schmach und Tod seit Jahrtausenden honoriert worden ist« (Vom Bleibenden usw. a. a. O. p. 30). Und als die eigentliche Absicht seines Bemühens, als *das* Ziel seiner Kontroverstheologie, die ihrer inneren Tendenz nach der Versuch einer Einbeziehung der »Religion Christi« in den jüdischen Glaubensraum zu nennen ist, erklärt er im Vorwort zum 2. Band der »Offenbarungslehre« (1856), p. XII f., ausdrücklich: »Mögen nur die falschen Zionswächter, die nicht immer unvorsätzlich das Heidentum gastlich zu sich einluden und das Wort der Offenbarung aus ihrer Mitte verstießen; mögen sie alle, welche unseren reinen Offenbarungsbegriff verfälscht und mit heidnisch-philosophischen Elementen verunreinigt haben, den, der sie der Verwahrlosung im Dienste und der Untreue in der Verwaltung ihres kostbaren Pfundes anklagt, einen *Feind des Christentums* schelten: er erschrickt nicht darob, akzeptiert vielmehr diesen Titel, wenn sie von *ihrem Gemische* reden und *das ein Christentum* nennen. Ich kann aber dasselbe nicht so bezeichnen. Ein Christentum, das eigenständig nicht sowohl an die-streng-einfache Offenbarung als an den Mythos und das Philosophem anknüpft, verdient diesen Namen nicht! Das mag ein gutes Philosophem, ein tiefsinniger Mythos, eine gemütliche Gefühlsreligion heißen; dagegen habe ich nichts. Nur *Offenbarung* und Lehre Christi nenne man es nicht, sondern ein Abfall von ihr, ihr Gegenteil ist es. Es führt zu den Göttern Merus und des Olymps, nicht zu Ihm, der sich Mose auf Sinai geoffenbart, den Christus und die Apostel den Heiden gelehrt haben. Zu diesem und zur Erkenntnis seines Wesens und Willens, soweit es ihm gefallen hat, unsere Vernunft darüber aufzuklären und zu berichtigen, sollte die Kritik der Offenbarung führen und hiermit wollte sich der als der wahre Freund und Förderer der *Religion Christi* bewähren, in welchem jene, und zwar in bezug auf *ihre* christliche Glaubenslehre mit vollem Rechte ihren Feind erkennen. Das aber ist die Lehre von der Einheit, Freiheit und Schöpfung der Welt, auf welchen drei Pfeilern jedwede geoffenbarte Religion und mithin auch die Religion Christi ruht und einzig ruhen kann, wenn sie nicht aufhören will, Religion der Offenbarung zu heißen.«

Salomon Ludwig Steinheim bleibt das Verdienst, als einsamer Kämpfer im 19. Jahrhundert die verlorengegangene und vergessene Tatsache wieder zu Gehör gebracht zu haben, daß es in der Offenbarungsreligion Gottes zuerst und vor allem anderen um *Wahrheit* geht und daß auch das Judentum dogmatischer Formulierungen nicht entraten darf, will es sich klar und seiner selbst bewußt von anderen Religionsbekanntnissen und von Irrlehren in seinem eigenen Raume abgrenzen und unterscheiden. Das jüdisch-christliche Gespräch hat Steinheim von seinen Voraussetzungen aus freilich nicht fördern können; aber er hat – den liberalen Grenzverwischungen und der Verphilosophierung der Religion entgegenwirkend – dazu beigetragen, durch vorgängige Klärungen und Abgrenzungen eine wirkliche *Gesprächsbasis* herzustellen.

VII

RELIGIONSGESPRÄCHE AUS DER EXISTENZ

Neunzehn Jahrhunderte sind Juden und Christen nebeneinander durch die Welt gegangen. An Seitenblicken hat es wahrlich nicht gefehlt, aber zu *dialogischen* Gesprächen ist es nicht gekommen – und hat es freilich auch nicht kommen können. In den ersten Jahrhunderten hat man jüdischerseits kein anderes Interesse gehabt, als die christlichen Umdeutungen jüdischer Lehren zurückzuweisen und sich durch die »Widerlegung« des Gegners vor wirklicher Auseinandersetzung abzuschließen. Und als das Christentum zur Macht gekommen war, hat man christlicherseits mit den in mittelalterliche Ghetti eingepferchten Juden nicht mehr ernstlich diskutieren *wollen,* da doch an ihrer Ohnmacht übermächtig Gottes Strafexempel sichtbar sei. Im *geistigen* Raum des Mittelalters, der Scholastik, konnte es Juden und Christen – dem Daseinsverständnis jener Epoche entsprechend – nur daran gelegen sein, die eigene Religion ebenso zu rechtfertigen wie den Wahrheitsanspruch der anderen grundsätzlich nicht anzuerkennen. Und als dann in der Neuzeit die Voraussetzungen sich wandelten, da wurde die erste Diskussion bereits im Raume einer *neuen Religion,* der der Aufklärung, geführt. Denn Moses Mendelssohn hatte trotz seiner traditionellen Lebensführung von der Glaubens*lehre* des Judentums – nach Steinheims etwas überspitztem Vorwurf – nicht viel mehr als »Formen ohne Inhalt, altgewöhnte Zeremonien, Perücke und Judenbärtchen« zurückbehalten. Und als dann wieder 70 Jahre später, im Zeitalter der großen philosophischen Systeme

Formstecher und Hirsch große jüdische Religionsphilosophien entwarfen und dabei auch das Christentum in den Rahmen der spekulativen Betrachtung einbezogen, da ging es wohl wieder um die Glaubenslehre, doch wurden im Doppelsinn des Wortes die Lehrgehalte beider Religionen verspekuliert. Steinheims »rechtgläubiger« Einspruch half wohl die Struktur der jüdischen Religionslehre, freilich unter Vernachlässigung der Gesetzesproblematik, wiederherzustellen, aber das *wirkliche* Anliegen des Christentums blieb weiter unverstanden.

Als dann im Lauf des 19. Jahrhunderts der politische und religiöse Liberalismus sich immer weiter durchsetzte, wuchsen auch die Voraussetzungen, unter denen *wirkliche Begegnung* stattfinden kann. Denn wirkliche Begegnung kann immer nur im Raum der Freiheit möglich werden, in dem es allen Gesprächspartnern gestattet ist, die Wahrheit, die sie bezeugen können, offen auszusprechen, ohne die beständige Besorgnis, dadurch persönlichen Schaden zu nehmen oder auf unüberwindbare Vorurteile der anderen Seite gleich beim ersten Schritt zu stoßen. Erst in dieser Atmosphäre *äußerer* Freiheit stellt sich auch die *innere* Freiheit ein, die es vermag, in Aufgeschlossenheit zu fragen und sich gefragt sein zu lassen, im Aussprechen des Eigenen das Anliegen des Anderen ernst zu nehmen und von ihm selbst her zu verstehen, ohne dabei die andere und die eigene Position zu relativieren. Solches wirkliches Verstehen, das nichts vermengen und nichts vermischen will, sehr wohl um seine Grenzen weiß, *in* diesen Grenzen aber wirkliche Zwiesprache führt, ist erst im 20. Jahrhundert wahrhaft möglich geworden und hat Ergebnisse gezeitigt, die von säkularer Bedeutung sind und bleiben werden. Und dieses kostbare Gut der Liberalität, das heute vielerorts, zusammen mit der Gabe des Sprechens überhaupt, wieder verloren zu gehen droht, ist vielleicht der einzige wirkliche »Fortschritt« gegen das Mittelalter, dessen sich das 20. Jahrhundert rühmen darf. Man würde diese Erkenntnis aber gründlich mißverstehen, wenn man den Fortschritt als einen »Dogmenabbau« interpretierte — dann wäre es nicht Fortschritt, sondern Auflösung —, sondern gerade *dies* ist seine Fruchtbarkeit, daß der Sprecher unserer Tage mit seinem ganzen Herzen ein Gespräch zu führen, d. h. sich *selber* ins Gespräch hineinzugeben wagt, nicht *nominalistisch*, d. h. durch das Aussprechen von Nomina, sondern *realistisch* die Verantwortung für das Gespräch übernimmt, dafür, daß die Nomina im Zeugnis der eigenen Person und durch sie hindurch zu *Realien* werden. Das ist der wahre »*Fortschritt*« gegen die Religionsdispute des Mittelalters, in denen Beauftragte der religiösen Körperschaften am Ohr des Gegners vorbei in den luftleeren Raum hinein monologisierten und das Ergebnis des »Gespräches« schon feststand, bevor es angefangen hatte. Im wirklichen Gespräch der neuen Zeit, das wirklich etwas Neues ist, ist aus dem »*Gegner*« ein »*Partner*«, aus dem »Monolog« ein »*Dialog*« geworden, und die Lehrgehalte des Religionsbekenntnisses werden nicht vorgetragen, sondern müssen *verantwortet* werden — nämlich durch die Existenz des Sprechers. Und solches verantwortetes Gespräch, das wesenhaft fragt und wesenhaft antwortet, stiftet einen *Gesprächsleib*, daß die Sprecher und etwa zugegenweilende Hörer in das Gespräch *so* einbezogen sind, daß sie *im* Gespräch Gemeinde werden. Wenn ein solches Gespräch recht geführt wird, dann ist es nicht Aufhebung der Glaubensgegensätze, sondern es ist gerade auch, wenn sich die Gegensätze des glaubend Bekannten in aller Schärfe abheben, wirkliche Verständigung in einem Dritten, nämlich dem Geiste und der Wahrheit, aus der die Religionen entstanden sind.

Solche Zwiesprachen zwischen Juden und Christen sind im 20. Jahrhundert schon manchesmal geführt worden [96]. Als die hervorragendsten sollen hier zur Darstellung gelangen die Gespräche zwischen *Franz Rosenzweig* und *Eugen Rosenstock*, zwischen *Martin Buber* und *Karl Ludwig Schmidt*. Aber schon die Nennung dieser Namen läßt einen Verdacht auftauchen, der vorher noch erörtert werden muß: Haben denn diese Männer, die allenfalls bürgerliche Doktoren- oder Professorentitel haben, eine solche Legitimität, wie sie die Sprecher in den Lehrhäusern der ersten Jahrhunderte und die rabbinischen Exegeten des Mittelalters oder die Kirchenväter und die Scholastiker gehabt haben? Wer behütet uns davor, daß wir nicht unverbindlich und durchaus freibleibend originelle Ansichten moderner Geister vorgesetzt bekommen? — Es behütet uns in der Tat nichts davor, denn im 20. Jahrhundert sind die traditionellen Lehr- und Lebensräume, aus denen heraus einst autorisierte Vertreter gesprochen haben, weithin aufgelöst, und die Sprechbefugnis ist letzten Endes ganz in die *Subjektivität* des Sprechers gegeben. Darum gibt es heutzutage, wo aus dem Amt eines kirchlichen oder jüdischen Gemeindevertreters keine Rückschlüsse auf die Christlichkeit oder Jüdischkeit seiner Existenz gezogen werden können, keine andere Autorisation und keine andere Vollmacht, als die, die eben aus der *Existenz* des Sprechers stammt und die Lehrgehalte in die Existenz hineinzieht. Darum führen ein Jude und ein Christ erst dann ein jüdisch-christliches Gespräch, wenn in diesem Gespräch die Glaubensgegensätze der Jahrhunderte zur Frage werden und die eigenen Fragen sich in diesen wiederfinden, so daß also das Aufbrechen der *alten* Fragen im *gegenwärtigen* Tag den Anschluß an die *Tradition* bedeutet, wobei die Verfestigung der Tradition nachgibt, nach vorn hin aufbricht und durch das neue Gespräch weitergeführt wird. Was aus den eigenen Lebensfragen aufgestiegen und in den Formen *heutigen* Denkens gedacht war, findet seine *objektive* Bestätigung und damit seine Legitimation im Wissen der Jahrhunderte, und das neue Gespräch reiht sich seinem Gehalt und seinen Entgegensetzungen nach in die Tradition der schon stattgehabten Gespräche ein. Und so werden wir denn auch in den jüdisch-christlichen Gesprächen unserer Tage, in neuen Formulierungen und aufgestiegen aus eigenem Nachdenken über die Phänomene, die *gleichen* Glaubensgegensätze wiederfinden, die christlichen Erklärungen und die jüdischen Erwiderungen, die wir im talmudisch-midraschischen Schrifttum der ersten Jahrhunderte aufgewiesen haben. Und wir gehen sogar so weit, zu sagen, gerade *daran,* daß sich diese selben Glaubensgegensätze — wenn auch gebrochen durch das Prisma der Geschichte — in heutigen Gesprächen wiederfinden lassen, hängt einzig die Legitimation der Sprecher und der Erweis, daß ihr unter eigener Verantwortung geführtes Gespräch wesenhaft als jüdisch-christliches Gespräch geführt wird, daß also auch durch zwei Personen, ohne Amt und ohne äußere Vollmacht, Israel und Christenheit in Aussprache getreten sind, bzw. die Aussprache fortsetzen, die schon mehr als 1900 Jahre dauert.

Franz Rosenzweig — Eugen Rosenstock

Aus diesen vorgenannten Gründen für die Möglichkeiten echten Dialogisierens, die das 20. Jahrhundert unserer Generation erschlossen hat, ergibt sich nunmehr auch der *innere* Grund, daß wir nicht wie im vorigen Kapitel an Systemwerke wie Formstechers »Religion des Geistes« oder Steinheims »Offenbarung« anzuknüpfen brauchen, sondern das Spannungsverhältnis von Judentum und Christentum an *wirklich* stattgehabten, echten Zwiegesprächen aufzuzeigen in der Lage sind.

Denn im Sommer 1913, ein Jahr vor Ausbruch des großen Krieges, waren in Leipzig drei geistig aufgewühlte junge Männer beisammen: Eugen Rosenstock (geb. 1888), der nachmalige Inhaber einer Professur für deutsche Rechtsgeschichte in Breslau, Rudolf Ehrenberg (geb. 1889), damals Göttinger Privatdozent für Medizin, und dessen Großvetter Franz Rosenzweig (1886–1929), der als gläubiger Denker und lebendige Gestalt neben Martin Buber (geb. 1878), mit dem er gemeinsam die Schrift zu verdeutschen unternahm, wohl die größte geistige Bedeutung für das deutsche Judentum des 20. Jahrhunderts gewonnen hat. Die Gespräche jenes Leipziger Sommers haben ihren Niederschlag gefunden in zwei unmittelbar resumierenden Briefen Franz Rosenzweigs an Rudolf Ehrenberg vom 30. 10. und 4. 11. 1913, sowie in einundzwanzig das Leipziger Gespräch weiterführenden Briefen zwischen Eugen Rosenstock und Franz Rosenzweig, die drei Jahre später vom Mai bis Dezember 1916 zwischen der mazedonischen und der französischen Front, vom Schützengrabenunterstand zum Schützengrabenunterstand, geschrieben worden sind [97]. Jene Briefe, die weite Partien von Rosenzweigs gleichfalls zu dieser Zeit konzipiertem und alle uns hier angehenden Fragen gleichfalls behandelndem Systemwerk »Stern der Erlösung« vorbereitet haben, verhandeln mit einem Reichtum der schier überquellenden Gedanken und einer geistigen Lebendigkeit, für die es kaum einen analogen Briefwechsel gibt, unter Einbau vieler politischer und philosophischer Vergangenheits- und Tagesfragen über die *letzten religiösen* Dinge. Dieser brieflich geführte Dialog darf als die bisher erreichte *reinste* Form eines jüdisch-christlichen Zwiegesprächs Geltung haben und bewahren auch für kommende Zeit. Diese Briefe, die sich Franz Rosenzweig und Eugen Rosenstock aus ihren Unterständen heraus geschrieben haben, wurden ausgelöst und haben Bezug auf jenes Leipziger Religionsgespräch, das für Franz Rosenzweig die Frage, ob er zum Christentum übertreten, oder ob er Jude bleiben – oder eigentlicher: Jude *werden* müsse, beantworten sollte und, indem er »Schritt für Schritt aus den letzten relativistischen Positionen herausgedrängt« wurde, über den Gang seines weiteren Lebens entschieden hat.

Die Bedeutung Israels für die Christenheit

Wir werden nun im folgenden vorwiegend die Männer und ihre Briefe selber sprechen lassen, anstatt über sie zu sprechen, was wir bisher mit Fug getan haben. Aber der *Stil* des »Neuen Denkens« verlangt auch Wechsel im *Stil der Darstellung,* den Rosenzweig selbst vorschreibt, wenn es in einem dieser Briefe heißt: »Man braucht vielleicht überhaupt nichts *über* das Lebendige zu sagen, sondern man muß nur den Augenblick abpassen, wo es selber sich selber ausspricht« (p. 712). – Recht verstanden sind diese »formalen« Erklärungen schon »material«, wie jetzt zu zeigen sein wird: Im Zentrum dieser auf uns gekommenen Briefgespräche werden wir wieder die alten Zweifel und Fragen stehen sehen, die im Angesicht der »Geschichtstatsachen« aufs neue aufgestiegen sind, und vieles gerade der *neuen* Erkenntnisse wird von ihrem richtigen Verständnis abhängen müssen. Eugen Rosenstock formuliert die erste, mehrfach ventilierte Grundfrage nach der *Bedeutung, die Israel für die Christenheit* hat, folgendermaßen: »Sie sind das menschliche Individuum, dessen Besonderheit ich trotz seiner Außerchristlichkeit anerkenne. – Die Juden sind so sehr das auserwählte Volk und das Alte Testament so sehr das Gesetz der *Väter* wie das Neue die Liebe der Kinder, so daß allerdings die Kirche ›ihre‹ Juden zur Verbürgung ihrer eigenen Wahrhaftigkeit braucht. Die jüdische Verstocktheit ist sozusagen ein christliches Dogma. Aber ist sie, kann sie auch ein jüdisches sein? Das ist der Graben, von dem ich nicht sehe, wie Sie ihn nehmen« (p. 663).

Die tiefsinnige Antwort, die Rosenzweig auf diese direkte Frage gibt, ist vielschichtig, weil die Gedanken immer neu ansetzen, sich ineinanderschieben und für den Zweck unserer Darstellung mühselig und oft gewaltsam aus der Lebendigkeit mehrerer Briefzusammenhänge isoliert werden müssen. Zum ersten verweist Rosenzweigs Antwort auf die *»historischen«* Zusammenhänge, warum denn überhaupt die »persönliche Theorie« des Paulus von der gleichzeitigen Erwählung und Verwerfung der Juden sowie dem innerlichen Zusammenhang von Gesetz und Evangelium der Kirche aus einer persönlichen Theorie zum fixierten Traditionsdogma werden konnte. – Nur deshalb, weil die Kirche, gegenüber der Ketzerei Marcions, der mit dem Abbau des alten und der neuen Weltzeit fremden Gottes aus der paulinischen Lehre auch die Konsequenz einer einseitigen Verwerfung (die Juden Kinder des Teufels) ziehen wollte, an der Identität des Schöpfergottes, der auch gesprochen hat durch Moses und die Propheten, mit dem Vater Jesu Christi festhalten und diese Identität dogmatisch fixieren *mußte.* Damit war der historische Zusammenhang mit den Juden, zugleich aber auch das geschichtliche Ende ihrer historischen Rolle statuiert, die erst endgeschichtlich als die »Erleuchtung der Verstockten« wieder Bedeutung haben werde. »Aber« – schreibt Rosenzweig im Bericht über die Leipziger Auseinandersetzung an Ehrenberg und enthüllt in nuce ein ganzes »System« jüdischer Geschichtstheologie: »die Kirche sieht nicht, *wozu* ihr in der Welt ein Punkt absoluter Verstocktheit entgegensteht (dies »wozu« ist ihr ein Mysterium), sie weiß nur, *daß* es so ist« (p. 78). Von diesem Umstand aus erklärt Franz Rosenzweig die alt-neuen Mißverständnisse und Angriffe der Kirche, indem er an drei Brennpunkten in die traditionelle Gesprächslinie einlenkt und den alten Glaubensgegensatz, der im Verborgenen ein Miteinander sei, in heutiger Sprache und von Gegenwartserfahrungen aus erörtert: 1. Die Kirche habe die »Verstocktheit« der Juden in »Verwerfung durch Gott« umgedeutet. Dem Juden aber gilt diese »Verstocktheit« als »Treue« und die wirkliche Abtrünnigkeit von Gott, die ja nicht Verwerfung, sondern eben Abtrünnigkeit ist, kann nur durch »teschuba«, nicht »metanoia«, durch Umkehr, nicht Umwandlung, geheilt werden. Mit dieser, durch andere Glaubenserfahrung bedingten Übersetzung eines Wortes, mit der die Septuaginta einst den Ursinn fälschte und fälschen *mußte,* »steht die Weltgeschichte im Wörterbuch« [98]. 2. Daher auch der *Zorn* Gottes: er setze nicht erst mit dem Exil ein, sondern als Komplement zur Erwählung folgt er aus ihr. »Die vollkommene Frömmigkeit legen wir nicht in die Geschichte des Volkes, sondern in die Väterzeit; nur auf diese ›berufen‹ wir uns Gott gegenüber.« 3. Das Jahr 70 bilde insofern einen Einschnitt, als seitdem die wiederherstellende Endzeit konkret erwartet wird. »Von hier ab sind wir gezwungen, nicht mehr nach einzelnem Abfall einzelne Versöhnung zu hoffen, sondern nur noch die eine große Versöhnung des letzten Tages. Vorher kamen zu einzelnen Zeiten einzelne Propheten, seitdem erwarten wir keine Propheten mehr, sondern nur den am letzten Tag« (p. 78).

Wir sehen also, daß in diesem Gespräch, dessen nicht ausführlich zitierte Fragestellungen aus dem Inhalt der Antworten abgelesen werden können, die alten Themen wieder aufgenommen worden sind, wenn die Erklärungen und Formulierungen Franz Rosenzweigs aus heutigem historischen Bewußtsein auch etwas anders klingen mögen als die Homilien der Midraschlehrer aus den ersten Jahrhunderten. Entscheidend aber hier wie dort bleibt der innerliche Zusammenhang zwischen der jüdischen *Weltohnmacht* als durch die Geschehnisse erwiesener »Geschichtstatsache« – von den Christen als »Verwerfung« gedeutet (Auswirkung dieses Theologumenon: der »Judenhaß«!), von den Juden als »Bestrafung« – und der *Auserwählung* als der zweiten »Geschichtstatsache«, in der Bibel berichtet und vom jüdischen Selbstbewußtsein der Jahrhunderte glaubend bekannt. Und an der »Auserwählung« scheiden sich die Geister zum zweiten Male: *Eugen Rosenstock* hatte sich in seinem Briefe gegen den Volksbegriff in der Theologie überhaupt gewendet, weil gerade das Christentum den Einzelnen von Familie und Volk *erlöst* habe zur »neuen Einheit aller Sünder, Mühseligen und Beladenen«. »Seit 70 p. Chr. gibt es nur Völker, und das auserwählte Volk ist zum bloßen Färbereagenz alles Völkischen herabgesunken« (p. 680). Heutzutage, in der abendländischen Spätgeschichte, in der die Völker zum orbis terrarum geworden seien, sei natürlicher Gottesglaube seitens der Völker »alter Bund *ohne* Bund und Gesetz« und im Sonderfall des Volkes Israel *seit* der Erscheinung Christi ein Anachronismus, ihr Volksbewußtsein sei unwirklich und unlebendig geworden. Es habe seit 2000 Jahren nicht, wie es das Christentum tat, das Antlitz der Erde zu ändern vermocht, sondern es habe allenfalls zu ein paar berühmten Namen zum Stolz der Synagoge gedient, zu sonst nichts:

»Die Synagoge redet seit 2000 Jahren über das, was sie hat, weil sie schon gar nichts hat; aber sie erlebt nicht und wird deshalb nie erfahren, was sie ist. Sie bildet ab den Fluch der Selbstgewißheit, des Adelstolzes und der gedankenlosen Gleichgültigkeit gegen das Werdegesetz des einheitlichen Kosmos, des ›Frieden auf Erden allen Menschen seines Wohlgefallens‹. Jene neue Menschheit aus einheitlicher Not und Sünde, das immer neugeborene corpus christianum aller Menschen, die guten Willens sind, jenes ›hinaus über alle Völker‹ kennt sie nicht. Sie kennt ein ursächliches Beieinander des Blutes, des auserwählten Volkes, aber kein finales Zueinander aller Kinder des Vaters. Sie haben das Wort, daß dereinst alle Völker zu Jerusalem anbeten werden, und sie kreuzigen immer wieder den, der kam, das Wort wahrzumachen. Scheinbar warten sie auf das Wort des Herrn, aber sie sind so durch und durch offenbarungslos geworden, daß sie alles tun, um seine Wirklichkeit zu hindern. Mit aller Macht ihres Wesens stemmen sie sich gegen ihre eigene Verheißung. Sie bilden auf Erden Luzifer ab, den obersten der Engel, auserwählt vor Gott, der Gottes Geschenk an ihn schließlich behalten wollte wie eine Herrschaft aus eigenem Recht — und stürzte. So pocht Juda auf sein eigenes unveräußerliches Recht. Diese *Naivität,* gegen Gott unveräußerliche und unverjährbare Rechte gewonnen zu haben, die nun ›natürlich‹, durch Vererbung erworbener Eigenschaften, den Nachkommen bleiben — ist das blinde Altertum der Juden« (p. 681 f.).

Auf die Vielzahl der Probleme, die hinter diesen wenigen Sätzen liegen, versucht Rosenzweig in seinem Antwortbrief Antworten zu geben, die freilich keine systematischen Erklärungen sind, sondern unsystematische und spontane Formulierungen. Zunächst ist es ihm zur prinzipiellen Klärung des Sachverhaltes darum zu tun, von den Phänomenen des modernen Nationalismus und des »völkischen« Glaubens die Auserwählung des Volkes Israel abzuheben, die ein essentialiter Anderes als naturales Erwählungsbewußtsein sei, wie es freilich zu jeder modernen Nationalität gehöre.

»Deshalb ist selbst jetzt, wo die Auserwähltheit Färbereagens aller Nationalität überhaupt geworden ist, die jüdische Auserwähltheit etwas Einzigartiges, weil sie die Auserwähltheit des ›Einen Volkes‹ ist, der auch heute der eigene Stolz oder die eigene Bescheidenheit und der fremde Haß oder die fremde Verachtung selbst, die empirische Vergleichbarkeit mit den anderen Völkern versagen. Sie hat an metaphysischer Schwere nichts verloren, obwohl ihr Gehalt (der Atavismus war ihr stets nur Symbol, der Messianismus allein Inhalt) jetzt Allgemeingut geworden ist; denn noch immer ist (und wird es immer bleiben) sie die einzige, *sichtbar wirkliche* Verkörperung des *erreichten* Zieles der Einheit (des ›einen Volks auf Erden‹, wie es sich selbst im Sabbatgebet nennt), während die Völker nur auf dem Wege zu diesem zu *erreichenden* Ziel sind und sein müssen, wenn es je wirklich erreicht werden soll. Denn die jüdische Idee der Auserwähltheit ist von Anfang an alles andere als ›naiv‹. Wäre sie naiv, d. h. atavistisch, so wäre der Judenhaß unerklärlich, denn eine Krähe hackt der anderen kein Auge aus; aber am *Sinai* (nicht etwa im Haine Mamre) sagt eine alte kalauernde Legende, hat sich Israel die ›sinna‹, den Haß der Völker erworben. — — Die Juden sind die einzig Unnaiven in der antiken Welt, denn die jüdische Idee der Auserwähltheit entdeckt ›ihre Herkunft‹ erst, als sie ihre ›Bestimmung‹ erfahren hat« (p. 687).

Diese Zusammenhänge hat Rosenzweig im »Stern der Erlösung« sehr ausführlich beschrieben. Israel *ist* am Ziel, die Völker sind noch auf dem Weg. Darum hassen sie Israel und wissen dennoch, daß es für die Menschheit unentbehrlich ist. Im Briefwechsel aber ist nunmehr der Moment erreicht, wo zur Richtigstellung der christlichen Behauptungen »apologetisch« nichts mehr verdeutlicht werden kann:

»Ich merke nun, indem ich weiter schreiben will, daß alles, was ich Ihnen jetzt schreiben müßte, unaussprechbar für mich Ihnen gegenüber ist. Denn ich müßte Ihnen jetzt das Judentum von innen zeigen, nämlich hymnisch, wie Sie mir, dem Draußenstehenden, das Christentum zeigen können: Und aus demselben Grund, aus dem Sie es können, kann ich es nicht. Das Christentum hat seine Seele in seinen Äußerungen, das Judentum hat außen nur seine harte, schützende Schale, und von seiner Seele kann man nur drinnen reden. Es geht also nicht, und Sie müßten mir schon glauben, daß der sozusagen abstrakte Gehalt der Frömmigkeit bei uns und bei Ihnen ein und derselbe ist« (p. 688).

Aber wo liegt der Unterschied nun wirklich? – Rosenstock hatte in dem vorangegangenen Brief die Opfer Abrahams und Agamemnons in Parallele gestellt und dabei das Judentum zu weit an altheidnische Vorstellungen assimiliert, anstatt das Abrahamsopfer richtig mit der Opfertat Christi zu vergleichen, weswegen denn auch Rosenzweig im Fortgang seines Schreibens hier anknüpft, um den wesenhaften Unterschied zwischen Israel und Christenheit in dem Unterschied von Moria und Golgatha wiederzuerkennen:

»Sie haben Abraham und Agamemnon verwechselt; der freilich opferte, was er *hatte,* um eines anderen willen, was er wollte, oder meinetwegen, was zu wollen seine Pflicht war; ja, er opferte nicht einmal selber, er gab nur her und stand mit verhülltem Haupte dabei. Abraham aber opferte nicht *etwas,* nicht *ein* Kind, sondern den ›einzigen‹ Sohn, und was mehr ist: den Sohn der Verheißung und dem Gott dieser Verheißung (die traditionelle jüdische Kommentierung liest dies Paradoxon sogar in den Text hinein), deren Inhalt nach menschlichen Begriffen unmöglich wird durch dieses Opfer; nicht umsonst gehört diese Perikope unseren höchsten Feiertagen; es ist das prototypische Opfer nicht der eigenen Individualität (Golgatha), sondern der völkischen Existenz, des ›Sohns‹ und aller zukünftigen Söhne (denn wir *berufen* uns vor Gott auf dieses Opfer oder vielmehr auf diese Opferbereitschaft, und zwar die des Vaters, nicht die in der Erzählung doch sehr betonte des Sohnes) [99]. Der Sohn wird wiedergegeben: Er ist nun *nur* noch Sohn der Verheißung. Nichts anderes geschieht, kein Ilion fällt, nur die Verheißung bleibt bestehen; um keines Ilion willen war der Vater bereit gewesen, sondern ›grundlos‹. *Agamemnon* opfert etwas, ›was er hat‹, *Abraham* alles, was er – sein könnte, *Christus* alles, was er ist. Ja, es ist wirklich, wie Sie schreiben, ›der ganze Unterschied‹. Dem ›naiv‹ in Anspruch genommenen, unveräußerlichen Recht an Gott entspricht, was Sie vergessen, das ebenso ›naiv‹ aufgenommene Joch der unveräußerlichen Leiden, von denen wir – ›naiv‹? – wissen, daß sie uns auferlegt sind. (Traditioneller Kommentar zu Jes. 53): ›Zur Erlösung der Welt‹ (– ›Luzifer‹?? Vermantschen Sie lieber die Symbole nicht! –). Und doch arbeiten wir nicht an dieser Erlösung, *die doch auch unsere Erlösung vom ›Leiden‹ sein wird.* – Im Gegenteil: Der heiligen Unruhe Eures Arbeitens entspricht bei uns die heilige Angst, daß die Erlösung nicht ›vor der Zeit‹ komme (wozu es die sonderbarsten, geradezu grotesken Legenden, alte und neue, gibt), eine Angst, die den metaphysischen Grund unserer Stellung zum Christentum, wie jene Unruhe den Eurer Stellung zum Judentum bildet« (p. 689).

So wird in dem für Israel prototypischen Abrahamsopfer, das konkret-leiblich die Sonderstellung der Juden vor Gott und Menschen begründet, ganz traditionsgemäß der Ursprung der Erwählung und Verheißung gesehen, die laut gnädiger Zusage des Ewigen physisch geknüpft bleibt an den Samen Abrahams. Und nicht wie durch das Christusopfer des Neuen Bundes wird dem Heiden durch den Glauben ein Weg eröffnet, sondern seit Gottes gnädigem

Gefallen am Opferwillen Abrahams ist Israel als Gottessohn je immer schon (durch das Gesetz) in realer Verbindung mit Gott oder hat vielmehr – als Erbbesitz – die latente Möglichkeit zu ihr. In einem späteren Brief vom 2. 10. 1917 verdeutlicht Rosenzweig diesen entscheidend wichtigen Sachverhalt, der sich aus dem Faktum ergibt, daß im Judentum das *Volk* Träger der Offenbarung und die Fortpflanzung geheiligte Pflicht ist, nochmals mit folgenden Worten: »Isaaks Opfer bekommt gerade durch ihre von der Tradition stark betonte Unnachahmlichkeit ihre für uns ewige Bedeutung. Kein Jude kann auf seinen Sohn, den Sohn der Verheißung, verzichten; Abrahams Verzicht geschah eben *für* alle kommenden Generationen, damit hinfort keiner mehr ihm nachtun müsse. So wie der Kreuzestod für alle folgenden Christen geschah, damit sie leben können« (p. 248). Der »Blutzusammenhang« wird also nicht um seiner selbst willen sakralisiert, sondern er wird um der *Verheißung* willen mit wachem Bewußtsein aufrecht erhalten, damit das jüdisch geborene Individuum die physische Berufung in die Sphäre der metaphysischen Erwählung (Joch des Himmelreiches) heben kann – »um des *messianischen* Zieles willen«. Und am »Ende der Tage« werde ja die ganze Menschheit »proselytisch« sein, wobei »die lebendige Frömmigkeit der üblichen Gebete von dem in *Jerusalem*-Anbeten« kaum etwas weiß, sondern nur von dem »Dich-allein-anbeten« und dem »Zusammentreten in Einen Bund« (p. 693). Damit ist gesagt, daß das Judentum wohl einen *universalen* Gott und einen *universalen* Gotteswillen sowie ein *universales* Menschheitsziel bekennt, aber *seinen* Weg durch die Geschichte nicht als Missionsreligion gehen kann – um des Bundes willen zwischen dem Einen Gott und dem Einen Volk, zu dem am Ende der Tage die Eine Menschheit treten wird.

Wesen und Bedeutung des »Volkstums für die jüdische Religion« im Unterschied zum Nationalismus der Weltvölker hatte Rosenzweig in seiner Antwort schon auseinandergesetzt. Nun stellt ihm aber sein Gesprächspartner noch die sozusagen »interne« Frage, wie er denn diese gewiß einsichtigen Unterschiede im Zusammenhang mit dem *Zionismus* beurteilen wolle, der doch diese Zusammenhänge zweifellos anders verstünde und gerade darin für das moderne jüdische Bewußtsein doch typisch wäre: »Glauben Sie, daß der Zionismus Zufall ist?« (p. 695). – Rosenzweigs Erwiderung lautet, daß der Zionismus die innerjüdische Bedeutung habe, eine »emanzipierte Form der messianischen Bewegung« zu sein, daher wohl Macht über die Gemüter der Juden gewinnen könne, auch die jüdische Tiefenschicht berühre, aber nicht in der Lage sei, sie umzustimmen oder zu verändern: »Er gehört durchaus in die Reihe der messianischen Bewegungen, die es im Judentum fortwährend gegeben hat, mehr oder weniger großartige Selbsttäuschungen, Versuche, das Himmelreich zu vergewaltigen, ›bald in unseren Tagen‹, notwendig, um die (innere) Lebendigkeit des vom Leben der Welt abgeschnittenen (verbannten!) Volkes zu erhalten. – – – Aber wenn Sie die zionistische Bewegung genauer kennten, als Sie Ursache haben, sie zu kennen, so würden Sie wissen, daß die innere (Selbstbewußtseins-)Geschichte des Zionismus die wachsende Erkenntnis dieses seines letzthin *unwesentlichen* Wesens ist« (p. 708). – Denn Israel ist gerade kein Volk wie die Völker, die auf dem Wege sind, sondern ist seiner Bestimmung nach ja schon am Ende aller Wege, am *Ziel*, wenn es das *Joch* des Himmelreiches auf sich nimmt. Denn das Gesetz der Juden ist ja keine Brücke zu Gott – unverstehbar schlechthin, wenn man vom christlichen Mittlerbegriff aus verstehen will –, sondern es ist ein Institut der Heiligkeit, das weder mit Gerechtigkeit noch mit Verdienstvorstellungen etwas zu tun hat, vielmehr den, der es befolgt, im Tun geheiligt (nicht heilig!) werden läßt. Das Sein am Ziel ist die dereinstige *Erfüllung* des Gesetzes, seine *Befolgung* durch die Juden vermittelt diesen eine Vorahnung der zukünftigen Welt und schärft gleichzeitig ihr Auge für die Gefahr falscher Vermittlungen und Überbrückungen innerhalb der Geschichtszeit. Dieses *mittlerlos* im Licht des Gottesantlitzes Wandeln muß Israel in diesem Äon aber bar bezahlen; »subjektiv durch die Leiden des Bewußtseins der Ausgeschlossenheit, der Uneigenheit, und objektiv dadurch, daß wir euch das ewig mahnende Denkmal eures *Noch-nicht* sind. Denn ihr, die ihr in einer ekklesia triumphans lebt, habt einen stummen Diener nötig, der euch allemal, wenn ihr in Brot und Wein Gott *genossen zu haben* glaubt, zuschreit: Herr, gedenke der letzten Dinge!« (p. 690).

Die Bedeutung der Christenheit für Israel

Die Eigenart dieses Gespräches bringt es mit sich, daß immer, wenn von der Bedeutung des anderen Glaubens für den eigenen die Rede ist, vom *Wesen* des eigenen Glaubens gesprochen werden muß. Darum ist bei Rosenstock im Falle der Verwerfung der Juden notwendig vom christlichen *Dogma* die Rede, und Rosenzweig muß über das *Wesen* des Judentums etwas – das »Sagbare« sagen, um die *Bedeutung der Christenheit für Israel* zu erklären. Das Neuartige an diesen Verhältnisbestimmungen nun ist dieses, daß sie auf dem Boden des modernen Geschichtsbewußtseins erfolgen und eine von aller Aufklärungstoleranz unterschiedene Weite des Blickes und der Erkenntnis haben. Denn Rosenzweig kennt die moderne Möglichkeit, *reflektierend* darum zu wissen, daß es *neben* dem Sehen, Wissen und Beurteilen des Fremdphänomens *von außen*, d. h. vom *eigenen* Glaubensstandpunkt her, noch ein Sehen, Wissen und

Urteilen *von innen her* geben muß, das der andere nur *für* sich besitzt, das wohl vermittelbar ist, vom anderen aber nicht übernommen, bestenfalls als Mitteilung hingenommen werden kann. Diese Tiefenschichten freilegende Methode wendet nun Franz Rosenzweig für das jüdisch-christliche Gespräch und die Bestimmung des eigentlichen Gegensatzverhältnisses an und kommt weit. Allerdings versteigt er sich dazu, dieses, sein neues Denken, auch nach rückwärts zu verlängern und zu der Behauptung zuzuspitzen, daß das Christentum als welterfüllende Macht schon immer jüdisches Dogma gewesen ist, was aus den Fixierungen der Tradition zwar nicht zu belegen sei (auf das Baumgleichnis Jehuda ha-Lewis wird natürlich als Stütze dieser Behauptung angespielt), darum auch nicht »zu den Dogmen der substantiellen Gruppe« gehöre, *nur* ein »Theologumenon« sei, das aber »aus einer Analyse des frommen Bewußtseins gewonnen werden könne« (p. 670). Und hierzu findet sich wieder Entscheidendes in den Briefen an *Rudolf Ehrenberg*, die Formstechers Missionsgedanken, den Rosenzweig übrigens kaum kannte, in *geschichtlicher* Weise, nämlich aus dem Bewußtsein des 20. Jahrhunderts heraus neu aufnehmen:

»*Unsere* Anerkennung des Christentums beruht tatsächlich auf dem Christentum, nämlich darauf, daß das Christentum *uns* anerkennt. Es ist eben doch die *Thora*, die von den Bibelgesellschaften auf die entferntesten ›Inseln‹ verbreitet wird. Das wird mir jeder Jude zugeben. *Gründen* allerdings tut sich das jüdische Bewußtsein nicht auf das Verhältnis der christlichen Kirche zur Welt; es findet sich nur darin wieder. An sich weiß es gar nichts davon: Jes. 55, 5. Darum braucht es auch in der Zeit keine neue Weisung; seine Aufgabe hat sich durch die Ereignisse des ersten Jahrhunderts nicht geändert, nur sein Schicksal. Die Bedingungen sind seitdem neue und, wie ich glaube, in der

Zeit endgültige; aber nur die *Bedingungen;* die Mischna, das Werk, worin sich damals das Judentum seine neue Grundlage schafft, will *nur* ›Wiederholung‹ (das bedeutet ›Mischna‹) der Thora sein, der ganze Talmud dient dem Nachweis, daß das wirklich der Fall sei« (p. 77).

Nur zufolge dieser Voraussetzung echter *Anerkenntnis,* die dem Anderen seinen Glauben glaubt, selber sozusagen ein Glaube im Dativ ist, konnte Rosenzweig auf der Basis historischen Selbstverstehens daran gehen, im dritten Band des »Stern der Erlösung« eine Darstellung des *Christlichen* in seinen geschichtlichen Erscheinungsformen zu geben, die trotz ihrer von einem Juden wohl kaum noch übertreffbaren Positivität und Wesenhaftigkeit noch immer fast gänzlich unbekannt und – nicht nur für die Religionsphänomenologie – von hoher, unausgeschöpfter Bedeutung ist. Denn von dieser Anerkenntnis des anderen Glaubens aus der eigenen Glaubenstiefe kann Rosenzweig sogar zugestehen, was vor ihm kein Jude je freiwillig zugestanden hat – *ohne dieses jüdische Zugeständnis ist aber in Zukunft kein Gespräch mehr möglich –, daß niemand aus den Weltvölkern anders zum Vater kommt als durch Jesus Christus:*

»Was Christus und seine Kirche in der Welt bedeuten, darüber sind wir einig: Es kommt niemand zum Vater denn durch ihn. Es *kommt* niemand zum Vater – anders aber, wenn einer nicht mehr zum Vater zu kommen braucht, weil er schon bei ihm *ist.* Und dies ist nun der Fall des Volkes Israel (nicht des einzelnen Juden). – – – Die Entwicklung des Judentums geht an dem Jesus, zu dem die Heiden ›Herr‹ sagen und durch den sie ›zum Vater kommen‹, vorbei; sie geht nicht durch ihn hindurch (über den Rabbi Jeschua, den Nazarener und die Möglichkeit, daß dieser – als ›Rabbi‹, nicht als ›Herr‹ – unter uns modernen Juden eine Renaissance erfahren könnte, ließe sich reden. Entscheidend wichtig wäre sie keinesfalls). – Das Volk Israel, erwählt von seinem Vater, blickt starr über Welt und Geschichte hinüber auf jenen letzten, fernsten Punkt, wo dieser, sein Vater, dieser selbe, der Eine und Einzige – ›Alles in Allem!‹ – sein wird. An diesem Punkt, wo Christus aufhört, der Herr zu sein, hört Israel auf, erwählt zu sein; an diesem Tage verliert Gott den Namen, mit dem ihn allein Israel anruft; Gott ist dann nicht mehr ›sein‹ Gott. Bis zu diesem Tage aber ist es Israels Leben, diesen ewigen Tag in Bekenntnis und Handlung vorwegzunehmen, als ein lebendes Vorzeichen dieses Tages dazustehen, ein Volk von Priestern mit dem Gesetz, durch die eigene Heiligkeit den Namen Gottes zu heiligen. Wie dieses Volk Gottes in der Welt steht, welche äußeren (Verfolgung) und inneren (Erstarrung) Leiden es durch seine Absonderung auf sich nimmt, darüber sind wir wieder einig.

Dennoch, da diese Leiden der Weltverneinung von der Synagoge in der gleichen Endhoffnung aufgenommen werden wie von der Kirche die Leiden der Weltbejahung, und da das nicht bloß ein unbewußtes und zufälliges Zusammentreffen in der *Ewigkeit* (wie etwa zwischen den Gläubigen und den ›allgemein-menschlichen‹ Pazifisten) ist, sondern auch die Wurzeln dieser Hoffnung, der Gott aller *Zeit* hier und dort, zusammen entspringen, die Offenbarung des Alten Bundes uns gemeinsam ist: so sind Kirche und Synagoge aufeinander angewiesen.

Die Synagoge, unsterblich, aber mit gebrochenem Stab und die Binde vor den Augen, muß selbst auf alle Weltarbeit verzichten und alle ihre Kraft darauf verwenden, sich selbst am Leben und rein vom Leben zu erhalten. So überläßt sie die Weltarbeit der Kirche und erkennt in ihr das Heil für alle Heiden in aller Zeit. Sie weiß, daß, was Israel die Werke des Kults, für die Welt außerhalb Israels die Werke der Liebe wirken. Aber sie weigert sich, der

Kirche zuzugestehen, daß die Kraft, aus der jene die Werke der Liebe tut, mehr als *göttlich*, und selber eine Gotteskraft sei. Hier schaut sie starr in die *Zukunft*.

Und die Kirche mit dem unzerbrechlichen Stab, weltoffenen Auges, siegessichere Kämpferin, ist allzeit in Gefahr, daß ihr die Besiegten Gesetze geben. Allen zugewandt, soll sie sich dennoch nie ans Allgemeine verlieren. Ihr Wort soll allzeit eine Torheit bleiben und ein Ärgernis. Daß es eine Torheit bleibe, dafür sorgen die Griechen, damals wie heute und künftig. Sie werden immer wieder fragen: warum denn gerade *dies* Wort eine Gotteskraft sein solle und nicht jenes andere und jenes dritte Wort ebenso gut, — warum gerade Jesus und nicht (oder: nicht auch) Goethe. Und ihre Rede wird gehen bis zum letzten Tag. Nur wird sie immer leiser werden, mit jedem äußeren oder inneren Sieg der Kirche immer leiser, denn die Weisheit, die sich weise dünkt, verstummt vor dem Augenschein; und wenn der letzte Grieche durch das Wirken der Kirche in der Zeit stumm geworden ist, so wird das Wort vom Kreuz — am *Ende* der Zeit, aber noch immer *in* der Zeit — niemandem mehr eine Torheit sein. Aber ein Ärgernis bleibt es unabänderlich, auch noch in diesem Augenblick. Keinem Griechen war es ein Ärgernis, daß er eine Gotteskraft in der Welt anerkennen sollte: Er sah ja die Welt voller Götter; nur dies war ihm unfaßbar, daß er gerade den einen Heiland am Kreuz verehren sollte; und so auch heute und so künftig. Aber die Synagoge trug die Binde vor den Augen; sie sah keine Welt — wie hätte sie Götter darin sehen sollen. Sie sah nur mit dem prophetischen Auge des Inneren und also nur das Letzte und Fernste. So wurde ihr die Forderung, das Nächste, ein Gegenwärtiges so zu sehen, wie sie nur das Fernste sah, zum Ärgernis, und so heute und so zukünftig. Darum findet die Kirche allezeit, wenn sie vergißt, daß sie ein Ärgernis ist und sich mit dem ›Allgemeinmenschlichen‹ ausgleichen möchte, was den Griechen, die ja gern wie jener Kaiser auch Christus eine Statue in ihrem Göttertempel errichten würden, hochwillkommen wäre, dann findet die Kirche in der Synagoge die stumme Mahnerin, die vom Allgemeinmenschlichen unverlockt, nur vom Ärgernis weiß; und da fühlt sie sich wieder positiv und sagt wieder das Wort vom Kreuz. Und daher weiß die Kirche, daß Israel aufbewahrt wird bis zu dem Tag, wo der letzte Grieche eingegangen, das Werk der Liebe vollendet ist, und der jüngste, der Erntetag der Hoffnung anbricht« (p. 73–75).

Mit diesen Verhältnisbestimmungen, nämlich was die *Christenheit für Israel* bedeutet und – in gegenseitiger geschichtlicher Durchdringung von Aufgabe und Bestimmung – *Israel für die Christenheit,* hat Franz Rosenzweig bereits in diesen Briefen aus dem Jahre 1913 – ohne »begrifflich mehr beim Christentum zu Gaste« zu gehen – Einsichten von erstaunlicher Tiefenschau und von grundlegender Bedeutung für kommende Gespräche zutage gefördert, die mehr als alle analogen Versuche zuvor geeignet bleiben werden, das geheimnisvolle Gegen- und Miteinander Israels und der Christenheit von der Wurzel her begreiflich zu machen. Angesichts dieser Bejahung der Gottgewirktheit des Christentums, die in *dieser* Form über alle traditionellen Ansätze hinaus wahrlich ein jüdisches *Novum* von hoher prinzipieller Bedeutung darstellt, weil in ihnen die Reflexion über geschichtliche Erfahrungen mit dem jüdisch-dogmatischen Gehalt *positiv, d. h. traditionsstiftend* verbunden worden ist, zieht auch Eugen Rosenstock hinsichtlich der jüdischen »Verstockheit« eine »kirchenpolitische« Konsequenz, bzw. macht die alte Konsequenz ebenfalls aus geschichtlichem Bewußtsein rückgängig, indem er seinem »Gegner« schreibt: »*Nein, die Verstocktheit der Juden ist heute kein christliches Dogma mehr.*

Christus hat jetzt, die ihn kreuzigen, genug in seiner Kirche. Es ist nicht wahr, daß ihn die Juden heute einzig kreuzigen würden, sie allein auf der weiten Welt« (p. 696) [100]. Und aus demselben historischen Bewußtsein fordert Franz Rosenzweig seinerseits eine weitere »kirchenpolitische« Konsequenz, indem er über die Frage einer Möglichkeit evangelischer Judenmission unter dem 1. 1. 1926 an einen anderen Großvetter, Pfarrer Hans Ehrenberg, schreibt: »Die Judenmission ist doch – von v. Harlings (sc. des ehrenwerten Leiters der deutschen Judenmission) persönlichen Qualitäten abgesehen – das Schiboleth, ob jemand das wahre Verhältnis begriffen hat. Es wird auch weiter Judentaufen geben, obwohl die Pfarrer es dem, der zu ihnen kommt, so schwer machen sollten wie möglich, aber eine organisierte Judenmission darf es nicht geben. Das ist *die kirchenpolitische Pointe* des ›Stern der Erlösung‹. – Die Judenchristen haben ihr Recht geschichtlich im Urchristentum, wo sie alsbald abstarben, als die Heidenkirche des Paulus wuchs, und dogmatisch in der christlichen Eschatologie. Dazwischen sind sie in der ersten Hinsicht ein Anachronismus und in der zweiten eine Paradoxie« (p. 552 f.).

Martin Buber – Karl Ludwig Schmidt

Das zweite Religionsgespräch aus heutiger Zeit, das nunmehr noch zur Darstellung gelangen soll, indem wir beide Sprecher ihr Wesentliches wiederum selber sagen lassen, wurde im Januar 1933 zwischen *Martin Buber* und dem evangelischen Theologen *Karl Ludwig Schmidt* auf einer kontradiktorischen Veranstaltung des Jüdischen Lehrhauses Stuttgart geführt [101]. Eine ähnliche Stellungnahme Bubers, die vergleichsweise heranzuziehen sein wird, war am selben Ort drei Jahre früher anläßlich einer »Studientagung der vier Judenmissionsgesellschaften deutscher Zunge« vorangegangen [102]. Und dieses Gespräch, das für

Buber inhaltlich schon durch jahrelange Bemühungen des Kreises um die »Kreatur« vorbereitet war, ist wiederum getragen und durchzogen von dem dialogischen Impuls des neuen Denkens, das nichts verwischt und nichts vereinerleit, sondern in strenger Sachbezogenheit »das Wissen der Kirche um Israel und das Selbstwissen Israels« einander gegenüberstellt »in einer Weise, die strenger ist in ihrer Gegensätzlichkeit als ein nur logischer Widerspruch« (St. u. Erk. p. 149). Und wiederum verdeutlicht sich die neue Basis heutigen Religionsgespräches, wenn wir Buber in vollem Wissen um das, was er damit von sich selber und vom Anderen fordert, in seiner Antwort formulieren hören: »Wir können etwas sehr Schweres zu tun versuchen, etwas, das für den religiös gebundenen Menschen sehr schwer ist, das seiner Gebundenheit und Verbundenheit widerstrebt, vielmehr zu widerstreben scheint, etwas das seiner Verbundenheit mit Gott zu widerstreben scheint – wir können das, was der andere gegen unsere Existenz, gegen unser Seinswissen als *seine* Glaubenswirklichkeit bekennt, als ein Geheimnis anerkennen. Dessen Sinn zu beurteilen sind wir nicht imstande, weil wir es von innen her nicht kennen, so wie wir *uns* von innen her kennen« (St. u. Erk. p. 152).

Die Lehrhausleitung hatte als Thema für das Zwiegespräch formuliert, »Kirche, Staat, Volkstum, Judentum«, – »Begriffe«, wie Karl Ludwig Schmidt als erster Sprecher gleich zu Beginn feststellt, »die nicht begrifflich, sondern nur konkret-geschichtlich im Sinne des gewesenen und sich fort und fort wiederholenden Geschehens erörtert werden können«. Und so ist es schwerlich Zufall zu nennen, daß auch K. L. Schmidt mit seinen Worten die Kernfragen der – ihm kaum in ihrem Umfang bekannten – Tradition formuliert, um die das jüdisch-christliche Gespräch schon je und je gegangen ist. Das ist deshalb kein

Zufall, weil diese Fragen letzten Endes bei jedem ernstnehmenden und redlichen Hinblick auf die Sachphänomene von selber aufspringen müssen. Und zwar nennt K. L. Schmidt das Messiastum des Jesus aus Nazareth, die Frage nach Erwählung und Verwerfung Israels, die Tatsache der Diaspora (Galut) und aus ihr folgend die Frage nach dem Stehen Israels in der Welt, also das Verhältnis der Juden zu den Völkern, unter denen sie leben, und zum Staate überhaupt, wie damit zusammenhängend das Problem des Zionismus als Frage nach der Volkhaftigkeit Israels. Dieser letztere Fragenkreis, der als ein spezifisch moderner erst seit 1789 möglich und in den letzten Jahren aktuell geworden ist, führt in neue, zum Teil völlig außertheologische Sachgebiete und ist im Rahmen dieser Aussprache auch nur in Andeutungen erörtert worden.

Die Fragen sind so unter sich zusammenhängend, daß K. L. Schmidt sie auch zusammenhängend formulieren muß: »Die allein belangreiche Frage ist die, ob nicht vor bald 2000 Jahren das jüdische Volk, die damalige jüdische Kirche, sich gegen den von Gott gesandten Messias verstockt hat, danach den Mittelpunkt seiner verzweigten Diaspora durch die Zerstörung Jerusalems verloren hat und nun seitdem in der Diaspora, in der Zerstreuung ohne geistigen Mittelpunkt lebt.« (Th. Bl. p. 260.) Diese Schuld (sc. der Kreuzigung des Jesu) sei aber keine bloß jüdische Schuld, sondern decke die Schuld der im damaligen Judentum dargestellten Menschheit auf, der Welt schlechthin. Die *spezielle* Straffolge für Israel als das zur Nachfolge des Heilands besonders berufene Volk sei die Zerstörung Jerusalems gewesen, die die jüdische Zerstreuung mittelpunktlos gemacht habe bis auf diesen Tag. Aber Jerusalem werde niemals mehr jüdischer Besitz werden, und die zionistischen Bemühungen dürften vergeblich sein, zumal ja die naturale Volkstumvergötzung des Zionismus unjüdisch wäre durch und durch. Freilich wisse auch er als Christ und neutestamentlicher Theologe darum, daß das *wirkliche* Israel seine Existenz gar nicht vom Blut, sondern nur vom Ruf Gottes her verstehen könne, sich nicht als ein Volk neben anderen Völkern sehen dürfe, sondern als den besonders ausgezeichneten *Knecht Gottes.* »Die Christen bekennen an dieser Stelle gegen die den Messias Jesus von Nazareth ablehnenden Juden, daß der Knecht Gottes in *Jesus Christus* personhaft erschienen ist. Die Weltgeschichte als Gottesgeschichte, als Heilsgeschichte, ist nur von dieser Zäsur aus zu verstehen. Die Kirche Jesu Christi, die davon zu künden weiß, sieht das Judentum grundsätzlich nicht als gefährlich im Sinne eines volkhaften und staatlichen Denkens an, weil das Judentum als Israel zwangsläufig auf dem Weg zur Kirche ist. ——— Der Jude, der Christ wird, tritt aus seinem unerfüllten Israel über in das erfüllte Israel, die Kirche Jesu Christi, in das Israel nach dem Geiste« (Th. Bl. p. 263 f.).

Bubers Erwiderung auf die vier Fragenkreise kann nun nicht gleichfalls Lehrmeinungen konstatierender Art sein, sondern ist nur bekenntnishaft aus dem Pathos des eigenen Glaubens und mit dem Stück prophetischen Bewußtseins möglich, das Buber durch die Geschichte unserer Tage trägt; denn es gilt ja dem Wissen der Kirche *um* Israel das *Selbst*wissen Israels zeugnishaft gegenüberzustellen, was zuerst in der Frage der Erwählung oder Verwerfung Israels geschieht:

»Die Kirche sieht Israel als ein von Gott *verworfenes* Wesen. Dieses Verworfensein ergibt sich notwendig aus dem Anspruch der Kirche, das wahre Israel zu sein: die von Israel haben danach ihren Anspruch eingebüßt, weil sie Jesus nicht als den Messias erkannten — die Christen glauben, dieses Israel-Sein, das Amt, die Würde Israels, seine Erwähltheit von Gott her empfangen zu haben; hier ist eine Glaubensgewißheit, die unantastbar ist. Wir haben keine Möglichkeit, gegen dieses Wissen der Kirche um Israel etwas zu setzen, was ja doch nur als Argument wirksam werden könnte. Aber wir Israel wissen um Israel von innen her, im Dunkel des von innen her Wissens, im Licht des von innen her Wissens. Wir wissen um Israel anders, wir wissen (hier kann ich nicht einmal mehr »sehen« sagen, denn wir wissen es ja von innen her, und auch nicht mit dem »Auge des Geistes«, sondern lebenmäßig), daß wir, die wir gegen Gott tausendfach gesündigt haben, tausendfach von Gott abgefallen sind, die wir diese Jahrtausende hindurch diese Schickung Gottes über uns erfahren haben — die Strafe zu nennen zu leicht ist, es ist etwas Größeres als Strafe —, wir wissen, daß wir doch nicht verworfen sind. Wir wissen, daß das ein Geschehen nicht in der Bedingtheit der Welt, sondern in der Wirklichkeit des Raumes zwischen Gott und uns ist. Und wir wissen, daß wir eben darin, in dieser Wirklichkeit, von Gott nicht verworfen sind, daß uns in dieser Zucht und Züchtigung Gottes Hand hält und nicht losläßt, in dieses Feuer hineinhält und nicht fallen läßt« (St. u. Erk. p. 149 f.).

Auf dieses Glaubenszeugnis Martin Bubers, das zusammenkommt und in eins geht mit dem jüdischen Lebens- und Leidenszeugnis der Jahrhunderte, muß auch K. L. Schmidt in seiner Erwiderung — zur gemeinsamen Zuhörerschaft hingewendet — erklären, daß »das Ihnen und auch mir deutlich gewordene Pathos der Erfahrung eines Menschen, der bluthaft im jüdischen Bereich lebt, mehr ist als ein Bündel von diesen oder jenen Erlebnissen« (Th. Bl. p. 272). — Auf K. L. Schmidts weitere Frage, die er in seiner einleitenden Rede dem Gespräch vorangestellt hatte, ob in Jesus dem Judentum sein geschichtlich erwarteter Messias schon gekommen sei oder nicht, und die damit zusammenhängende Frage nach der Absolutheit und Ausschließlichkeit der christlichen Offenbarung (extra ecclesiam nulla salus) gibt Buber wieder aus seiner Kenntnis des Israel-Wissens um sich selbst *bekennende* Antwort:

»Karl Ludwig Schmidt hat mit Recht in die Mitte seiner Betrachtung die Frage nach dem Messias, die christologische Frage gestellt.

Wenn wir die Scheidung zwischen Juden und Christen, zwischen Israel und Kirche, auf eine Formel bringen wollen, können wir sagen: Die Kirche steht auf dem Glauben an das Gekommensein Christi als an die der Menschheit durch Gott zuteil gewordene Erlösung. Wir Israel vermögen das nicht zu glauben.

Die Kirche sieht diese unsere Aussage entweder als ein Nichtglauben-Wollen an, als eine Verstocktheit in einem sehr bedenklichen Sinn oder als einen Bann, als eine fundamentale Eingeschränktheit des Erkennen-Könnens der Wirklichkeit gegenüber, als die Verblendung Israels, die es hindert, das Licht zu schauen.

Wir Israel wissen um unser Nicht-annehmen-Können jener Botschaft in anderer Weise. Wir verstehen die Christologie des Christentums durchaus als wesentliche Begebenheit zwischen Oben und Unten. Wir sehen das Christentum als etwas, dessen Kommen über die Völkerwelt wir in seinem Geheimnis zu durchdringen nicht imstande sind. Wir wissen aber auch, wie wir wissen, daß Luft ist, die wir in unsere Lungen einatmen, daß Raum ist, in dem wir uns bewegen, tiefer, echter wissen wir, daß die Weltgeschichte nicht bis auf ihren Grund aufgebrochen, daß die Welt noch nicht erlöst ist. Wir spüren die Unerlöstheit der Welt.

Eben dieses unser Spüren kann oder muß die Kirche als das Bewußtsein unserer Unerlöstheit verstehen. Aber wir wissen es anders.

Erlösung der Welt ist uns unverbrüchlich eins mit der Vollendung der Schöpfung, mit der Aufrichtung der durch nichts mehr behinderten, keinen Widerspruch mehr erleidenden, in all der Vielfältigkeit der Welt verwirklichten Einheit, eins mit dem erfüllten Königtum Gottes. Eine Vorwegnahme der vollzogenen Welterlösung zu irgendeinem Teil, etwa ein Schonerlöstsein der Seele, vermögen wir nicht zu fassen, wiewohl sich auch uns, in unsern sterblichen Stunden, Erlösen und Erlöstwerden kundtut.

Eine Zäsur nehmen wir in der Geschichte nicht wahr. Wir kennen in ihr keine Mitte, sondern nur ein Ziel, das Ziel des Weges Gottes, der nicht innehält auf seinem Weg [103].

Wir vermögen nicht, Gott auf irgendeine Art seiner Offenbarung festzulegen. Jenes Wort aus dem brennenden Busch: »Ich werde da sein als der, als der ich da sein werde« (d. h. als der ich jeweils da sein werde) macht es uns unmöglich, irgend etwas Einmaliges als die endgültige Offenbarung Gottes zu nehmen. Nicht als ob wir irgend etwas über das Sich-offenbaren- oder das Sich-nicht-offenbaren-Können Gottes aussagen könnten; ich rede eben davon, daß wir von allen Offenbarungen, um die wir wissen, nichts Absolutes auszusagen vermögen. Wir sagen nicht: So kann sich Gott nicht offenbaren. Wir sprechen nur keiner seiner Offenbarungen die Unüberbietbarkeit zu, keiner den Charakter der Inkarnation. Über jeden, aber auch jeden Moment der geschehenen Zeit weist jenes futurische Wort des Herrn in unbedingter Weise hinaus; Gott ist jeder seiner Manifestationen schlechthin überlegen« (ebd. p. 153 bis 155) [104].

Damit ist etwas sehr Wesentliches gesagt und fast noch schärfer als bei Rosenzweig formuliert, nämlich daß die Christologie (also die Lehre von der *Wirklichkeit* des Christusereignisses) als eine »wesentliche Begebenheit zwischen Oben und Unten« zu verstehen sei, und diese Aussage ist gesprochen in der Form von »Wir Israel«. Aber man muß bei dieser Konstatierung Bubers unseren Unterschied von »Glauben« und »Anerkennen« vor Augen behalten, um die jüdische Zulässigkeit dieser Anerkenntnis akzeptieren zu können, zumal Buber auch wenige Sätze weiter selbst erklärt: »Wir vermögen nicht Gott auf irgendeine Art seiner Offenbarung festzulegen«. Und gleich darauf: »Wir sprechen nur keiner seiner Offenbarungen den Charakter der Unüberbietbarkeit zu, keiner den Charakter der Inkarnation«.

Diese Einschränkungen jüdischerseits, wie sie durch Buber hier erfolgen, erleichtern weithin das Gespräch mit dem Christentum, nur steigt die Frage auf, ob mit dieser durch die Überpointierung vielleicht unnötig weit vorgetriebenen Relativierung nicht doch die Entfernung zur Tradition zu groß wird. – Buber weiß als ein wacher Mensch dieser Tage etwas ungeheuer Wesentliches, was nur lebensmäßig zu erfahren ist und von *dem* nicht erfahren wird, der sich durch die Sicherungen der Tradition wirklicher Begegnung mit den Fraglichkeiten des Lebens und damit auch der Möglichkeit einer Gesetzeskrisis entzieht: Nämlich daß das Gesetz nicht nur in der Statik des Gegebenseins sein Wesen hat, sondern seinem Sollsein gemäß im Futurum steht, also nicht abgeschlossen in der Thora oder im Schulchan Aruch vorliegt, sondern mir als ein Neues, Heutiges, also als fordernde Wirklichkeit hier und heute widerfahren kann. Aber die Absolutheit der Offenbarung in der Geschichte gerät dadurch doch etwas ins Gedränge, wenn sie überbietbar sein soll, Gott sich also durch seine Offenbarung nicht festgelegt habe. Das haben weder die Rabbinen jemals zugeben können, noch kann wirkliche Ernstnahme der christologischen Lehre solches zugestehen. Der Stachel sitzt ja gerade hier, die letzte innergeschichtliche Unauflösbarkeit der jüdisch-christlichen Antinomie, daß Israel und Christenheit für die ihnen zuteil gewordene

Offenbarung Ausschließlichkeit und Unüberbietbarkeit behaupten *müssen* um der Offenbarungswahrheit selber willen, weil ja Gott sein Wort, das die absolute Wahrheit ist, nicht überbieten kann, will er den menschlichen Glauben nicht verhöhnen, daß also die Offenbarung Gottes dem Glaubenden eben doch endgültig und unüberbietbar ist. Die einzige Einschränkung, die möglich wäre, und in der wir auch die »Fortschritts«möglichkeit der Heutigen erkennen, ist diese, daß die jüdische Offenbarung *nur* für ihre Bekenner, also für die Juden endgültig und unüberbietbar ist, der heutige Jude aber aus geschichtlicher Wirklichkeitserfahrung zugeben kann, daß außerhalb Israels und ohne direkte Bedeutung für Israel noch andere Offenbarungen in der Welt geschehen sein mögen. Das Christentum als Menschheitsreligion mit Missionsanspruch an die Heiden, also die *ganze* nichtjüdische Menschheit *kann* freilich selbst dieses Zugeständnis dem Wesen seiner Sache nach niemals machen, weil es dann – von Israel ganz abgesehen – auch die Gottgewirktheit des Islams anerkennen müßte. – Bubers Position [105] ist in diesen Gesprächen noch nicht endgültig deutlich geworden; aber die Undeutlichkeit, die hier bleibt, dürfte mit der von ihm noch unbeantworteten Frage nach der mit der geschichtlichen Einmaligkeit des Offenbarungsereignisses verknüpften *Geltungsabsolutheit* des mosaischen Gesetzes als unabänderlicher Bundessatzung für ganz Israel zusammenhängen, wie das die Tradition, den Worten der Schrift gemäß (sc. in »Thoratreue«), verstanden hat, was das nicht orthodoxe Judentum von heute nicht mehr anerkennt, doch ohne bisher auf diese brennende Frage wirkliche Antwort geben zu können.

Bleibt noch die von K. L. Schmidt gestellte Frage nach der Möglichkeit oder Unmöglichkeit des Zionismus für die jüdische Religion übrig, wobei es gestattet sein muß, den

Leser für die mit ihr zusammenhängenden Probleme der dialektischen Bejahung des Staates überhaupt und der Rezeption Israels durch die christlichen Völker im nationalen Sinne auf Bubers Ausführungen *direkt* zu verweisen. Auch Buber kennt die latente Gefahr, die der Zionismus als mögliche Säkularisierung der jüdischen Geschichtswahrheit ist, aber er erkennt dennoch – seine heutige Stellung ist in ihrer inneren Dialektik wohl als die eines »Zionisten am Rande« zu bezeichnen – die zionistische Bewegung als berechtigte Korrektur des Israel konfessionalisieren wollenden 19. Jahrhunderts an:

»Karl Ludwig Schmidt hat mich nach dem Zionismus gefragt. Gewiß ist in diesem der Begriff des Volkstums betont und überbetont worden; weil nämlich innerhalb eines unlöslichen Ineinander von Volkstum und Glauben das Volkstum in der Zeit nach der Emanzipation vielfach vernachlässigt worden war. Man hatte versucht, Israel unter die Religionen einzureihen. Demgegenüber mußte mahnend gesagt werden, daß Israel ohne sein Volkstum keine Wirklichkeit hat. Aber heute ist es an der Zeit, wieder an die Stelle nationaler und religiöser Begriffe das namenhafte Israel zu setzen – die Einheit und Einzigkeit Israels« (ebd. p. 162).

Aber unter welche Weltkategorien fällt das namenhafte Israel, ist es überhaupt unter diesen Kategorien zu begreifen?

Ich widerhole: Daß es Israel gibt, ist etwas Einziges, Uneinreihbares. Dieser Name, dem Erzvater von Gott, nicht von Vater und Mutter verliehen, kennzeichnet die Gemeinschaft als eine, die von den Kategorien der Völkerkunde und der Soziologie nicht zu erfassen ist. So oft wir eine solche Kategorie anwenden, tun wir Israel unrecht. In der Bibel ist ausgesprochen, was die Einzigkeit Israels begründet. Sie läßt die Entstehung dieser Gemeinschaft geschichtsidentisch, ereignisidentisch sein mit Glaubenserfahrung und Glaubenshandlung einer Menschenschar in ihrer entscheidenden Stunde.

Diese Menschenschar erfährt da ein ihr Widerfahrenes als glaubende Schar, als Glaubensschar, nicht als glaubende Individuen, sondern als glaubende Gemeinschaft, als solche glaubend vernimmt und antwortet sie. In diesem Angesprochenwerden und Erwidern wird sie in dieser Stunde zu dem konstituiert, was wir Volk nennen, zu etwas, was nun dauert in einem geschlossenen Kreis von Zeugungen und Geburten. Das hebt Israel für alle Zeit von den Nationen und von den Religionen ab« (ebd. p. 156).

Auf diese Ausführungen, die in Bubers noch unvollendetem großen Werk »Das Kommende« ihre systematische Klärung und biblisch-geschichtliche Begründung erfahren, geht nun K. L. Schmidt in seiner Erwiderung soweit ein, daß er Buber in der *Wesens*frage seine Zustimmung nicht versagt, daß »Israel weder als bloße Religion unter anderen Religionen, noch als bloßes Volk unter anderen Völkern eingefangen werden kann« (Th. Bl. p. 271). Aber wenn die Geschichte Israels die Geschichte der Versuche und Bemühungen Gottes um sein Volk darstelle, dann gehöre zu diesen Versuchen aber auch das hinzu, was am Anfang des Hebräerbriefes gesagt ist: »Nachdem vorzeiten Gott manchmal und auf mancherlei Weise geredet hat zu den Vätern durch die Propheten, hat er am letzten in diesen Tagen zu uns geredet durch seinen Sohn.« Und weiter fährt K. L. Schmidt fort:

»Immer wieder ist, worauf ich schon hingewiesen habe, im Neuen Testament betont, daß dieses Reden, dieses Geschehen von Gott her nicht vorläufig, sondern endgültig, ein für allemal ist. Dennoch sehen auch wir Christen wie die Juden auf das Ende. Aber wir wagen das nur auf Grund der Tatsache, daß Gott in Jesus Christus das Ende schon heraufgeführt hat. Von der Ankunft Jesu Christi am Ende der Tage sprechen wir nur als von seiner zweiten Ankunft, seiner Wiederkunft. Von hier aus gesehen, ist die Gemeinschaft des Christen mit dem Juden nur eine vorläufige. Wenn die Kirche christlicher wäre, als sie ist, so würde die Auseinandersetzung mit dem Judentum schärfer sein, als das jetzt sein kann und darf. Von Anfang an ist in der Geschichte der Christenheit diese scharfe Auseinandersetzung. — — — Wir Christen dürfen nicht müde werden, diese eine Auseinandersetzung wachzuhalten« (p. 272f.).

So steht Glaubenszeugnis gegen Glaubenszeugnis. Aber vieles ist deutlich geworden. Von christlicher Missionsseite wurde über dieses Gespräch geurteilt, daß es »vielleicht keinen befriedigen wird, weil es jedem recht, aber auch jedem unrecht gibt« (Saat auf Hoffnung, 1934, Heft 1). Das mag stimmen, aber es kann und soll ja auch niemanden befriedigen, weil das Gespräch ja nicht zu Ende ist und in der Weltzeit vielleicht noch viele jüdisch-christliche Gespräche geführt werden müssen — mit dem Recht und dem Unrecht, das beide Seiten haben.

Das Schlußwort dieses Stuttgarter Religionsgespräches von 1933 nun, das Martin Buber zu sprechen hatte, ist ein solch eindrucksvolles Zeugnis echter Glaubenskraft, daß wir nichts Besseres tun zu können glauben, als es wörtlich und ungekürzt hierher zu setzen, um mit ihm dieses Kapitel und die bisherige Geschichte jüdisch-christlicher Auseinandersetzungen und Gespräche abzuschließen, weil alles, was aus der Tiefe jüdischen Glaubenswissens über die Beziehung Israels zur Kirche sagbar ist, hier zum Ausdruck kommt:

»Ich lebe nicht fern von der Stadt Worms, an die mich auch eine Tradition meiner Ahnen bindet; und ich fahre von Zeit zu Zeit hinüber. Wenn ich hinüberfahre, gehe ich immer zuerst zum Dom. Das ist eine sichtbar gewordene

Harmonie der Glieder, eine Ganzheit, in der kein Teil aus der Vollkommenheit wankt. Ich umwandle schauend den Dom mit einer vollkommenen Freude. Dann gehe ich zum jüdischen Friedhof hinüber. Der besteht aus schiefen, zerspellten, formlosen, richtungslosen Steinen. Ich stelle mich darein, blicke von diesem Friedhofgewirr zu der herrlichen Harmonie empor, und mir ist, als sähe ich von Israel zur Kirche auf. Da unten hat man nicht ein Quentchen Gestalt; man hat nur die Steine und die Asche unter den Steinen. Man hat die Asche, wenn sie sich auch noch so verflüchtigt hat. Man hat die Leiblichkeit der Menschen, die dazu geworden sind. Man hat sie. Ich habe sie. Ich habe sie nicht als Leiblichkeit im Raum dieses Planeten, aber als Leiblichkeit in meiner eigenen Erinnerung bis in die Tiefe der Geschichte, bis an den Sinai hin.

Ich habe da gestanden, war verbunden mit der Asche und quer durch sie mit den Urvätern. Das ist Erinnerung an das Geschehen mit Gott, die allen Juden gegeben ist. Davon kann mich die Vollkommenheit des christlichen Gottesraumes nicht abbringen, nichts kann mich abbringen von der Gotteszeit Israels.

Ich habe da gestanden und habe alles selber erfahren, mir ist all der Tod widerfahren: all die Asche, all die Zerspelltheit, all der lautlose Jammer ist mein; aber der Bund ist mir nicht aufgekündigt worden. Ich liege am Boden, hingestürzt wie diese Steine. Aber aufgekündigt ist mir nicht.

Der Dom ist, wie er ist. Der Friedhof ist, wie er ist. Aber aufgekündigt ist uns nicht worden.

Wenn die Kirche christlicher wäre, wenn die Christen mehr erfüllten, wenn sie nicht mit sich selbst rechten müßten, dann würde, meint Karl Ludwig Schmidt, eine schärfere Auseinandersetzung zwischen ihnen und uns kommen.

Wenn das Judentum wieder Israel würde, wenn aus der Larve das heilige Antlitz hervorträte, dann gäbe es, erwidere ich, wohl die Scheidung unabgeschwächt, aber keine schärfere Auseinandersetzung zwischen uns und der Kirche, vielmehr etwas ganz anderes, das heute noch unaussprechlich ist.

Ich bitte Sie, zum Schluß auf zwei Worte hinzuhören, die einander zu widersprechen scheinen, aber einander nicht widersprechen.

Im Talmud (Jebamot 47 a) wird gelehrt: Der Proselyt, der in diesem Zeitalter kommt, um ins Judentum aufgenommen zu werden, zu dem spricht man: »Was hast du bei uns ersehen, daß du dazu übertreten willst? Weißt du denn nicht, daß die von Israel in dieser Zeit gepeinigt, gestoßen, hingeschleudert, umgetrieben werden, daß die Leiden über sie gekommen sind?« Wenn er spricht: »Ich weiß, und ich bin nicht würdig«, dann nimmt man ihn sogleich auf.

Es möchte erscheinen, das sei jüdischer Hochmut. Es ist keiner. Es ist nichts anderes als die Kundgebung, deren man sich nicht entschlagen kann. Die Not ist eine wirkliche Not und die Schande ist eine wirkliche Schande. Aber es ist ein Gottessinn darin, der uns zuspricht, daß uns Gott, wie er uns verheißen hatte (Jes. 54, 10), aus seiner Hand nicht hat fallen lassen.

Und im Midrasch (Schemot rabba XIX, Sifra zu 3. M. 18, 5) heißt es: »Der Heilige, gesegnet sei er, erklärt kein Geschöpf ungültig, sondern alle nimmt er auf. Die Tore sind geöffnet zu jeder Stunde, und wer hinein zu gelangen sucht, gelangt hinein. Und so spricht Er (Jes. 26, 2): »Öffnet die Tore, / daß komme ein bewährter Stamm (goj zaddik), /der Treue hält.« Es ist hier nicht gesagt: Daß Priester kommen, daß Leviten kommen, daß Israeliten kommen; sondern es ist gesagt: daß komme ein goj zaddik.

Das erste Wort handelte von den Proselyten, diese nicht, es handelt vom Menschenvolk. *Die Gottestore sind offen für alle. Der Christ braucht nicht durchs Judentum, der Jude nicht durchs Christentum zu gehen, um zu Gott zu kommen«* (ebd. p. 165—167).

VIII

DIE JÜDISCHE UND DIE CHRISTLICHE WIRKLICHKEIT

Bemerkungen zur vergleichenden Religionsphänomenologie

Von der Entstehungszeit des Christentums über das Mittelalter, die Aufklärung und das 19. Jahrhundert bis hin zur Gegenwart haben wir die Geschichte des jüdisch-christlichen Glaubensgegensatzes in Umrissen verfolgt und haben gesehen, wie die innere Linie dieses Streites, dessen zentrale Fragestellungen immer wiederkehren, von der *Auseinandersetzung zum Gespräch* verlief. Wir meinen aber doch nicht abschließen zu sollen, ohne an unsere einleitenden Bemerkungen nochmals anzuknüpfen und vom heutigen Bewußtsein aus die gewonnenen Ergebnisse unserer Untersuchung religionsphänomenologisch fruchtbar zu machen, indem wir abschließend einen Umriß der systematischen Grundprobleme, die allen weiteren Bemühungen vorgegeben bleiben, in eigener Sprache und Schau zu zeichnen versuchen.

Es ist aus den Gesprächsbemühungen Franz Rosenzweigs und Martin Bubers wohl zur Genüge deutlich geworden, daß sich in heutiger Zeit die jüdischen Voraussetzungen grundlegend gewandelt haben. Der neue Tatbestand: Im Hinblick auf die *Wirklichkeit* geschichtlichen Geschehens jüdischerseits die Gottgewirktheit des Christentums und seine Offenbarung als Heilsweg für die Völkerwelt außerhalb Israels anzuerkennen (wobei der Akt des Anerkennens etwas anderes ist und sein muß als der Akt des Glaubens!), ist zwar nicht traditionell *so* zu begründen, daß er gültige Halakha werden könnte. Aber diese Anerkennung kann zum *Minhag* (Brauch) werden, der sich im jüdischen Bereich oft gleicher, wenn nicht größerer Achtung noch erfreut als das Halachische, und ist es seit Rosenzweig und Buber schon weithin geworden. Ja, es wird in Zukunft nicht mehr anders mit der Kirche – der Luthers, wie der Calvins, wie der Roms – gesprochen werden können als unter der stillschweigenden Voraussetzung, daß es «zwischen der Kirche, die um kein Amt weiß, und Israel, das um sein Amt weiß, einen echten Dialog geben kann, in dem man sich wohl nicht miteinander verständigt, aber einander versteht, um des einen Seins willen, das die Glaubenswirklichkeiten meinen« (Buber: St. u. Erk. p. 163).

Wenn dies das Ergebnis der Wende zum neuen Denken ist, in dem die ersten *Religionsgespräche aus der Existenz* bereits geführt worden sind, so scheint damit etwas Entscheidendes gewonnen und zum Ausdruck gekommen zu sein: Künftig hat es ein Jude weder mehr nötig, noch darf er es sich leisten, die »Ergebnisse« religionsgeschichtlicher Forschung als Ausdruck seines eigenen Unglaubens zu begrüßen, und, je nach Neigung und Geschmack, mit Wellhausen-Harnack in Jesus einen vom göttlichen Geist erfüllten vorbildlichen Menschen zu verehren oder mit Kalthoff die Symbolfigur einer sozial-revolutionären Bewegung zu erblicken oder gar mit Drews und Brandes die Existenz schlechthin zu leugnen und einen ägyptisch-syrischen Naturmythos anzunehmen. Wenn neues, sachbezogenes Denken etwas lehrt, dann doch wohl dieses, daß geschichtliche Wirkung nur von geschichtlicher Wirklichkeit ausgehen kann und es unsachlich ist, ein Ereignis – zumal ein heiliges – anders erklären zu wollen, als es sich selber erklärt [106]. Damit ist nichts gesagt gegen die Berechtigung religionsgeschichtlicher Forschung, zu untersuchen, wie eine neue Wirklichkeit in Dialektik zum bisherigen Bewußtsein wächst, synthetische Gestalt und endgültige Form gewinnt, oder auch die in einer Zeit liegenden Voraussetzungen und Dispositionen zu erforschen, an die eine neue Lehre anknüpft, um ihre Gehalte an die Menschen heranzubringen. Nur kann weder das Wesen der Thora Mosis aus anscheinend ähnlichen und selbst gleichen Bestimmungen des Codex Hammurabi oder das Ritual aus parallelen Riten und Bräuchen der vorderorientalischen Geisteskultur erklärt werden, noch ist über die Ethik der Lehre Jesu etwas ausgesagt, wenn man aus dem rabbinischen Schrifttum die Parallelen zusammenstellt, wobei, nebenher bemerkt, der gefeierte ethische »Fortschritt« der Bergpredigt gegen die jüdische Moral – das Steckenpferd des 19. Jahrhunderts – für einen jüdisch-christlichen Vergleich den allerungeeignetsten und unwesentlichsten Gradmesser und Vergleichsnenner hergibt.

Wenn man Judentum und Christentum vergleichen will – und dies ist wahrlich kein müßiges Unterfangen, will man über Wirklichkeiten Aufschluß haben – dann kommt es primär nicht darauf an, die Vorstellungen und Lehren über Gott, Mensch, Sünde, Gnade, Auferstehung usw. zu vergleichen, sondern alle diese Vergleiche – Gemeinsamkeiten wie Gegensätzlichkeiten – ergeben sich erst aus der Konfrontierung *dessen*, was Israel und Christenheit als ihren Ursprung und ihr Wesensgeheimnis bezeugen. Dieses erfährt man aber nicht, wenn man aus dem uns vorliegenden Textbestand der Thora oder der Evangelien ältere und jüngere Quellen kompiliert, um die zeitlich am weitesten zurückreichende Traditionsschicht zu ermitteln, sondern nur dann, wenn man die Texte in ihrer gewiß verderbten und oft widersprüchlich erscheinenden Überlieferungsgestalt auf *das* hin liest, was sie sagen wollen, und ihnen das, was sie sagen, *glaubt*. Frühere Forschergenerationen sind in ihrer Naivität hier oft redlicher verfahren als die kritischen Forscher unserer Tage, die dafür aber, dank ihrer Voraussetzungslosigkeit, die große Möglichkeit haben, alles Gesagte wirklich aus sich selber und nicht typologisch, noch symbolhaft oder sonstwie uneigentlich zu verstehen. Von keinem heutigen Menschen wird verlangt, daß er sein kritisches Bewußtsein abbauen soll – davon wird er nicht gläubiger –, sondern daß er durch alles kritisch-historische Bewußtsein hindurch – und ohne es abzustreifen – gläubig werden soll. Nämlich gläubig daran, daß Thora und Evangelium uns von Geschehnissen geheiligter Geschichte berichten, in denen Überwirkliches wirklich geworden ist und für einen jeden noch heute wirklich werden kann, der an die berichteten Geschehen Anschluß hat oder Anschluß gewinnt.

Die Wesensungleichheit

Wenn wir über das innerst Jüdische und das innerst Christliche in ihrer Wesensungleichheit Gültiges aussagen und dazu an die Einsichten anknüpfen wollen, die durch die geschilderten Auseinandersetzungen dem aufmerksamen Leser übermittelt worden sind, dann ist zunächst rein phänomenologisch folgendes festzustellen: Auf der Vergleichsebene stehen sich nicht Kirche und Synagoge, sondern Kirche und Volk Israel gegenüber. Die Ekklesia ist das aus den Völkern der Heidenwelt herausgerufene *geistliche* Volk, das nicht von Natur und Abstammung, sondern aus dem Heiligen Geist im Glauben und zum Glauben berufen worden ist. In der Kirche Jesu Christi gilt wirklich nicht Jude noch Grieche etwas ihrer Herkunft nach, nicht Freier und Knecht etwas ihrem Stande nach, sondern es gilt *nur* die *neue* Kreatur etwas, wie es heißt: »Siehe, es ist alles neu geworden.« Der alte Adam wird ausgezogen und der Christ gewordene Heide wird durch den Heiligen

Geist ein *neuer* Mensch, der durch Jesus Christus zum Vater kommt, bzw. durch die Kirche, in der Christus lebt, an dem Zum-Vater-kommen Jesu Christi im Glauben Anteil hat. Das ist das Eigentliche des Neuen Bundes, und nichts anderes kann er sein, wenn er wirklich Menschheitsbund, Bund für die ganze Menschheit sein will. – Ganz anders ist das alles im Judentum, das deshalb nicht durch eine sühnende Opfertat erlöst zu werden brauchte, weil es bereits von Gott erwählt worden ist, seit der Annahme und Zurechnung des Opferwillens Abrahams im Bunde steht, so daß selbst der abtrünnig gewordene Jude – in der Teschuba – nur in die Kreatursituation Abrahams zurückzukehren braucht. Denn mit Isaak sind *alle* Juden als »Same Abrahams« (des Vaters einer großen Menge) Kinder der Verheißung geworden, deren Inhalt die stete Rückkehrmöglichkeit ist – in Abrahams Schoß. Die Rückkehr zur Bestimmung der ersten Geburt verlangt nicht wie beim Christen das Umgebrochenwerden zur zweiten Geburt, der Neugeburt im Heiligen Geist. Dem Volke Israel ist der Glaubensumweg erspart worden, und dies alles nur, weil Abraham Gott gehorsam gewesen ist. Die Erwählung des Abrahamsamens hat alle Wege schon ans Ziel gebracht, indem der, der als Israelit geboren wurde, seiner Physiologie nach schon *im Bunde* ist. So ist der Same Abrahams *zera' qodesch,* heiliger Same (Esra 9, 2) geworden.

Dieser seinshafte Befund, den die Rede von der Auserwählung letzthin meint, wird von allen denen, die noch durch die theologische Brille des 19. Jahrhunderts sehen, anhaltend falsch gesehen, etwa ebenso falsch wie das »Gesetz«, das ja, wie wir ausgeführt haben, die Juden weder mit Gott versöhnen, noch vor ihm rechtfertigen soll, sondern das gegeben worden ist als Konstitutionsakte des Bundes und das dem Menschen, der es hält, als Erweis der Erwählungsgnade Gottes Heiligung erwirkt.

Solange dieser, hier nochmals *systematisch* zu erörternde, *wesenhafte* Unterschied nicht voll verstanden wird, geht alles Sprechen miteinander hinein ins Leere, denn in dieser *neuen* Sicht religiöser Ganzheitsphänomene liegt auch die theologisch relevante neuartige Einsicht und eigentliche Absicht des Verfassers, die er indirekt, nämlich am *Stoff* geschichtlicher Darstellung zur Anschauung bringen wollte. Solange also diese *Glaubens*erkenntnis, die auch schon religions-phänomenologisch auf dem Wege echten *Anerkennens* zu haben ist, nicht christlicherseits wirklich akzeptiert wird, kann es für einen Juden kaum etwas Niederdrückenderes geben als das, was die christliche Kirche wie immer, so auch noch heute, aus Unkenntnis des Wissens Israels um sich selbst *über* Israel behauptet und Israel gar missionarisch nahebringen will. Es geht aber nicht an, daß die Kirche dem Alten Testament auch weiterhin nicht gibt, was des Alten Testamentes ist [107], indem sie in ihm immer nur die Schöpfungsurkunde und ihre *eigene* Vorgeschichte sucht. Dann kann sie freilich die Gesetzeswirklichkeit des A. T. konkret gar nicht begreifen, weil diese — konkret — ein *Volk* in seiner Verfaßtheit meint. Denn ohne seine Bundesgesetze wäre Israel überhaupt nicht da, und darum kann auch das Gesetz gar nicht aufgehoben werden — jedenfalls durch kein Ereignis in der Zeit, das die Erfüllung sein will, denn wirkliche Erfüllung des Gesetzes wäre ja das Ende *aller* Zeit, nämlich die Auferstehung aller Toten, die *im Gesetz* gestorben sind.Und weiter noch: Was soll dem Juden denn die Rede davon, daß der Gott des A. T. primär ein Gott des Rechtes und der des N. T. primär ein Gott der Liebe ist, der aus Liebe zum Menschen, weil dieser das Gesetz nicht erfüllen konnte, selber Mensch wurde, um durch *sein* Erfüllen des Gesetzes es für alle Menschen zu erfüllen. Auf Behauptungen dieses schon zur Unerträglichkeit zerredeten Schemas kann die jüdische Erwiderung, wenn sie schon einmal hier gegeben werden soll, nur lauten: Derart geredete Rede verrät ein erschreckendes Unwissen von dem, was »Bund« und was »Gesetz« ist. Der *Bund* ist einem Menschenstamm aus freier Erwählungsgnade Gottes widerfahren, der von nun ab nicht kraft seiner Leiblichkeit, sondern kraft göttlichen Willens ein unmittelbarer Königsbereich (mamlakha) geworden ist, ausgesondert (qadosch) aus allen Völkern (vgl. M. *Buber:* Königtum Gottes, Berlin 1936, p. 125). Das *Gesetz* ist gegeben, um dem einzelnen Individuum des Bundesvolkes das Joch des Himmelreiches auf die Schultern zu legen, ihm die Königsherrschaft Gottes vor Augen zu führen —alle Tage seines Lebens. Dem, der seine Untertanenpflicht erfüllt und nach der Thora lebt, wird, indem er so lebt, der Vorgeschmack der zukünftigen Welt zuteil, wie alle jüdische Erklärung des Gesetzes lautet, die im Einklang mit der Tradition jemals gegeben worden ist.

Seit aber Paulus Bund und Gesetz wider ihre Wirklichkeit verstand — also mißverstand, ist es christliche Meinung vom Gesetz geworden, daß es für den *Menschen* unerfüllbar sei — das ist jüdisch selbstverständlich, nämlich der Erweis seiner Göttlichkeit für den Menschen — und daß es darum auch den *Juden* nicht mehr mit Gott wirklich verbinden könne —, das ist die zentrale Verkennung, denn der Bund steht *vor* dem Gesetz und schon die Intention des Juden auf die Erfüllung *ist* Verbindung —, daß darum Gott eine andere Verbindung schaffen mußte und sich aus unendlicher Liebe zur Menschheit ins Fleisch herabließ —, was unserer Meinung nach für die nicht-israelitische Menschheit auch wirklich Wahrheitsgeltung hat [108]. Diese Rede aber, an den Juden zu Überzeugungszwecken herangebracht, kann das jüdische Glaubensbewußtsein — wenn wir jetzt einmal ganz scharf formulieren dürfen — nur mit der Erklärung beantworten: Gerade dies ist die Liebe Gottes zu den Menschen, daß er dies nicht tut, sondern Gott *bleibt* als der Herr über Himmel und Erde und nicht als verlassener Mensch am Kreuze stirbt. Wenn schon die Liebe Gottes angerufen wird, dann duldet diese keine so grausame Verhöhnung des Menschen, wie sie die Aufhebung von Gottes eigener Jenseitigkeit bewirkt. Und wenn die Christen sagen, daß dieses Geschehen sich — den Juden zum Ärgernis — trotzdem real ereignet habe, dann können wir ihnen das berichtete Faktum glauben oder nicht glauben. Auf alle Fälle spielt dies aber außerhalb Israels, außerhalb dessen, was der Jude aus dem ihm zuteil gewordenen Heilsgeschehen und den Offenbarungsurkunden seines Bundes weiß. Das grundsätzliche Neue nun — und damit auch die äußerste Grenze des Möglichen — ist dieses, *daß* wir es ihnen glauben. Darin besteht die von uns aufgezeigte jüdische Anerkenntnis, nämlich den christlichen Zeugnissen Glauben zu schenken, daß außerhalb des Israelbundes und seiner Offenbarung Gott mit der Welt gehandelt und neue Offenbarung stattgefunden habe. Aber nur vom neuzeitlichen Juden her ist dieses Ereignis reflektierend zu begreifen, daß ein Neuer Bund geschehen ist, der freilich den mit ihm geschlossenen Bund nicht tangiert, nicht auf der Ebene des Gesetzes und der biologischen Erwählung liegt, also auch nicht die Auserwählung eines anderen Volkes meint, sondern auf *trans*völkischer, pneumatischer Ebene vor sich gegangen ist —, eben als Heilserschließung für die *ganze* nichtjüdische Menschheit, die ja im Thoragesetz trotz der Gebote an Noah nicht direkt bedacht worden ist. Und diese Anerkennung anderer Bünde außerhalb Israels (sc. des Bundes Christi und im Prinzip auch Mohammeds) schließt sogar eine Lücke jüdischer Erkenntnis, da ja nach jüdischem Glauben nicht nur Israel, sondern die ganze Menschheit Gottes ist und auf den Gottesweg berufen ist. Die Wahrheit des Israelbundes, den man richtig als Weltzeitbund, nicht als »Alten Bund« benennt, ist von menschlichen Behauptungen unabhängig und von Gott her nicht aufzuheben oder rückgängig zu machen, denn Gott ist ja nicht ein Mensch, daß er lügt, und nicht ein Menschensohn, daß er bereuen sollte (4. Mos. 23, 19).

Der Hoffnung aber sei hier Ausdruck gegeben, daß so, wie wir heute bereit sind, das Zeugnis der Kirche als Wahrheit, als die ihr *ausschließlich* zuteil gewordene Wahrheit anzuerkennen, auch die Kirche unser Selbstwissen um Gott und seinen Bund mit uns als Wahrheit, als uns *ausschließlich* zuteil gewordene Wahrheit *anerkennt* und nicht nur Gottgewirktes im Alten Testament – also in der Zeitform der Vergangenheit –, sondern in der nachbiblischen Synagoge, in Israel bis zum heutigen Tag entdeckt und wiederfindet. Denn die Verblendung und Verstocktheit der Juden ist ja im Ernst gar kein notwendiges »Dogma der substantiellen Gruppe«, sondern ein menschlicher Urteilsschluß, der berichtigt werden kann. Bestehen bleibt dann immer noch der wesentliche Gehalt des in der dogmatischen Aussage Gemeinten, nämlich, daß das Ende der Tage erst dann kommen wird, wenn »Alter Bund« und »Neuer Bund« *ein* Bund geworden sind. Und so kann denn der Jude *Buber* die neugewonnene Einsicht formulieren: »Das Geheimnis des anderen ist innen in ihm und kann nicht von außen her wahrgenommen werden. Kein Mensch außerhalb von Israel weiß um das Geheimnis Israels. Und kein Mensch außerhalb der Christenheit weiß um das Geheimnis der Christenheit. Aber nichtwissend können sie einander im Geheimnis anerkennen« (St. u. Erk. p. 155).

Die heilsgeschichtliche Stunde

Es ist dem Gange unserer Untersuchungen gemäß bisher nur von Israel und Christenheit als zwei objektiven Größen gesprochen worden. Aber einleitend stellten wir einen geschichtlichen Anspruch auf, und so werden wir eine geschichtliche Untersuchung auch nicht abschließen können ohne einen Ausblick auf den gegenwärtigen Zustand beider Religionen, indem wir also noch von ihren Bekennern, von Juden und Christen in ihrer *Heutigkeit*, zu sprechen suchen, wenngleich die Formulierung dieser Einsichten ihrer Neuartigkeit wegen nur mühselig und dürftig sein kann. Und da ist freilich nur unter Andeutung der Sachverhalte — die damit aufgeworfenen Fragen müssen weiter Fragen bleiben — in aller Vorsicht folgendes zu konstatieren:

Juden und Christen sind heute weithin in der *gleichen* Lage: nämlich der des *Nichtglaubens*. Der große Bruch der Zeiten, die eigentliche Zeiten*wende*, die in den letzten 150 Jahren bekanntermaßen vor sich ging, hat gegenüber dem Unglauben früherer Zeiten, der ja stets an der Peripherie des positiven Glaubens angesiedelt blieb und bis zu Kierkegaard und Nietzsche noch die dialektische Tendenz hatte, in positiven Glauben umzuschlagen, in den letzten Dezennien einen schlechthin *neuen* Tatbestand geschaffen: den des *Nichtglaubens*, der darauf verzichtet, mit den Zeugnissen und Trägern des Glaubens noch Auseinandersetzungen — und seien es polemische — zu haben, der sich zu den durch die Jahrhunderte bezeugten Heilsgeschehen nicht mehr ungläubig-zweifelnd, sondern eben nichtgläubig-interesselos verhält. Denn heute wird ja auch der kirchlich getaufte Heide durch die Taufe allein nicht mehr Christ, da ihn die Taufe ja nicht mehr realiter in einen christlichen Lebensraum hineinintegriert. Und was hat andererseits die Geburt im Bunde Abrahams noch für einen Sinn, wenn der Geborene sich nicht mehr im Zusammenhang des auserwählten Bundes stehend fühlt, sondern de facto in anderen Lebenszusammenhängen steht, die möglicherweise dem der Bestimmung konträr zuwiderlaufen. — Die Wahrheit, die

Israel, und die Wahrheit, die die Kirche hat, wird dadurch nicht weniger wahr, sie wird als solche von Geschichtsprozessen überhaupt nicht angefochten. Nur verlieren beide seit etwa 150 Jahren zunehmend an innerweltlicher Macht und Wirklichkeit. Das ist ein schicksalsschweres Geschehen, das auch nicht unbekannt geblieben ist, das aber heute immer deutlicher und drohender wird und in anderen Zusammenhängen noch verantwortungsvoller Erörterung bedarf [109]. Hier ist es unseres Amtes, nur zu *konstatieren*. Und da kommen wir um die Feststellung nicht herum, daß die Religionsdisputationen des Mittelalters, wenn sie auch keine wirklichen Gespräche wurden, immerhin doch vor der damaligen Weltöffentlichkeit vor sich gegangen sind. Wo ist die Weltöffentlichkeit hingekommen – oder besser, was ist vor sie gekommen? Auf alle Fälle sind es postchristliche und unjüdische Geschehen. Es hat keinen Sinn, vor dem nachchristlichen Weltzustand unserer Gegenwart die Augen zu verschließen und gutgläubig in der Beurteilung zu bleiben, etwa daß die modernen Lebensmächte der Technik und des industriellen Lebensraumes, der Kollektive und der Nationalismen noch von der Kirche her christianisiert werden können. Diese Zeit *ist* keine Zeit des jüdisch-christlichen Glaubens mehr; ihrer qualitativen Beschaffenheit nach ist sie schon ganz etwas anderes. Das Beste für die Männer der Kirche und der Synagoge wird darum wohl sein, illusionslos zu bleiben; und wo geglaubt wird, da hat man ja auch keine Illusionen mehr. Möglichwerweise stößt auch noch diese Zeit zu neuer Gläubigkeit vor. Wahrscheinlich aber ist es dann kein von der Kirche oder der Synagoge her ansprechbarer Glauben mehr. Denn das menschliche Selbst- und Weltverständnis hat sich so gewandelt und wandelt sich noch fürderhin, daß auch der einzelne Christ und der einzelne Jude – von Kirche und Synagoge ganz zu schweigen – durch sein Glaubenszeugnis das Weltgeschehen nicht mehr ausrichten oder in andere Richtung bringen kann. Aber verzagen wird er darum wahrlich nicht; er stellt nur seine Sache dem anheim, der der Herr der Weltgeschichte ist und bleibt, und auch das Gespräch, das Christ und Jude miteinander geführt haben und führen, wird weitergehen in zukünftige Zeit. Aber an Weltwirkung hat das Gespräch verloren und wird noch weiterhin verlieren, denn Israel und Christenheit leben heute auf Inseln und müssen heute ihr Gespräch von einer Insel zur anderen Insel führen, und zwischen beiden und um sie herum fließt der Strom des Weltgeschehens, der die Tendenz hat, auch diese Inseln noch zu überfluten.

Diese Entwicklung hat auch ein Franz *Rosenzweig* offenbar so laufen sehen, wenn er in einer der letzten Äußerungen seines Lebens (1928) schreibt, daß Synagoge und Kirche wohl in Zukunft nicht mehr den Menschheitsweg flankieren, Dogma und Gesetz nur noch für kleine Kerngruppen Fortbestand haben werden (Jüd. Enzykl. IV, 751), wie das ja auch die prophetische Rede vom »Rest« Israels und »Rest« der Völker vorausgesehen hat. Für das jüdisch-christliche Gespräch mag diese Entwicklung sogar ihr Gutes haben. Denn endlich fallen die »Geschichtstatsachen« weg, die als christliche Macht und jüdische Ohnmacht so lange zwischen ihnen gestanden haben. Heute muß die Kirche an ihrem Leibe das erfahren, was den Juden, seit sie ihre alte Heimstätte verloren haben und immer wieder vor dem Verlust ihrer neuen Heimstätten unter den Völkern stehen, also seit 2000 Jahren *Galut* heißt: Auch die Kirche erfährt heute die Bitternis des »nur« Gastsasseseins im ganzen Erdenraum, ihre babylonische Gefangenschaft in der Welt — ganz anders, viel konkreter noch, als die Reformatoren das je gesehen haben.

Doch auch noch diese heils- oder besser unheilsgeschichtliche Entwicklung, die jeden religiöen Machtanspruch entmachtet und jede religiöse Sicherheit entsichert, mag für das Heil der Welt seine Bedeutung haben. Denn heute wird eine Wirklichkeit deutlich, die sich auch nicht mehr wegpredigen lassen wird, was es im Ernstfall denn bedeutet und für Konsequenzen hat, auftragsgemäß *gegen* die Welt zu stehen. Die Zahl der Versuchungen, hier einen Kompromiß zu schließen, ist ebenso groß geworden wie die Zahl der Abwege. Aber vielleicht sind Israel und Kirche noch nie der Wirklichkeit näher gewesen, die an ihnen und mit ihnen gemeint ist, als heute, da der »Rest Israels« verborgen ist unter einer Menge von »Nichtariern« (d. h. den Abstämmlingen aus einem zwar gemeinsamen, für den eigenen Willen und das eigene Bewußtsein aber entsakralisierten Abstammungszentrum) und die organisatorisch verfaßte Kirche so sehr weit entfernt ist von der Ecclesia invisibilis. Was dieses innere Auseinanderfallen heilsgeschichtlich und innerweltlich für Bedeutung und für Folgen hat, ist hier nicht mehr zu behandeln, da diese Frage schon am Rande unseres Fragenzusammenhanges steht. Aber dafür darf auf der anderen Seite auch erwartet werden, daß das Glaubensleben in den Restgruppen an Intensität gewinnen wird, auch wenn diese Gespräche um Gott und seine Offenbarung, den Menschen und sein Heil fernab vom Zeitgeschehen und nicht mehr vor dem Forum der öffentlichen Meinung ausgetragen werden. Aber das alles hat ja den Glauben nicht zu kümmern, denn seine innere Lebendigkeit hängt nicht daran und seine Zeugniskraft bleibt unvermindert, selbst wenn sie keinen Heiden mehr überzeugt. Die eigentliche Geschichte des Glaubens ist eine innerliche und geht in einer verborgenen Tiefe vor sich, in die nur Gottes Auge schaut. Was von den Wandlungen, die dort geschehen mögen, das Menschenauge in etwa erkennen kann, ist dieses, daß heute ganz andere Seiten der biblischen Wirklichkeit in den Gesichtskreis treten und fast vergessene

Worte der alten Bibel wieder für uns hörbar werden, die das vorige Jahrhundert nicht mehr gehört, bzw. wenn, dann gegen ihren Sinn verstanden hat. Es will nämlich so scheinen, als ob christlicherseits das apokalyptisch-eschatologische Thema heute dieselbe Aktualität gewinnt, die auf der jüdischen Seite der biblische Messianismus erhält. Und wenn nicht alle Zeichen trügen, werden seit Buber und Rosenzweig mancherorts in Israel Gesetz und Bund nicht mehr individualisierend, sondern bereits geschichtlich verstanden und erfahren, so daß heute eine Einsicht möglich wird, die der Orthodoxie von gestern nicht mehr offen stand, weil gerade sie das Dynamische zugunsten ewiger Statik aufgehoben hatte und so wider Willen Bund und Gesetz aus der Geschichte herausfallen ließ: Nämlich daß der Bund dem Charakter seiner Stiftung nach *auch eschatologisch* und das Gesetz *auch futurisch* gerichtet ist, beide also – an dieser Stelle darf es endlich ausgesprochen werden – der endgültigen Erfüllung noch bedürftig sind, zumal heute, da die meisten Juden Westeuropas aus der traditionellen Lebensform herausgefallen sind und bestenfalls nur noch in Intention auf das Gesetz hin leben.

Es ist zuinnerst aber keine andere Bedürftigkeit als die der Kirche Christi selber, die ebenfalls der endgültigen Erfüllung – nämlich der Wiederkunft ihres Herrn entgegenharrt, nachdem sie Jahrhunderte an die Welt sich hingegeben, heute neu entdeckt, daß sie in der Welt verloren ist, zumal heute, da die christlichen Lebensformen zunehmend der Auflösung verfallen und die Überzahl der kirchlich getauften Christen in ihrer Lebensführung kaum mehr von den Nichtchristen unterscheidbar ist.

Die Unterschiedlichkeit der Wege durch die Weltgeschichte, wie sie unser menschliches Auge zu sehen meint, ist an den Tag gekommen, aber eine Unterschiedlichkeit des Anfangs und der letzten Stunde ist es nicht. Denn der Messianismus Israels zielt auf *das* Kommende, die Eschatologie der Weltvölkerkirche auf die Wiederkunft des Gekommenen. Beide eint die *eine* gemeinsame Erwartung, daß das Eigentliche, das wir nicht kennen, das wir nur ahnen können, erst noch *kommen wird,* in jener Stunde, da sich der Anfang verschlingt in das Ende. Hier aber endet auch *alles* jüdisch-christliche Gespräch: Nämlich in der alten Vater-Unser-Bitte: »Zu uns komme Dein Reich« –, wie ja auch das Neue Testament im Wissen um die eigene Unerfülltheit mit seinen letzten Worten in die Bitte ausklingt: »Ach komm, Herr Jesus, komme bald.«[110] – Und in derselben Bitte um die Erfüllung, von der ja niemand weiß, ob sie nicht morgen schon kommen wird, um das messianische Reich, das allen Täuschungen und Enttäuschungen zum Trotz mit gleicher Inbrunst stets für den morgigen Tag erwartet wird, klingt das Kaddischgebet der Juden aus – am Morgen, am Nachmittag, am Abend jeden Weltzeittages: »Möge Er zur Herrschaft bringen Sein Reich bei eurem Leben und in euren Tagen und beim Leben des ganzen Hauses Israel – bald, in kurzer Zeit.«

Anders als der alltägliche Sprachgebrauch, anders auch als der Name der Gesellschaften für „Christlich-jüdische Zusammenarbeit" hierzulande, macht dieses noch immer nicht überholte Buch schon in seinem Titel deutlich, daß Geschichte und Religionsgeschichte von Juden und von Christen zwei Ausrichtungen haben. Es scheint, als gäbe es einerseits ein „jüdisch-christliches" und andererseits ein „christlich-jüdisches" Gespräch.

Bis zu Aufklärung und Emanzipation waren es wohl ausschließlich diese beiden unterschiedlichen „Religionsgespräche", die zuweilen gleichzeitig und nebeneinander, zuweilen nacheinander geführt wurden. Damit können sie den Begriff „Religionsgespräch" nicht füllen. In aller Regel handelte es sich weitaus weniger um ein Gespräch, an dem sich zwei Partner beteiligen, als vielmehr um Selbstgespräche innerhalb der eigenen Gemeinschaft zur Abgrenzung vom anderen oder um interne Versuche, das Verhältnis zur anderen Größe zu bestimmen. Zwar waren formal auch einige dieser Unternehmungen als gesprächsähnlich zu erkennen, allemal jene, die die Christen erzwangen, da hier Christen und Juden miteinander disputierten. Nach Wesen und Inhalt waren sie ein öffentlicher Versuch einer Verhältnisverdeutlichung, ohne lebendig-freie Auseinandersetzung, ein gemäß herrschender Vorstellungen und theologischer Theorie christlicherseits vorprogrammiertes „Turnier" ohne viel Fairness. Seit der Aufklärung konnten erste echte Gespräche in Freiheit geführt werden, die keine Gefahr mehr für Leib und Leben der jüdischen Teilnehmer und ihrer Gemeinden in sich bargen. Damit ist die Aufklärung inhaltlich wie formal als tiefer und endlich Neues bringender Einschnitt anzusehen.

Dieses Umbruchs ungeachtet bleibt die folgende Aussage

Schoeps' sowohl für die Zeit vor der Aufklärung als auch für die unsere, nach dem tieferen und einschneidenderen Ereignis des Holocaust zutreffend:

> „Die Eigenart dieses Gesprächs bringt es mit sich, daß immer, wenn von der Bedeutung des anderen Glaubens für den eigenen die Rede ist, vom *Wesen* des eigenen Glaubens gesprochen werden muß."

Das Ringen um eben diese gegenseitige Abhängigkeit leitet das vorliegende Buch. Ausgangspunkt ist die christliche Verhältnisbestimmung gegenüber Israel, die, sehr früh (vor allem durch die Theologie des Paulus) festgelegt, auch zum integralen Bestandteil der christlichen Heiligen Schrift wurde. Jüdischerseits verlief der entsprechende Prozeß bedeutend langsamer und vorwiegend reaktiv, daher dann auch vielfach apologetisch. Der Autor legt daraufhin einen knapp gehaltenen Überblick über die jüdischen Quellen vor (der in naher Zukunft gewiß erweitert und vertieft werden wird). Er fordert mit Recht ein christliches Pendant hierzu, in dem die Bandbreite der unterschiedlichen Positionen und Sehweisen darzustellen wäre:

> „Für unser Vorhaben, das sich für die Geschichte der Kontroverstheologie auf viele noch kaum ausgewertete Quellen des *jüdischen* Traditionsschrifttums stützen kann ..., bleibt freilich das ganze apokryphe, patristische, scholastische und reformatorische Schrifttum außer Ansatz; doch sei der Hoffnung Ausdruck gegeben, daß dieses noch weit umfangreichere Quellenmaterial für die *gleiche* Geschichte des jüdisch-christlichen Glaubensgegensatzes auch von *christlicher* Seite einmal angegangen wird."

Es scheint, als könne erst die Erfüllung beider Aufgaben die Voraussetzung schaffen, um zeitgemäß, d. h. neu und erneuernd, die alten Verhältnisbestimmungen zu reflektieren und zu überwinden. Dies ist um so mehr erforderlich, als seit dem ersten Erscheinen des Buches 1937 (und darum nur Juden zugänglich) ein derart umstürzendes Geschehen in die jüdische Geschichte eingebrochen ist, und so einige der im Buch vorgeführten Fragestellungen an Wichtigkeit verloren haben, relativiert wurden oder gar ein Stück vergangener Historie geworden sind.

Alles Geschehen des Holocaust gehört darum nicht weniger – wenn nicht vielleicht mehr – zur Geschichte der Christenheit. So ist durch dieses Geschehen etwa auch deutlich geworden, daß es bei einem Gespräch *mit*einander nicht mehr um die Beschreibung eines Glaubensgegensatzes geht oder gehen kann (wie noch im Mittelalter und im Anbruch der Neuzeit selbstverständlich), vielmehr gleichzeitig und gleich intensiv nach der Verbindung von Glaube und Geschichte zu fragen ist. Nicht um die Verheißungsgewißheit geht es im Gespräch miteinander, sondern um die Frage nach der Wirkung der jeweiligen Gewißheit von Christen und von Juden hinsichtlich der Offenbarungen Gottes an sie. Die Frage lautet darum: Zu welchem Tun führte je diese Verheißungs- und Heilsgewißheit? Welche Wirkungsgeschichten lassen sich aufzeigen, wie sind sie zu begründen und zu erklären? An dieser Stelle muß entschieden widersprochen werden, wenn H. A. Oberman in seinem Buch „Wurzeln des Antisemitismus" eine wichtige hermeneutische Unterscheidung einführt, indem er sagt: „Entscheidend ist, ob es gelingt, nicht schuldbewußt, sondern quellenbewußt Geschichte zu schreiben." Dies scheint mir eine falsche Alternative. Es geht nicht darum, die Motivation vieler Christen zu erforschen, die aus Schuldanerkenntnis heraus die Verbindung zwischen Glaubensansatz und Handlungsgrundsatz erkannt und erfaßt haben, daß deren Wechselwirkung zuzeiten tödlich sein kann. Nicht dies also ist die Frage, sondern eine erst jetzt mögliche – die nach der Wechselwirkung, die zuzeiten „tödlich sein kann". Sie kann es sein – muß sie es auch sein? Diese Frage trieb viele Menschen, viele Christen, nach dem Ende des Weltkriegs um. Sie war es, die die vielen Neuimpulse und Dialogversuche in Gang setzte. Walter Zimmerli drückte es so aus:

> „Es sind auch christliche Kreise gewesen, die das Feuer ... haben anschüren helfen, und es hat auch des großen Mordens bedurft, um uns endlich zu echtem Erschrecken und zu den Fragen über einen neuen Weg zu bringen."

Die Suche nach „einem neuen Weg" hat nun, nach diesem tief einschneidenden Ereignis andere Voraussetzungen, andere Formen, aber wohl auch andere Ziele als sie die Religionsgespräche vergangener Jahrhunderte haben konnten.

Der Holocaust hat manche Christen zur Umkehr erwachen lassen. Die Errichtung des Staates Israel, damit die Rückenstärkung für die jüdische Diaspora sowie die Bereitschaft vieler seiner Bürger in ein Gespräch einzutreten, waren die ergänzenden positiven Voraussetzungen für das Zustandekommen mancher Dialogsituationen und -institutionen.

I

Seit dem zweiten ergänzten Erscheinen dieses Buchs 1961 (die 1949 erschienene Auflage unter dem Titel „Israel und Christenheit. Jüdisch-christliches Religionsgespräch in neunzehn Jahrhunderten" war eigentlich die erste) ist eine Vielzahl von Veröffentlichungen zu dem Themenkomplex, den Schoeps hier überblickt, erschienen:

Sammelbände und Sondernummern für die Zeitschriften, die die verschiedenen Positionen und Schwerpunkte monologisch wie dialogisch spiegeln.

Einige regelmäßige Publikationen wie etwa „Freiburger Rundbrief" oder „Judaica"; auch nicht wenige judaistische und exegetisch-theologische rein fachliche und didaktisierende Veröffentlichungen.

Jüdisch und judaistisch auch eine ansteigende Zahl von Arbeiten, welche die Quellen jüdischer Polemik und Apologetik im Laufe der Geschichte erschließen.

Einige Bücher, die man als reflektierte christliche Selbstkritik bezeichnen kann, (z. B. das erregende Buch von Rosemary Ruether, „Nächstenliebe und Brudermord. Die theologischen Wurzeln des Antisemitismus„) bilden eine völlig neue Erscheinung.

Besonders begrüßenswert sind die ersten Entwürfe einer „christlichen Theologie des Judentums“, wie sie von Paul van Buren aus den USA, F. W. Marquardt, F. Mußner, P. von der Osten-Sacken aus der Bundesrepublik, oder von C. Thoma aus der Schweiz versucht werden, um nur einige zu nennen. Diese Entwürfe sind in ihren Zugängen ebenso unterschiedlich wie die theologische Herkunft der Autoren selbst, doch sind alle auf der Suche in der gleichen Richtung – die Bereitschaft, jüdische Stimmen zu beachten und nach neuen Formen und Inhalten der „Religionsgespräche“ acht zu haben und sie unter Wahrung der christlichen Identität zu entwickeln.

II

Doch nicht allein im akademischen Bereich beschäftigt man sich nach dem Holocaust mit den Problemen des Verhältnisses Judentum und Christentum, auch auf den praktischen, kirchlichen Feldern hat sich Konkretes bewegt, und das Wachstum hält immer noch an. Die konfessionellen, regionalen und nationalen Differenzierungen wollen genau beachtet sein: auch die je unterschiedlichen Zielsetzungen sind sehr genau zu deuten.

Hier ist zunächst auf die große Fülle offizieller und offiziöser kirchlicher Dokumente hinzuweisen, von denen es in neunzehn Jahrhunderten zuvor gewiß weniger gegeben hat.

Auf katholischer Seite war das II. Vatikanum in seiner Erklärung „Nostra aetate“ vom 28. 10. 1965 bahnbrechend; zusammen mit der praxisbezogenen Ergänzung vom 3. 1. 1975 bildet sie einen Meilenstein in der Geschichte katholisch-jüdischer Beziehung. Ähnliches gilt von der Erklärung französischer Bischöfe vom 16. 4. 1973. Im deutschsprachigen Raum haben zwei offizielle Dokumente besondere Bedeutung: zum einen das theologische Positionspapier des Gesprächskreises „Juden und Christen“ beim Zentralkomitee der deutschen Katholiken mit sehr deutlichen Akzentsetzungen (Mai 1979); zum anderen die zurückhaltendere Erklärung der katholischen deutschen Bischöfe vom April 1980, deren Forderungen jedoch auch noch weit von ihrer Verwirklichung entfernt sind.

Auf evangelischer Seite ist der Einfluß einiger niederländischer Kirchen unverkennbar, auf einige Gliedkirchen der EKD weniger, auf andere stärker, so etwa auf die evangelische Kirche im Rheinland, die auf ihrer Synode am 11. 1. 198O mit großer Mehrheit einen Beschluß „Zur Erneuerung des Verhältnisses von Christen und Juden“ faßte. Vorläufer und zugleich Wegbereiter dieses Synodalbeschlusses war eine Studie der EKD „Juden und Christen“, die ihr Rat 1975 veröffentlichte und die 1979 durch ein gut ausgearbeitetes Handbuch ergänzt wurde.

Inzwischen besteht eine Reihe von kirchlichen Gremien, die sich theologisch mit den gegenseitigen Beziehungen befassen. Ihre Arbeit gelangt zum Teil in die Publizistik kirchlicher Organe und strebt danach, auch in den Gemeinden wirksam zu werden. In sehr vielen dieser Ausschüsse und Arbeitskreise wirken Juden als volle Mitglieder mit. In diesem Zusammenhang fällt auf, daß der größere Teil von kirchlichen Gruppierungen im Dialog auf evangelischer Seite zu finden ist, wohingegen etwa in den USA die katholischen Kreise das Gros der theologischen Gesprächspartner für Juden ausmachen.

Neben den offiziellen kirchlichen Gremien bilden sich hier und dort weitere Gruppierungen, die den Dialog und die Zusammenarbeit erstreben.

Den kirchlich-offiziellen Ausschüssen steht kein jüdisches Pendant gegenüber. Historisch verständlich und leicht zu erklären erweist sich dies doch als Mangel. So kann es keinerlei offizielle Verlautbarung geben, denn schließlich gibt es keine irgendwie zentrale Institution, die „befugt" wäre, solche Erklärungen als verbindliche abzugeben. Des weiteren wird die Asymmetrie von Christentum und Judentum sichtbar darin, daß die Verhältnisbestimmung zum Christentum nicht in erster, sondern nur in zweiter Linie Relevanz hat: und diese ist vorwiegend pragmatisch-aktuell, weniger theologisch-systematisch bestimmt.

Hingegen gibt es sehr wohl bemerkenswerte Ansätze bei einzelnen Juden. Eher populäre Bücher wie die von Samuel Sandmel gehören zu den ersten Versuchen in dieser Richtung. Stärker im Hinblick auf eine „jüdische Theologie des Christentums" sind Arbeiten von Jakob J. Petuchowski ausgerichtet. Eugene Borowitz sucht jüdische und christliche Positionen einander zu konfrontieren. Dies sind nur wenige zahlreicher jüdischer Anstöße zu einer differenzierteren Sicht des Christentums.

Die am Dialog beteiligten Gruppen und Individuen repräsentieren fast alle Strömungen, sowohl des Christentums als auch des Judentums. Eine gewisse Diskrepanz ist festzustellen: Auf christlicher Seite sind es eher die religiös engagierten Kreise, auf jüdischer Seite hingegen stärker die verschiedenen der Tradition bewußten Richtungen, kaum aber die sogenannten Orthodoxen, die sich am Dialog beteiligen.

Natürlich gibt es aber auch, und das auf beiden Seiten, Gegner des Religionsgesprächs. Die einen aus Angst um ihre eigene Identität, welche durch den Wegfall der Feindseligkeit gegenüber dem Judentum geschwächt zu sein scheint, die anderen aus negativen geschichtlichen Erfahrungen und aus Angst vor Missionierungsabsichten. So sieht der orthodoxe Rabbiner E. Berkovitz in einem Glaubensgespräch keinen Sinn:

> „In terms of the jewish experience in the lands of christendom, the final result of that age is bankruptcy – the moral bankruptcy of christian civilization and the spiritual bankruptcy of christian religion."

III

Wenn es trotz skeptischer Stimmen dennoch unter den wenigen Juden so viele dialogwillige Juden gibt, und wenn es trotz der Sorge um die eigene christliche Identität viele Christen gibt, die am theologischen Gespräch mit Juden interessiert sind, dann mögen abschließend einige Schwerpunkte zukünftiger Arbeit benannt sein:

Weiterarbeit an dem langwierigen Bemühen, sich gegenseitig ins Blickfeld zu bringen und, wie es J. Petuchowski ausdrückt, eine theologische Bestimmung des Anderen im Verhältnis zum Eigenen zu versuchen.

Vermittlung der unerläßlichen, teils sehr elementaren Information (vorrangig der Christen über das Judentum) auf breiter Ebene. Diese Information muß unbedingt auch nichtkirchliche, außerkirchliche und nichtchristliche Kreise erreichen, die sonst unbewußt bei den traditionellen westlich-christlichen antijüdischen Theologierelikten verharren und sie ungeachtet kirchlicher Erneuerungen weitertradieren.

Unmißverständlicher Verzicht auf Missionierung – theoretisch gewiß für beide Seiten zu fordern, in praxi jedoch nur christliche Partner betreffend.

Suche und Entwicklung einer Christologie, die nicht von Anbeginn und nicht konstitutiv antijüdisch ist.

Dieses Buch und seine Themen, wie von seinem Autor gewünscht, christlicherseits zu ergänzen und jüdischerseits zu vertiefen, es den historisch veränderten Bedingungen anzupassen und die Quellen ausführlich zu Wort kommen zu lassen.

Inzwischen aber möge dieses Werk von Hans Joachim Schoeps (30. 1. 1909 – 8. 7. 1980) die positive Wirkung zeitigen, die sein Autor über Jahrzehnte und den Holocaust mit ihm beabsichtigte und die es noch nicht erreichen konnte, weil es seiner Zeit mehr als einmal voraus war.

Moers, im Januar 1984 Edna Brocke

1 Für die genauere Orientierung über diesen Zeitraum sei auf die bis heute noch nicht überholte Arbeit von *Leopold Lucas:* Zur Geschichte der Juden im vierten Jahrhundert (Berlin 1910) verwiesen, die insbesondere wertvolles jüdisches Geschichtsmaterial aus den Schriften der Kirchenväter enthält. Vgl. jetzt aber auch B. *Blumenkranz:* Die Judenpredigt Augustins, ein Beitrag zur Geschichte der jüdisch-christlichen Beziehungen in den ersten Jahrhunderten, Basel 1946, und M. *Simon:* Verus Israel, Étude sur les relations entre Chrétiens et Juifs dans l'Empire Romain (135—425), Paris 1948 sowie neuestens *H. J. Schoeps:* Paulus, die Theologie des Apostels im Lichte der jüdischen Religionsgeschichte, Tübingen 1959, cap. VI.

2 Das Judentum und seine Umwelt, Berlin 1927. — Über die vorchristliche Entwicklung des *Ger*begriffes vom Inlandsfremden zum Proselyten, vgl. die Monographie von A. *Bertholet:* Die Stellung der Israeliten und der Juden zu den Fremden, Freiburg 1896; ferner S. *Bialoblocki:* Die Beziehungen des Judentums zu Proselyten und Proselytismus, Berlin 1930.

3 Die wohl älteste Stelle der rabbinischen Literatur, wo jir'e schamjim »gottesfürchtige Nichtjuden« bezeichnet, steht in Mekhilta zu 2. Mos. 22, 20 (Übersetzungsausgabe von Winter-Wünsche, p. 305 f.).

4 Über die halakhische Seite dieser Fragen orientiert am besten D. *Hoffmann:* Der Schulchan 'Aruch und die Rabbinen über das Verhältnis der Juden zu Andersgläubigen, Berlin 1885, p. 145 ff.; ferner A. *Liebermann:* Zur jüdischen Moral, Berlin 1920, p. 70 ff.; J. S. *Bloch:* Israel und die Völker nach jüdischer Lehre, Berlin—Wien 1932. Wichtiges enthielt auch das dicke Buch des italienischen Kabbalisten *Elia Benamozegh:* Israel et l'humanité, Paris 1914.

5 Einen umfangreichen Stellennachweis gibt L. *Zunz:* Zur Geschichte und Literatur, Berlin 1919 (2. Aufl.), p. 371—389.

6 Zu dieser für die landläufige mittelalterliche Auffassung typischen Stellungnahme lassen sich zahlreiche Parallelen erbringen. Nach Isaak *Abrabanel* (Komm. zu Jesaja, cap. 34, 5), der hier noch angeführt sei, waltet zwischen Israel und Christenheit ein ähnliches Verhältnis wie zwischen Jakob und Esau. Sie haben beide nach dem Fleische wie nach dem Geiste einen Vater, sie bejahen die Weltschöpfung und verwerfen den Götzendienst;

sie erkennen das Gesetz Mosis als göttlich an und verehren Gott, wenngleich auf verschieden vollkommene und angemessene Weise. Aber auch der Haß Esaus gegen Jakob beseelt die Christen gegen die Israeliten und verbittert diesen das Exil.

7 Wie die jüdische Morallehre hinsichtlich des Verhaltens der Juden zur nichtjüdischen Umwelt wirklich ausgesehen hat und aussieht, genügt zur Feststellung ein Blick in die Mischne Thora, den Schulchan 'Aruch oder irgendein anderes anerkanntes halakhisches Werk. Hier sei nur eine Probestelle aus dem Sefer Chasidim (Buch der Frommen) des *R. Jehuda ha-Chasid* wiedergegeben, einem Ende des 12. Jahrhunderts auf deutschem Boden (in Regensburg) verfaßten und in der jüdischen Bevölkerung weit verbreiteten erbaulichen Moralbuch: »Täusche niemanden durch deine Handlung, auch keinen Nichtjuden. Man soll niemanden Unrecht antun, auch nicht anderen Glaubensgenossen. Im Geschäftsverkehr mit Nichtjuden befleißige dich derselben Redlichkeit als mit Juden. Mache gegebenenfalls den Nichtjuden auf seine Irrtümer aufmerksam.« usw. (§ 7, 51, 74, 311 etc. in öfteren Wiederholungen).

8 Gemeint sind die Stiere, die der Hohepriester am Laubhüttenfest für die 70 Völker der Menschheit (nach der Völkertafel der Genesis 10) zu ihrer *Entsühnung* im Tempel zu Jerusalem einst darbrachte.

9 Über diese orientieren *Laible-Dalman:* Die talmudischen Texte über Jesus, Leipzig 1900, und *H. Strack:* Jesus, die Haeretiker und die Christen, Leipzig 1910. Für die quellenkritische Würdigung jüdischerseits vgl. *S. Krauß:* Das Leben Jesu nach jüdischen Quellen, Berlin 1902, sowie besonders *Joseph Klausner:* Jesus von Nazareth, Berlin 1930, und *S. Zeitlin:* Jesus in the early tannaitic literature, Abhandlg. z. Erinnerung an H. P. Chajes, Wien 1933.

10 Eine vorausgegangene exakte Textinterpretation hinsichtlich der Entstehungszeit jeder zitierten Stelle, ihrer zeitgeschichtlichen Voraussetzungen, Begebenheiten und Gegenstellungen, des Alters der vorgetragenen Tradition und ihrer Ursprünge usw. ist für jeden, der Midrasch-, Mischna- und Talmudtexte zitieren und mit ihnen etwas beweisen will, fast immer unerläßlich. Auch die noch immer nicht systematisch bearbeitete Hermeneutik des Traditionsschrifttums, die über die Konstatierung von Auslegungsregeln hinaus die eigenartige Verwendung des Schriftzitats in Mischna und Gemara untersucht und aus ihr Charakter und Denkstruktur der haggadischen Schriftauslegung zu verstehen versucht, spielt hierfür eine große Rolle. — Im Falle

dieser Arbeit ist auf quellenkritische Darlegungen im einzelnen meist verzichtet worden, weil sie einmal den anschaulichen Zusammenhang unserer Darstellung aufgesprengt hätten, und weil zum anderen diese Schrift nicht nur eine fachwissenschaftliche Abhandlung sein will, die dann selten eine andere Bedeutung hat — obwohl das sehr wichtig sein kann — als »die Forschung zu bereichern«. Doch sei hier versichert, daß das Bemühen war, nie willkürlich zu zitieren, sondern daß bei der Auswahl von Texten, welche Lehrmeinungen und Glaubensüberzeugungen von repräsentativer Bedeutung für das jüdische Geschichtsbewußtsein belegen und verdeutlichen sollen, *mit Bedacht* verfahren worden ist.

11 Einen leider nicht fortgesetzten wertvollen Anfang für die ersten drei Jahrhunderte post Chr. machte *J. Bergmann:* Jüdische Apologetik im neutestamentlichen Zeitalter (Berlin 1908.). Empfehlenswert ist neben den Büchern und Aufsätzen von M. Güdemann, M. Friedländer und A. Marmorstein auch die kleine Schrift von *J. Ziegler:* Der Kampf zwischen Judentum und Christentum in den ersten drei nachchristlichen Jahrhunderten (Berlin 1907), die nur mitunter richtige Problemsätze durch moralisierende Vorstellungen im Stile der theologischen Jahrhundertwende verdirbt. Eine Geschichte der *christlichen* Streitliteratur *Adversus Judaeos* liegt jetzt vor in der Schrift von *A. Lukyn Williams:* Adversus Judaeos, a bird's eye view of Christians apologiae until the renaissance, Cambridge 1935. Ferner vgl. *James G. Parkes:* The Conflict of the Church and the Synagogne, London 1934. — Weitere Literatur seit dem Ende des 2. Weltkriegs ist im Literaturverzeichnis am Ende des Bandes zusammengestellt worden.

12 Die Erwiderungen sind meist indirekt, haben gleichnishafte Einkleidung und bewegen sich oft in kaum verständlichen Anspielungen, deren Anknüpfungspunkte wir mitunter nicht mehr kennen bzw. nur mehr oder minder vage vermuten können. Die Kunde von direkten Streitgesprächen mit solchen Minäern, die offenbar Christen gewesen sein müssen, überliefert uns das Schrifttum für den in Lydda lebenden Amoräer *R. Jehoschua' ben Levi* (z. B. Ber. 7a; Schemot rabba 29, 4 u. ö.) sowie von den Häuptern des bereits unter dem Tannaiten *Bar Kappara* (eine Diskussion, die er führte, gibt jer. Sabb. 6a wieder) gegründeten Lehrhauses zu *Caesarea,* »der Schule des geistigen Kampfes mit dem Christentum« (so *Baeck* in MGWJ 1925, p. 264). Hier diskutieren vornehmlich der Sohn des Gründers *R. Eli'ezer ha-kappar* (Jalqut Schime'oni *§ 765/66),* der Tosseftaredaktor *R. Hoscha'ja* (Ber. Rabba I, 1 u. ö.) sowie *R. Abbahu* (jer. Ta'anith 65 b; Sche-

mot Rabba 29, 5). — Diese waren palästinensische Amoräer der 2. u. 3. Gen. im 3. Jahrh. und räumlich den Ereignissen am nächsten. In Antiochien debattierte vorzüglich *R. Simlai* (jer. Ber. IX, 1; Ber. rabba IX) von den Babyloniern *R. Idit* (Sanh. 38 b; Jalqut Schemot Nr. 359), die im 3. Jahrhundert lehrten. — Doch ist die Zahl der jüdischen Debattanten damit noch lange nicht erschöpft.

13 Hierfür vgl, man etwa *W. Vischer:* Das Christuszeugnis des A. T., Bd. 1, Zürich 1946, oder die Schrift des Barth-Schülers *Hans Hellbard:* Der verheißene König Israels (Das Christuszeugnis des Hosea), München 1935.

14 Vgl. dazu auch *Leo Baeck:* Das Evangelium als Urkunde der jüdischen Glaubensgeschichte, in »Pauly, die Pharisäer und das Neue Testament«, Frankfurt 1961.

15 Darauf könnte sich auch die Stelle im Midrasch Samuel V, 4 u. ö. beziehen, die in einer Auslegung des jüdischen Glaubensbekenntnisses: Höre, Israel (5. Mos. 6, 4) offenbar die christologische Lehre meint: »Wenn du das Dalet in dem Worte ›Echad‹ zu einem Resch machst, zerstörst du die Welt.« Damit hängt wohl auch zusammen, daß nicht nur in orthodoxen Machsorim, sondern bereits im massoretischen Bibeltext das Dalet fett und in doppelter Größe gedruckt ist, damit jedes Verlesen (Acher heißt der andere!) ausgeschlossen bleibt.

16 Analog sind uns für das hellenistische Judentum aus *Justinus Martyr:* Dialogus cum Tryphone Judaeo — also aus der patristischen Literatur — ebensolche typischen Stellungnahmen zur Diskussion der christlicherseits behaupteten Messianität und Soteriologie Jesu überliefert. In cap. 38 heißt es: »Du sprichst, o Mensch, viele Lästerungen aus, da du behauptest, der Gekreuzigte sei bei Moses und bei Ahron gewesen, habe aus der Wolkensäule mit ihm gesprochen, sei dann Mensch geworden und nach dem Kreuzestode in den Himmel gestiegen, daß er einst wiederkommen werde und daß man ihn anbeten müsse.« — Und cap. 48: »Du vertrittst eine paradoxe, durchaus nicht zu beweisende Lehre. Denn, wenn du sagst, daß dieser Christus zu allen Zeiten Gott gewesen, hernach als Mensch geboren wurde und doch kein von Menschen gezeugter Mensch sei, so ist das nicht nur widersinnig, sondern auch töricht.«

17 Von einer *Kreuzigung* Jesu wissen jüdische Quellen nichts zu berichten und können sie auch nichts berichten, weil die Kreuzigung zu keiner Zeit eine jüdische Hinrichtungsart gewesen ist. Außerdem steht heute historisch fest (vgl. *H. Lietzmann:* Der Prozeß Jesu, Sonderberichte der Preußischen Akademie d. Wiss., phil.-hist. Klasse, Berlin 1931), daß die palästinensischen Juden

um das Jahr 30 für das ordentliche Gerichtsverfahren nur noch ein Vorschlagsrecht aber keine Exekutionsbefugnis mehr besaßen. Über die religionsgesetzliche und die politische Seite des Prozesses Jesu ist viel Lehrreiches jetzt bei *E. Stauffer:* Jesus, Gestalt und Geschichte, Bern 1957 (Dalp-Taschenbücher, Bd. 332), 92 ff. nachzulesen.

18 Darüber vgl. jetzt Näheres in Agadisches zur Auserwählung Israels, Conj. Neotest. VI (Uppsala 1942), wieder abgedruckt in meinem »Aus frühchristlicher Zeit«, Tübingen 1950.

19 Vgl. die Erklärung Raschis z. St., der den Midrasch in Chullin 89 a zitiert: »Der Heilige, gepriesen sei er, sprach zu Israel: Ich habe Begehren an euch, denn selbst wenn ich euch Größe angedeihen lasse, erniedrigt ihr euch doch vor mir. Ich verlieh Abraham Größe, und der sprach vor mir: Ich bin Erde und Asche (1. Mos. 18, 27). Moses und Ahron sprachen: Wir sind nichts (2. Mos. 16, 8). Und David sprach: Ich bin ein Wurm und kein Mensch (Ps. 22, 7). Anders aber sind die weltlichen Völker. — —«

20 Wieder spielt für die exegetische Begründung der Weissagungsbeweis, zumal in der patristischen Literatur, eine große Rolle. Insbesondere die »Schiloh«-Stelle in 1. Mos. 49, 10 hat in diesem Zusammenhang gewisse Berühmtheit erlangt: »Es wird das Szepter nicht von Juda weichen und nicht der Richtstab zwischen seinen Füßen, bis daß nach Schiloh kommt der, dem die Völker untertan werden.« Diese recht dunkle Stelle ist mit Vorliebe von den christlichen Exegeten als Weissagung auf Jesus — die Erwartung der Völker — und als Berufung der Heiden gedeutet worden, während die jüdischen Kommentatoren sie auf verschiedene historische Personen beziehen oder zukünftig interpretieren. (Vgl. die Geschichte dieser Versexegese von *A. Posnanski:* Schiloh, ein Beitrag zur Geschichte der Messiaslehre, Leipzig 1904.)

21 Die Lehre von der Verwerfung Israels ist übrigens auch, worauf *J. Bergmann* a. a. O. p. 145 aufmerksam macht, in den Islam eingegangen, der freilich auch die Christen als Häretiker bezeichnet. Im »Vaterunser« des Islams heißt es: »Führe uns den rechten Weg, den Weg derer, die du begnadet hast, die nicht vom Zorn betroffen sind (sc. Juden) und die nicht irregehen (sc. Christen).«

22 Die Frage, ob denn die rabbinische Auslegung immer den P'schat (schlichten Wortsinn) der Bibelstellen wiedergibt, muß freilich genauso verneint werden, was auch der an die Göttlichkeit der mündlichen Überlieferung und mithin an die Inspiration

der talmudischen Rabbinen glaubende Orthodoxe kaum wird bestreiten können. — Doch können die jüdisch-hermeneutischen Probleme hier nicht erörtert werden.

23 Diese Homilie des Simon ben Jochaj hat *Leo Baeck* (Zwei Beispiele midraschischer Predigt in MGWJ 1925, p. 266 ff.) sicher zu Recht als eine indirekte Antwort auf die Christologie gedeutet. Als solche versteht er auch die größere Homilie des *R. Juda ben Simon* über den *Sitz der Schekhina*, mit der die Pesiqta des Rab Kahana beginnt und für die es mehrere Parallelen gibt. In diesen wird nachdrücklich betont, daß die Schekhina durch die Gerechten seit Abrahams Zeiten von Himmel zu Himmel herniedergeführt worden ist, um dann in der Stiftshütte ihren Bereich zu gewinnen und in Israels Heiligtümern, seinen Lehrhäusern und Synagogen zu verbleiben. — Baeck folgert als die damit beabsichtigte Lehrsentenz: »Nicht in Christus ist die Schekhina niedergestiegen, und nicht in der Kirche hat sie ihre dauernde Stätte. — — — Die Zeit der Erfüllung ist nicht mit Christus erst gekommen, sondern sie hat am Sinai begonnen — diese Zeit, da Gott wieder auf Erden sein Gebiet hat.«

24 Dazu jer. Berakhoth 13 b: »Die Menschen pflegen bloß reiche Verwandte anzuerkennen, arme zu verleugnen, Gott aber nennt Israel auch in der tiefsten Erniedrigung Brüder und Freunde.«

25 Dieser Gedanke ist in der Tat mehrfach ausgesprochen worden, so von *R. Hoscha'ja* (Pal. um 200) in Pesachim 87 b: »Der Heilige, gepriesen sei sein Name, erwies Israel eine Wohltat, indem er es durch alle Völker hin zerstreut hat.« Und zur Begründung wird gesagt, daß: — wenn auch wirklich an einem Orte des Exils Verfolgung ausbricht — Israel wegen seiner Zerstreuung zwar verstümmelt, aber nicht vernichtet werden kann. — Historisches Erfahrungsmaterial deckt diese Überzeugung zur Genüge!

26 Die parallele von R. Ele'azar ha-Qappar (Tannait 2. Gen.) überlieferte Äußerung ist doppeldeutig. Vgl. die Bedenken von *H. Wenschkewitz* (Angelos IV, Leipzig 1932, p. 91) zur Goldschmidtschen Übersetzung der Stelle.

27 Edom (Synonym für Reich Esaus) ist in der jüngeren Haggada als Bezeichnung für *Rom* und christliche Kirche schon gang und gäbe. Eine der zeitlich ersten Identifikationen mit den bibli-

schen Edomitern ist wohl die Bezeichnung »Reich Esaus« für Rom in dem um 100 p. Chr. entstandenen IV. Esra 6, 9 (vgl. auch Erklärung Gunkels z. St.). Den sachlichen Grund dieser Namensübertragung gibt eine in dem mittelalterlichen Chronikwerk Josippon cap. 2 berichtete Legende, daß Sefo (= Janus), ein Enkel des biblischen Esau — genannt Edom —, in das Land der Chittim (Römer) gekommen sei und über es regierte. (Vgl. auch *J. Abrabanel,* Kommentar zu Jesaja cap. 34, *David Qimchi* zu Joel 3, 19 u. ö.) Durch die Konstituierung der Episkopatskirche in Rom gelten auch die Christen als Edomiter (nach den Kabbalisten ist sogar die Seele Esaus auf Jesus übergegangen!), und alle auf die biblischen Namensvettern bezogenen Schriftstellen konnten nunmehr eschatologisch verstanden und auf die Christen gedeutet werden, wovon die mittelalterliche Literatur reichlichen Gebrauch macht, indem sie Edom symbolisiert als den schrankenlosen Machttrieb und das Prinzip der blutigen Gewalt. »Rot (Wortspiel Edom—Adom) ist der Mensch und das Land, rot ist die Speise, der Kriegsmann und sein Gewand« (Ber. rabba 63, 12).

28 Ich habe ausführlich darüber in meiner Arbeit » Die Tempelzerstörung des Jahres 70 in der jüdischen Religionsgeschichte « — Coniectanea Neotestamentica VI, Uppsala 1942 — berichtet. Abgedruckt in meiner Aufsatzsammlung »Aus frühchristlicher Zeit«, Tübingen 1950.

29 Für die römische Galut, auf die meistens das vierte Tier der Vision in Daniel 7, 11 gedeutet wird, werden auch noch andere spezielle Erklärungen gegeben, die auf Grund der biblischen Berichte von Jakob und Esau (Israel und Rom) die Bestrafung des Volkes aus der Verschuldung Jakobs gegen Esau und aus des Stammvaters mangelnder Glaubensfestigkeit herleiten. So habe Jakob im Traum von der Himmelsleiter auch schon die vier Exile geschaut, und, als er Edoms ansichtig wurde, gefürchtet, daß dieses Reich auf Weltzeit herrschen würde; aber Gott tröstet ihn mit dem Jeremiavers (30, 10): Fürchte dich nicht, mein Knecht Jakob, unter Verweis auf Obadja V. 4, daß Edom einst aus der Höhe herabstürzen würde. Doch Jakob schenkt der Gottesrede kein Vertrauen, und so beschließt Gott Israels langdauernde Verknechtung unter die Reiche, die aber nicht ewig währen soll, »denn« — schließt die Gottesrede — »ich züchtige dich durch Leiden in dieser Welt, um dich von deinen Sünden frei zu machen

für die zukünftige Welt.« (So nach Gen. rabba Par. 29 und Pesiqta des R. Kahana, Pisqa 23.)
Später hat die Verknechtung Israels im edomitischen Golus der Mystik Anlaß zu tiefsinnigen Spekulationen gegeben, die von den Kabbalisten aus dem biblischen Bericht von Jakob und Esau herausgedeutet wurden. So nennt der *Jalqut Chadasch* (1648) folgende Gründe: 1. Weil Jakob, der heilig war, sich vor Esau unheilig gemacht und das Gebot Gen. 25, 23 (der Größere soll dem Kleineren dienen) nicht geachtet habe. Dafür, habe Gott geschworen, werde Edom über Israel herrschen in dieser Welt, Israel aber in der zukünftigen Welt die Herrschaft haben. 2. Wegen der Verknechtung des Josef, der zwölf Jahre im Gefängnis war, ist die Strafe über die 12 Stämme ergangen, daß sie im edomitischen Elend seien. 3. Die Galut und alle Plagen kommen wegen Esaus Tränen. — Diese letztere Begründung bezieht sich offenbar auf eine mündliche Überlieferung, wie sie auch der Midrasch Tehillim 80, 8 wiedergibt: »Herr der Welt! Für Esaus drei Tränen hast du ihm die Weltherrschaft erteilt und ihm Wohlstand gegeben, um wieviel mehr solltest du bereits die Schmach deiner Kinder und die endlosen Tränen Israels sehen.«

30 Die religionsgeschichtlich *typische* Entwicklung zur spiritualisierenden Substitutionslehre, die an die Tempelzerstörung und das Aufhören des Opferkults anknüpfte, ist bekannt und kann hier nur anmerkend erwähnt werden: An die Stelle der Opferdarbringung im Tempel sind vornehmlich drei Äquivalente getreten: Thorastudium, Gebet und Wohltun. Für jede dieser drei Ersatzhandlungen sei hier ein Beleg mitgeteilt. Für das *Thorastudium:* R. Acha sagte im Namen des R. Chanina ben Papa (Amoräer 3 Gen.): »Früher haben wir Opfer dargebracht und sind damit beschäftigt gewesen, jetzt, wo die Opfer in Wegfall gekommen sind, womit sollen wir uns nun beschäftigten? Darauf antwortet Gott: Da ihr euch damit beschäftigt, so gilt mir das so, als hättet ihr die Opfer dargebracht.« (Wajiqra rabba Par. 8). Für das *Gebet:* R. Jehoschua ben Levi (Am. 1. Gen.) sagte: Die Gebete hat man den täglichen Opfern entsprechend angeordnet, d. h., die Rezitation der Tefillah ist an die Stelle der täglichen Opfer Israels getreten (Berakhot 26 b). — Für das *Wohltun:* R. Jochanan ben Zakkai, der größte Lehrer zur Zeit der Tempelzerstörung, kam einst mit seinem Schüler R. Jehoschua' an die Stätte der Zerstörung, die bisher für Israels Sünden Sühne geschaffen hatte. Als er seinen Schüler bei diesem Anblick weinen

sah, sprach er zu ihm: »Mein Sohn, es mißfalle dir nicht! Wir haben eine Sühne, die jener gleicht. — Welche ist das? Es sind die Liebeserweisungen« (Abot des R. Nathan IV.). — In den nächsten Generationen werden auch das Fasten, die Buße, die Demut und die Züchtigungen der Leidensverhängnisse als Substitutionen angesehen und gehen mit dieser Begründung in die Machsorim ein. Über den Opferersatzcharakter der *Leiden* urteilt auch R. Nechemja (Tannait 3. Gen.): Beliebt sind Leiden, denn wie die Opfer Wohlgefallen erwerben, so erwerben heute die Leiden Wohlgefallen (Mekhilta zu 2. Mos. 20, 23). Vgl. auch die ausführliche Darstellung dieser Zusammenhänge bei *Wenschkewitz* a. a. O. p. 94 ff. — Als das hervorragendste und am meisten evidente Sühnemittel ist aber von vielen die Strafe des *Golus* selbst angesehen worden, wie es R. Jochanan ausspricht: »Galut ist Sühne für alles« (Sanh. 37 b).

31 R. Jehuda sagte: In der Zeit, in welcher der Sohn Davids kommen wird, werden die Synagogen zu Hurenhäusern werden. — — Die Weisheit der Schriftgelehrten wird stinken. Die sich vor den Sünden fürchten, werden verachtet sein. Die Gesichter der Menschen dieses Zeitalters werden wie die der Hunde sein und die Wahrheit wird vermißt werden, wie es bei Jesaja heißt: Die Wahrheit wird vermißt, und wer vom Bösen abläßt, gilt für wahnsinnig (59, 15). R. Nechemja: Im Zeitalter, in dem der Sohn Davids kommen wird, wird die Unverschämtheit groß sein, und der ungerechte Mensch wird am meisten geachtet werden. Der Weinstock wird Früchte tragen, und der Wein wird doch teuer sein. — R. Jischaq: Der Sohn Davids wird erst dann kommen, wenn die Obrigkeit ganz der Ketzerei verfallen sein wird. — Eine anonyme Deutung: Der Sohn Davids kommt nicht eher, bis daß die Israeliten an der Erlösung verzweifelt haben werden.

Für die Frage, ob Buße und gute Taten auf das Kommen der Erlösung Einfluß haben oder ob die Erlösung ausschließliche und voraussetzungslose Planverwirklichung der Gnade Gottes ist, sind zwei Gespräche überliefert worden zwischen R. Eli'ezer ben Hyrkanos und R. Jehoschua ben Chananja sowie zwischen Rab und Schemuel. Die Entscheidung bleibt beide Male offen, scheint aber mehr zur zweiten Meinung hinzuneigen. Nach R. Eli'ezer setzt die Erlösung die Umkehr voraus. Nach R. Jehoschua' ist sie vom Menschenwerk unabhängig. Beide bringen zum Erweis ihrer Behauptung Schriftstellen bei, bis R. Eli'ezer auf Daniel 12,

7 hin (nach eine Zeit, Zeiten und einer halben, wenn die Zertrümmerung der Macht des heiligen Volkes vollendet sein wird, wird dies alles aufhören) schweigen muß (jer. Taan. 63 d). — Der andere Dialog besteht nur aus zwei Konstatierungen. Rab sagte: Alle Berechnungen über das Kommen der Erlösung sind bereits (ergebnislos) verstrichen. Die Sache hängt jetzt nur noch von Buße und guten Handlungen ab. R. Schemuel aber erwiderte ihm: Es genügt, wenn der Leidtragende in seinem Leide verweilt (Janh. 97 b). — Das heißt also: Die Erlösung ist beschlossen und wird sogar selbst ohne Buße und gute Handlungen zu ihrer Zeit eintreffen!

32 Vgl. zu diesem Abschnitt jetzt mein Buch »Paulus, die Theologie des Apostels im Lichte der jüdischen Religionsgeschichte«, Tübingen 1959, 324 pp.

33 *A. Marmorstein*, einer der besten Kenner des Judentums der ersten Jahrhunderte, urteilt über das Gesetzesverständnis der Tannaiten in seiner Arbeit: Judaism and Christianity in the Middle of the Third Century ebenfalls: »The law was the most eloquent sign of Gods love for his people Israel. The Tannaitic Haggada preserves a number of sayings intended to bring home this truth. The Mizwot have no other function to man from God, than to increase man's holiness.« (Studies in Jewish Theology, London 1950, 209).

34 Um das wirkliche jüdische Glaubensbewußtsein der Jahrhunderte festzustellen, wird man noch immer — auch der Christ — nach den jüdischen Gebeten greifen müssen. Für unzählige andere Stücke sei hier nur aus dem täglichen Morgengebet der Abschnitt *»Ribbon kol ha'olamim«* (Verf. R. Jochanan) zitiert: »Herr aller Welten! Nicht im Vertrauen auf unser Verdienst flehen wir vor Dir, sondern im Vertrauen auf Deine große Barmherzigkeit. Was sind wir, was ist unser Leben, was unsere Liebe, was unsere Frömmigkeit, was unsere Hilfe, was unsere Kraft, was unsere Stärke, was sollen wir vor Dir sprechen, Ewiger, unser Gott und Gott unserer Väter? Sind doch Helden wie nichts vor Dir, und Männer von Namen, als wären sie nie gewesen, und Weise wie ohne Wissen, und Einsichtige wie ohne Einsicht. Denn die Menge ihrer Taten ist eitel und die Tage ihres Lebens sind nichts vor Dir.« — — — Weitere Beispiele gibt mein Aufsatz »Zur Theologie des jüdischen Gebetbuchs« (Judaica, Basel 1948, Heft 2).

35 Es sei nicht übersehen, daß Paulus vorsorglich die Möglichkeit dieser Antwort gleich mit der Erklärung vorweggenommen hat, daß hier »das Wort vom Glauben, das wir predigen« (Römer 10, 8) gemeint gewesen sei, und nicht das Schreckgespenst der »Gerechtigkeit, die aus dem Gesetz kommt«, von der Moses (angeblich!) geschrieben habe. — Gerade angesichts einer solchen Stelle dürfte dem vorurteilsfreien Leser der rabbinische Vorwurf der Schriftfälschung gegen die Christen verständlich werden, auch wenn Paulus hier wie auch sonst typologisch verstanden sein will.

36 Dies muß auch ein so radikaler Kritiker wie *Detlef Nielsen:* Der dreieinige Gott in religionsgeschichtlicher Beleuchtung (Kopenhagen 1922) zugeben, der im Einklang mit Baudissin, Jeremias, Greßmann u. a. seine Forschungen zusammenfassend p. 388 feststellt: »Die paulinische und johanneische Theologie, die später maßgebend für die christliche Kirche wurde, ist in Syrien unter dem Einfluß der nichtjüdischen hellenistischen Kultur entstanden. *Innerhalb Palästinas ist Jesus niemals als Gott oder Gottessohn aufgefaßt worden.* Um die Herkunft des göttlichen, mythologischen Jesus zu verstehen, müssen wir die nichtjüdische semitische Religion unter dem Einfluß des Hellenismus betrachten.«

37 Das historische »Judenchristentum« war ja nur eine kirgeschichte (13, 46 f.) berichtete Entschluß des Paulus (und Barnabas) sich gleichfalls auf göttlichen Befehl beruft, der ohne Schwierigkeiten aus Jes. 49, 6 herausgelesen wird.

38 Das historische »Judenchristentum« war ja nur eine kirchengeschichtliche Episode. Spätere Judentaufen blieben stets Individualgeschehen und machten niemals Epoche. Über das Judenchristentum oder den Ebionitismus in der alten Kirche und seine Schicksale vgl. *H. J. Schoeps:* Theologie und Geschichte des Judenchristentums, Tübingen 1949, 526 pp.

39 *G. Kittel* u. a. meinen, daß diese — von R. Eli'ezer aus Mode'im vorgetragene Mischna direkt auf den Apostel Paulus zu beziehen sei. Beweise dafür lassen sich kaum erbringen; sicher ist jedoch, daß Pauli Lehren in diese Verurteilung *mit* einbegriffen sind.

40 Hier wäre auch noch auf die interessante Stelle Midr. Hohelied 1, 14 (ähnlich auch Ber. rabba 47) hinzuweisen, wo *R. Levi* (um 300) im Namen des R. Chama (um 260) den Abraham vor Gott Bedenken wegen des Bundes mit Noah und anderer etwa noch kommender Bünde äußert. Gott zerstreut diese Befürchtung durch den Hinweis auf seine Verheißung, daß ja aus Abrahams Fleische Gerechte erstehen sollen, die in jedem Zeitalter da sein und die Sünden der Abrahamskinder sühnen werden. — Der hier durchklingende Glaube an stellvertretende Sühne ist in der rabbinischen Literatur nicht selten; eine systematische jüdische Theologie würde ihn aber mit Hinsicht auf seine übliche Begründung aus dem Lehrbegriff des *ṣekhut abot* (Verdienst der Väter) abzuleiten haben. Vgl. über ihn *A. Marmorstein:* The doctrine of merits in the old Rabbinical Literature, London 1920.

41 Die von Paulus (Römer 4, 13 ff. u. ö.) mit Betonung vorgetragene Lehre, daß die Verheißung des Welterbes an Abraham und seinen Samen nicht durch das Gesetz vermittelt sei, sondern aus der Gerechtigkeit des Glaubens stamme, ist übrigens auch gut rabbinisch und wird in der Mekhilta im Namen des alten Synhedrialoberhauptes *R. Schema'ja* (1. Jahrh. a. Chr.) vertreten. — Anonym auch Schemot rabba cap. 23.

42 In deutscher Sprache am besten orientierend: *Julius Guttmann:* Die Philosophie des Judentums, München 1935.

43 Aus dieser besonderen Literaturgattung jüdischer Apologetik des Mittelalters seien als die wichtigsten genannt: Jakob ben Reuben: Milchamot Adonai (1170); Joseph Qimchi: Sefet ha-Berit (1170); Isaak Schaprut: Eben Bochan (1380); Profiat Duran: Al tehi ka-Abotheka (1396) und Kelimmat ha-Gojim (1397); Chasdai Crescas: Bittul Iqqere ha-Noserim (1410); Isaak Pulgar: 'Ezer ha-Da'at (1420); Lippmann Jomtow-Mühlhausen: Nissachon (1420); Isaak ben Abraham Troki: Chizzuq Emuna (1593); Leon de Modena: Magen wa Chereb (1630); Manasse ben Israel: Vindiciae Judaeorum (1656). — Das Teilgebiet der von den lateinischen Kirchenvätern überlieferten Dialogliteratur behandelte jüngst *B. Blumenkranz:* Die jüdischen Beweisgründe im Religionsgespräch mit den Christen in den christlich-lateinischen Sonderschriften des 5.—11. Jahrhunderts, Theologische Zeitschrift, Basel 1948, 2.

44 Die an zweiter Stelle geschilderte Debatte Pablo-Nachmanides, ein Auszug aus dem polemischen Nizzachon des Lippmann Mühlhausen und der Briefdisput des Konvertiten J. H. Rittangel mit einem Amsterdamer Juden über Gen. 49, 10 – alles nach Wagenseil – sind neuerdings von dem jüngst verstorbenen *O. S. Rankin* (Jewish Religious Polemic of early and later centuries, Edinburgh 1956) ins Englische übersetzt worden.

45 Diese sinnlose Frage muß in jener Zeit sehr beliebt gewesen sein. Salomo ibn Verga überliefert sie uns auch für ein ähnlich stattgehabtes Gespräch (Schebet Jehuda § 32 Fol. 54), in dem der jüdische Weise Efraim ben Sancho seinem König (Don Pedro) die Fabel von den drei Ringen erzählt, so daß wir hier, vermittelt durch Boccaccios Dekamerone, ein Vorbild der Parabel aus Lessings »Nathan« haben.

45a Deutsche Übers. Ausg. v. W. Schlessinger, Frankfurt 1844, engl. von S. Husik, 3 Bde Philadelphia 1946.

46 Die Beweisführung in diesem Punkt sieht so aus: »Wer Gott für einen Körper oder für eine Kraft in einem Körper hält, der leugnet gleichsam den Grundsatz vom unkörperlichen Dasein Gottes.« An derselben Stelle (I, 13) wird die Haeresie des Islam in der Leugnung der Allwissenheit und Vorsehung Gottes durch die Fatumlehre angesehen. Oder III, 25: »Die Trinität findet sich deshalb nicht im Pentateuch, weil dies eine Erkenntnis ist, die sich bei vernünftiger Betrachtung nicht mit der Wahrheit verträgt, das Gesetz uns aber keine unwahre Erkenntnis vormachen will, daß Eins = Drei sei und daß die Drei Eins seien, jedoch trotzdem ihrem Wesen nach voneinander geschieden bleiben, wie nämlich behauptet wird.«

47 Daß diese antichristliche Tendenz der Basierung aller Religionswahrheit auf die drei Alboschen Grunddogmen christlicherseits richtig verstanden worden ist, beweisen mehrere Erwiderungen christlicher Theologen. Beispielsweise bei *Joh. Buxtorf d. Ä.:* Synagoga judaica (Jüdenschül-Ausg. v. 1603, p. 26 f.), wo es über Albos drei Dogmen u. a. heißt: *»Einheit:* Damit er die Dreifaltigkeit und die Gottheit Christi verneinet. *Tora Mosche min haschamajim:* Damit verwirft er die Lehre Christi und das N. T. und gibt also folglich zu verstehen, daß Christus ein falscher Prophet und kein Messias gewesen sei.

Vergeltung: — — — und verachtet damit das Leiden und Sterben Jesu Christi für die Sünden der Menschen.«

48 Aus der umfangreichen Streitschriftenliteratur besonders hervorgehoben und eingehender Untersuchung für wert erachtet werden dürfte die Schrift Biṭṭual 'Iqqere ha-Noṣrim (Widerlegung der christlichen Grundlehren), von *Chasdai Crescas*, die mit aristotelischer Logik ihre Widerlegungen unterbaut.

49 Ähnlich Crescas a. a. O. f. 23: »Der Dreieinigkeitsglaube widerspricht dem ersten Grundsatz, daß Gott eine notwendige Existenz ist. Wenn wir sagen, daß der Sohn geboren ist, dann ist auch Gott geboren. — Wenn nun Gott geboren ist, dann ist er doch geschaffen und verursacht. Das ist klar, denn das Zeugende ist die Ursache seiner Existenz. Wer aber geschaffen ist, ist keine notwendige Existenz. Also wäre Gott keine notwendige Existenz.«

50 Vgl. hierüber *D. Neumark:* Geschichte der jüdsichen Philosophie des Mittelalters, Bd. II, 2. Halbband, p. 191 f.

51 Über diesen vgl. die Breslauer Dissertation von *Stanislaus Simon:* Moses ben Salomo von Salerno und seine philosophischen Auseinandersetzungen mit den Lehren des Christentums nebst erstmaliger Edition des Textes der »Einwendungen« (1931) — Moses ben Salomo ist weder ein sehr origineller Denker, noch steht er vereinsamt da — fast die ganze jüdische und arabische Streitschriftenliteratur des Mittelalters gegen das Christentum harrt noch der quellenmäßigen Erschließung und Herausgabe! —, aber seinen antitrinitarischen Gedankengängen, die sehr tief in die scholastischen Subtilitäten gehen, ist *typische* Bedeutung zuzusprechen.

52 Über sie handelte ich in »Weiteres zur Auserwählung Israels«, Judaica, Basel 1946, 4 (jetzt in den Band »Aus frühchristlicher Zeit« aufgenommen).

52a Vgl. jetzt auch *D. M. Dunlop:* The History of the Jewish Khazars, Princeton 1954, cap. 6 (116.ff.).

53 *Raschi* weist anschließend an Sanh. 102a noch besonders darauf hin, daß über Israel keine Strafe kommt, in der nicht etwas von der Strafe für die Sünde mit dem goldenen Kalbe

enthalten wäre. — Wichtige Amoräeraussagen zu dieser Problemstellung überliefert auch der Talmud, Tr. 'Aboda zara 4a.

54 Ein paralleler Gedankengang findet sich — worauf *D. Cassel* im Kommentar zu seiner Kusariausgabe p. 337 aufmerksam macht — auch bei *Nachmanides* (Derascha p. 5, ed. Jellinek), der daselbst eine Stelle aus Maimonides Hilchot Melachim II, 11 (meist von der Zensur gestrichen) zitiert: »Auch derjenige, der sich für den Messias hielt und durch den Spruch des Gerichtshofes zum Tode verurteilt wurde, ist in der Prophezeiung Daniels (11, 35) angedeutet — — und alle derartigen Lehren des Nazaräers und des Ismaeliten, der nach ihm aufstand, dienen nur dazu, dem Messias den Weg zu bahnen; dieser wird die ganze Welt vervollkommnen, Gott einmütig zu dienen. — — Denn indem die ganze Welt voll ist der Worte des Messias, der Worte der Schrift und der Gebote, haben sich diese Worte bis an die fernsten Küsten verbreitet, wenn auch ein Teil die Gültigkeit derselben heutigen Tages leugnet; wenn dann der Messias aufsteht, *so werden sie alle von ihren Irrtümern zurückkommen.«* — Hinzuzuziehen wären hier noch viele Partien aus exegetischen und systematischen Werken, z. B. *Abrabanel*, Vorrede des Kommentars zu Jesaja, Exegese von Micha 4, 1 ff. u. ö.; *David Qimchi* zu Jes. 2, 18 u. 20; Jalquṭ Chadasch cap. 20 usw.

55 Der 1420 erschienene »Nissachon« (zu deutsch »Widerlegung«) ist insofern von einiger Bedeutung, als er 1. aus den Kreisen der damals ganz ungebildeten deutschen Judenheit stammt, 2. bei der Kommentierung christologischer Deutungen aus der Defensive heraus in schärfster Form zum Angriff gegen das Christentum vorgeht und 3. eine für damalige Juden erstaunlich gute Kenntnis des Neuen Testaments wie der kirchlichen Lehren, Bräuche und Schriftauslegungen offenbart, die er aus dem Umgang mit christlichen Theologen während der Hussitenunruhen in Prag gewonnen haben dürfte. — Seine Polemik ist oft unangenehm ironisch. So antwortet er z. B. einem Gegner, der in I. Mos. 1, 26 (»Lasset uns Menschen machen«) die Pluralform für einen Beweis der Gottessohnschaft genommen hatte, mit dem höhnischen Hinweis auf die Singularform in I. Mos. 1, 27 (»Und Gott schuf den Menschen«), daß also der Sohn ungehorsam gewesen sei und den Vater habe allein arbeiten lassen. Wenn sich solche Bemerkungen vielleicht noch aus dem Abwehreifer entschuldigen lassen, hört das natürlich

dort endgültig auf, wo die rabulistische Auslegung aus der Schrift herausexegesiert, was gerade für den jeweiligen Angriff paßt (z. B. Jesaja 5, 18: »Wehe, die ihr Unrecht herbeizieht mit Seilen des Frevels« bezieht Lippmann auf das christliche Glokkenläuten!!) — Interessant ist noch, daß Lippmann entgegen den meisten jüdischen Stimmen, die die ausdrückliche Übernahme der Verantwortung für den Tod Jesu ablehnen, geradeheraus erklärt, daß Jesus gemäß dem Gesetz über Gotteslästerung nach M. Sanhedrin VI., 4 hingerichtet und die Entscheidung der Alten nur zu begrüßen sei (Ed. Wagenseil p. 51). Der Ton des Ganzen ist oft als rüdes Schimpfen zu bezeichnen (z. B. Ed. Wagenseil p. 15, 40, 42, 56, 80 und ö.), die Beweisführung ist spitzfindig zu nenen und *C. Siegfrieds* Urteil (Jenenser Festrede 1895 über mittelalterliche Polemik), daß »reinere religiöse Empfindung« bei Lippmann- Mühlhausen mangelt, ist nur zu bejahen. Einiges ist jetzt von O. P. *Rankin* (vgl. Anm. 44) ins Englische übersetzt worden.

55a Hierüber vgl. jetzt auch *E. L. Dietrich:* Das jüdisch-christliche Religionsgespräch im Ausgang des 16. Jahrhunderts nach dem Handbuch des R. Isaak Troki, Judaica XIV. (1958), 1—39.

56 Wir folgen hierfür der sehr geschickt zusammenfassenden Inhaltswiedergabe von *A. Geiger* (Nachgelassene Schriften Bd. III., p. 206 f.).

57 Diese Angriffe Trokis gegen das N. T. haben wiederum die christliche Apologetik auf den Plan gerufen. So veröffentlichte der Greifswalder Orientalist *Brandanus Henricus Gebhardus* noch 1699 sechs lateinische Disputationen seiner Schüler gegen den Cizzuq Emuna.

58 Über ihn vgl. *Nicéron:* Historie des hommes illustres T. XI (Paris 1739); *Abraham van der Hoeven:* De Joh. Clerico et Philippo a Limborch, Amsterdam 1843 und seine Würdigung bei *H. Ollion-T. J. de Boer:* Lettres inédites de John Locke, La Haye 1912 149—161, ferner bei *C. L. Thysse-Schouten:* Nederlands Cartesianisme, Leiden 1954.

58a Die jüdischen Historiker Graetz und Kayserling haben solche Monographien geplant: Zahlreiche Werke Orobios existieren nur in Hss., über die *M. Kayserling:* Bibliotheka Española — Portugueza — Judaica, Straßburg 1890, 81 ff. Bericht gibt. —

Über ihn gibt es lediglich einen wesentlich biographisch orientierten Aufsatz von *H. Graetz:* Don Balthasar Isaak Orobio de Castro, MGWJ 1867; ferner kurze Referate bei *H. Zöckler:* Der Dialog im Dienste der Apologie, Beweis des Glaubens 1893, 345 ff. und derselbe: Geschichte der Apologie des Christentums, Gütersloh 1907, 412 f.; jedoch vgl. auch Anm. 62.

59 Über Manasse ben Israel und David de Lara habe ich in dem Aufsatz »Schwedisches in der hebräischen Bibliographie«, Nordisk Tidskrift för Bok- och Biblioteksväsen, Stockholm 1946, gehandelt sowie ausführlicher über die ganze Zeit in dem Buch »Philosemitismus im Barock« (Tübingen 1952).

60 Praemissis quatuor de Historia Inquisitionis libris, Amsterdam 1692, 158, 322 f.; dazu vgl. auch noch *Le Clerc:* Bibliothèque universelle et historique T. VII, 289. — Es wäre wichtig, nach den Prozeßakten im Inquisitionsarchiv von Sevilla Nachforschungen anzustellen.

61 Die aus dem Studium der Profanwissenschaften stammende Neigung seiner Zeitgenossen zum Atheismus hat er in der in mehreren Hss. vorliegenden Epistola invectiva contra Prado, un Philosopho medico gegeißelt. *C. Gebhardt* (Uriel da Costa, Amsterdam 1922, Einl. XX f.) hat eine instruktive Partie aus diesem Schreiben abgedruckt. Vgl. jetzt auch *J. S. Revah:* Spinoza et Juan le Prado, Paris 1959. Hier ist dieses spanische Dokument jetzt erstmals gedruckt worden (86—123).

61a In der Ets Hayim Bibliothek der Portugiesisch-Jüdischen Gemeinde zu Amsterdam liegen weitere Manuskripte Orobios und Saul Levi Morteiras, die nach Angabe von *Jakob Meijer* (Jewish Social Studies XVII, 1955, 100) für das geistige Klima der Amsterdamer Sephardengemeinde und für die Geschichte der Religionsdisputationen wichtig sein sollen.

62 Es handelt sich um das »Certamen philosophicum« (Amsterdam 1684), das gegen Joh. Bredenburg gerichtet war. Er stand aber auch mit Spinoza im direkten Briefwechsel. — Über Orobios Auseinandersetzung mit dem Spinozismus vgl. jetzt *Joaquin de Carvalho:* Orobio de Castro, e. o. espinosismo, Coimbra 1938. — In Coimbra hat 1925 *Moses B. Amzalak* noch ein wichtigse MS Orobios gefunden und publiziert: »La Observancia de la Divina Ley de Mosseh«.

63 In der Vorrede zu da Costas Biographie (Am. Coll. 343) unterscheidet er daher auch ausdrücklich einen Juden wie Orobio von einem »Atheisten« wie da Costa, der sich nicht nur gegen die Lehren des Christentums, sondern auch gegen die des Judentums wende.

64 Diese Bezugnahmen Orobios sind berechtigt, wie das für die jüdische Denkweise der Chiliasten und Mystiker des 17. Jahrhunderts von mir zusammengebrachte Material ergibt, das ich in dem Buch »Philosemitismus im Barock, Religions- und geistesgeschichtliche Untersuchungen« (Tübingen 1952, 216 pp.) vorgelegt habe.

65 Für die talmudische Lehre von der messianischen Doppelgestalt beruft er sich auf die Ausführungen *R. Lombrozos* in seinem Propugnaculum Judaismi, das gegen Angriffe des Hugo Grotius im 5. Band seines in der nächsten Anmerkung zitierten Werkes gerichtet ist. Dieses spanisch geschriebene Sendschreiben ist nicht gedruckt, sondern nur in Hss. vorhanden.

66 Er meint Ausführungen von *Hugo Grotius* in seinem Werk De veritate Religionis christianae, Leiden 1622, 1. V, cap. 14—16.

67 Die Auslegung von Jesaja 53 steht auch ganz im Mittelpunkt des auf Orobios Gedanken zurückgehenden Buches »Israel vengé« (vgl. im Text), dessen 1. Kapitel ausführlich auch den Rangunterschied zwischen Gesetz und Propheten nach der jüdischen Lehre darlegt.

68 Dazu ist zu bemerken, daß Idolatria im marranischen Schrifttum der terminus technicus für die katholische Religion darstellt. Limborch entrüstet sich natürlich über diesen Ausdruck und weist auf die Götzendienerei des Volkes Israel gerade nach den Berichten der Thora hin (278).

69 Es sei auf die kritischen Referate in Bibliothèque Universelle et historique 1787, T. VII, 289—330 und in den Acta Eruditorum Leipzig 1688, 212—222 verwiesen; ferner ist die Darstellung von *Zöckler* 1893, 346, zu vergleichen.

70 Dies ist auch *John Locke* aufgefallen, der darin die Rechtgläubigkeit der Limborchschen Beweisführungen gegenüber der orthodoxen Kritik gewährleistet sieht (vgl. Brief v. 22. VI. 1688 — Works Vol. X, London 1801, 17).

71 Vgl. *L. Zscharnack:* Einleitung LII zu seiner Ausgabe von John Locke: Reasonableness of Christianity, Gießen 1914.

72 *Locke* hat die amica collatio schon vor dem Druck im Manuskript gelesen, wie sich aus seinen Briefen an Limborch vom 24. XI. 1686 und 31. III. 1687 ergibt, ediert von Ollion-de Boer a. a. O. 169, 172. — Im Briefe vom 11. IX. 1687 (Works X, 12) schreibt er: Laudo ego istam tuam erga Judaeum comitatem.

73 II, 5 (S. 89) bringt Orobio Beispiele, wie jüdische Apostaten zu Principes duces, comites, marchiones, inquisitores, clerici, Canonices, Monachi et Moniales wurden — und als solche grimmige Verfolger der Juden. So gebe es (III, 4 — S. 102) noch heute in Spanien höchste kirchliche Würdenträger, deren Eltern, Brüder und Schwestern sich in anderen Ländern frei zum Judentum bekennen, ja als Juden bei christlichen Monarchen bereits wieder zu hohen weltlichen Ämtern aufgestiegen seien. Und im Orient träten sie lieber zum Islam über als weiter die katholische Idolatria bekennen zu müssen.

74 Über diese vgl. *O. Ritschl:* Dogmengeschichte des Protestantismus III. (Göttingen 1927), 364 ff.; IV (1928), 287 f.

75 Vgl. für die Kritik von orthodoxer Seite Acta Eruditorum April 1688, 212 ff. und *Grousset:* De ternione Controversiarum adv. Judaeos, Dordrecht 1688. — Weitere Stimmen sind bei *M. Difenbach:* Judaeus convertendus, Frankfurt 1696, 52 f. aufgeführt.

75a *J. van der Waeyen* (Dissertatio de Logo adv. Joh. Clericum, Franeker 1698, 175) hat ihm sogar vorgeworfen, er habe sich auf diesen Disput überhaupt nur eingelassen, um die Toleranzprinzipen der Arminianer praktisch zu demonstrieren.

76 Morgenröte — Werke (Gesamtausgabe) IV, 273.

77 Vgl. *J. W. Petersen:* Nubes testium veritatis de regno Christi, Frankfurt 1696, II, 119, der über die Rollenverteilung in unserem Dialog meint, daß Orobio im prophetischen Lichte erstrahle, weil er sich an den Buchstaben und an die klaren Verheißungen für das jüdische Volk halte, die noch unerfüllt seien und die man nicht allegorisch verdrehen dürfe.

78 Die Juden in Portugal, Leipzig 1867, 304.

79 Vgl. die Einleitung von *S. Rawidowicz* zum 7. Band der Akademieausgabe von Moses Mendelssohn: Gesammelte Schriften (Berlin 1930), nach der auch im folgenden zitiert wird. Ferner *Walter Hoch:* Das Glaubensgespräch zwischen J. C. Lavater und M. Mendelssohn, Judaica 1947, H. 1–2; *L. Baeck:* Von Moses Mendelssohn zu Franz Rosenzweig, Stuttgart 1958.

80 Vgl. *H. J. Schoeps:* »Geschichte der jüdischen Religionsphilosophie in der Neuzeit« (Berlin 1935, Band I, p. 14 ff.).

81 Selbst unter den Mendelssohn gleichzeitigen Rabbinen — also der letzten wirklichen Ghettogeneration in Deutschland — ist die Meinung noch nicht wesentlich anders, wenngleich die der Zeit entsprechende *moralische* Betrachtungsweise auch ihr Urteil erfaßt und zu weitgehender Toleranz bestimmt. So heißt es in einem Sendschreiben »Seder Olam« des auch mit Mendelssohn in Korrespondenz stehenden *R. Jakob Emden* (Altona) vom Jahre 1757 beispielsweise schon folgendermaßen: »Der Stifter des Christentums hat den Heiden eine große Wohltat erwiesen, daß er die Abgötterei von ihnen entfernte, sie zum noachidischen Siebengebot verpflichtete und dazu ihnen eine *Morallehre* gab!«

82 Ges. Schr. Bd. II p. 321 f.: »Unter allen Vorschriften und Verordnungen des mosaischen Gesetzes lautet kein einziges: Du sollst glauben, sondern alle heißen: Du sollst tun.« — Und in einem Brief an *Elkan Herz* vom 23. Juli 1771 heißt es: »Wir haben keine Glaubenslehren, die gegen die Vernunft oder über dieselbe seien. Wir tun nichts mehr zu der natürlichen Religion hinzu als Gebote, Satzungen und gerade Vorschriften, aber die Grund- und Glaubenssätze unserer Religion beruhen auf dem Fundamente des Verstandes, sie stimmen mit der Forschung nach jeder Seite hin ohne jeden Widerspruch und jeden Widerstreit überein.«

83 Aus diesem Grunde muß er Lavaters Missionsversuch ablehnen, der ja hoffte, mit Mendelssohns Übertritt die Nachfolge aller anderen zu erreichen. Mendelssohn fügt noch ein gewichtiges Argument hinzu, indem er auf die paulinische Theologie anspielt: »Es läßt sich nicht begreifen, warum uns die Nazarener bekehren und also den sichtbaren Beweis ihres Glaubens vernichten wollen« (III, 105 f.).

84 In »Geschichte der jüd. Religionsphilosophie« a. a. O. I, 24 f. ist ausgeführt, wie beim »dritten Moses« der freie, unergründliche und unbestimmbare Offenbarergott zum denknotwendigen Gott der höchsten Güte und vollkommensten Vernunft verwandelt worden ist, wie darum notwendig an die Stelle der creatio ex nihilo die prima causa tritt, die vergeltende Gerechtigkeit Gottes zur Bestrafung aus weiser Gütigkeit abblaßt, das Wunder indifferent wird, die Erwartung eines persönlichen Messias fortfällt, vom Phänomen der Offenbarung nur die Gesetzgebung übrig bleibt und es drum — wie Steinheim ironisch meinte — nur *vernünftig* sein könne, »dem ausgestoßenen Gott auch noch seine Gesetze nachzusenden«.

85 Hier bleibt Mendelssohn aus ehrlicher Überzeugung auf der traditionellen Linie, wenn er die christologische Deutelei wider den Textsinn mit folgenden Worten verwirft: »Ich glaube, die Sprache des Grundtextes so gut wie irgendein Neuerer zu verstehen, denn sie ist gleichsam meine zweite Muttersprache. Mir scheinen diese Stellen alle nicht die geringste Spur eines Beweises zu enthalten. — — Die Auslegungen der Theologen von diesen Stellen haben mir an vielen Stellen offenbar falsch und an den übrigen höchst gezwungen und willkürlich geschienen« (VII, 302).

86 An Bonnet schreibt er über die christlichen Unitarier: »Ich muß Ihnen aufrichtig gestehen, daß mir diese Religionspartei mehr zum Judentum als zu der wirklich herrschenden christlichen Religion zu gehören scheint. Von welcher Seite ich diese Glaubenslehre betrachte, so stimmt sie mit den wesentlichen Artikeln des Judentums weit mehr überein als mit den Grundwahrheiten des christlichen Glaubens« (III, 105 f.). — Allerdings gibt er zu, daß die Erwartung eines messianischen Volkskönigs die Juden auch noch von den Unitariern unterscheiden würde.

87 p. 64 — Dieses Schreiben, das bekanntlich außer durch Propst Teller u. a. durch *Schleiermacher* eine Beantwortung erfuhr und insgesamt 23 selbständige Gegenschriften auslöste (vgl. jetzt *Ellen Littmanns* Untersuchung über das Echo in ZGJD 1936, 2—3), ist ein schätzenswertes Dokument für den geistigen Zustand der gebildeten Berliner Juden um die Jahrhundertwende, die sich von den Fesseln des Zeremonialgesetzes befreien wollten und so »aufgeklärt« waren, als Bedingung für den Übertritt

nur die Revision nicht vernunftgemäßer Dogmen christlicherseits vorzuschlagen. — Daß diese Vorschläge ernsthaft debattiert werden konnten, beweist nur, daß kaum jemals die religiöse Wertblindheit weiter gegangen ist.

88 Für Kant war das Judentum (vgl. auch *Hermann Cohen:* Jüdische Schriften, Berlin 1924, Band I, 284 ff.) im wesentlichen ein »Inbegriff bloß statutarischer Gesetze«, die »rein sittlichen Vorschriften« widersprechen, eine Art Nationalverfassung der jüdischen Volksgemeinschaft, daher »eigentlich gar keine Religion« (Kants Ges. Schr. ed. Hartenstein VI, 24), was ihm durch die Mendelssohnsche Religionstheorie nur allzu bestätigt erschien. Daß er dennoch mit seinem Primat der praktischen Vernunft der jüdischen Religionslehre Anknüpfungspunkte gab, weil er das Postulat der Freiheit statuierte, dem Glauben jenseits der Grenzen der Vernunft einen Platz einräumte und — was besonders Steinheim sehr bedeutungsvoll erschien — auch die mosaische Schöpfungslehre anerkannte und als philosophisch relevant bejahte (Kr. d. pr. Vernunft), hat Kant immer wieder für die philosophische Grundlegungsarbeit jüdischer Theologie bedeutsam werden lassen. — Als nicht uninteressant in diesem Zusammenhang darf wohl auch gelten, daß von *Hegel* die Prinzipien des »Mosaismus« und der Kantischen »Gesetzesmoral« (als jeweils zweite Phase der Entwicklung) in *eins* gesehen werden.

89 Für Hegels Beurteilung des Judentums vgl. Vorlesungen über die Philosophie der Geschichte, ed. Lasson, II, 457 f., Grundlehre der Philosophie des Rechts, ed. Lasson, §§ 278 und 338; Phänomenologie des Geistes § 484 u. a. a. O. — Für die Beibehaltung der Hegelschen Anschauung bei seinen »rechtgläubigen« Schülern in der protestantischen Theologie vgl. *Ph. Marheinecke:* Grundlinien der christlichen Dogmatik §§ 335 und 376. Genaueres jetzt bei *H. J. Schoeps:* Die außerchristlichen Religionen bei Hegel, ZRGG VII (1955), 28 ff.

90 Dies ist erstmalig geschehen bei *Schoeps:* Geschichte etc. a. a. O. cap. 4 und 5. Über Formstecher vgl. jetzt auch *B. Bamberger:* Formstechers History of Judaism, HUCA 23, 2 (1950).

91 Und zwar deshalb, weil S. Hirsch als strenger Hegelianer seine Aufgabe lediglich darin sah, das Judentum als »die absolute

Religion« zu demonstrieren, während Formstecher sich wenig stens bemüht, sein System dem historischen Verlaufe von ferne anzupassen. In Hirschs Konstruktion der Religionsgeschichte der Menschheit erscheint das Christentum eher als eine Art transitorische Irrlehre, die aber im Endergebnis (dank »List der Idee«) auch nichts anderes soll, als die nichtjüdische Menschheit auf seinem Umweg zu Gott zu führen. In vielem ähnelt seine — übrigens philosophisch weit bedeutsamere — Gedankenführung stark der Formstechers; nur steht bei beiden die Absolutheit des Judentums nicht als geschichtliches Wahrheitsdogma im Sinne der Tradition, sondern als Notwendigkeitsdogma philosophischer Begriffsspekulation. Zu dialogischem Sprechen sind Formstecher und Hirsch der Eingesponnenheit in ihre Systeme zufolge so wenig gelangt wie ihre großen Vorbilder Schelling und Hegel.

92 Begründung ebd. 450: »Sich selbst darf es nicht in das Heidentum stürzen, um es sich organisch zu assimilieren, weil es sich stets als Repräsentanten der erlangten Subjektivität behaupten muß.«

93 Formstecher hat das ganze von Schelling und Hegel zusammengebrachte religionsgeschichtliche Material studiert und für eigene Zwecke mit z. T. anderer Vorzeichengebung in seine besondere Konstruktion der Religionsgeschichte hineinverarbeitet. Im übrigen war Formstecher überhaupt, was hier betont werden soll, ein sehr gebildeter und universal belesener Mann, der durchaus auf der Höhe der Wissenschaften seiner Zeit stand. So kennt er vor allem die wichtigste evangelisch-theologische Literatur seiner Generation auf dogmatischem und exegetischem Gebiet. Am häufigsten zitiert werden Nitzsch, Bretschneider, Marheinecke, De Wette, Neander u. a.

94 Derartige Gedankengänge lagen natürlich vorbereitet in der Zeit, der sie entstammen. Der jüdische Liberalismus des 19. Jahrhunderts hat freilich noch viel unklarer und verschwommener an eine Missionsaufgabe des Judentums geglaubt, wenngleich er weniger von »transitorischen Repräsentanten der Geistesreligion« wußte, als vielmehr die Vorbildlichkeit der jüdischen Ethik rühmte und ihre dereinstige Übernahme von allen Mitgliedern der Kulturmenschheit als das Entwicklungsziel der messianischen Zeit erklärte.

95 Vom Bleibenden und Vergänglichen im Judentum, ed. Schoeps, Berlin 1935, p. 48. In dem hier veröffentlichten Gespräch mit *August Twesten*, dem Nachfolger Schleiermachers in Berlin, und seinem Jugendfreunde, aus dem die oben zitierte Stelle entnommen ist, wie auch andern Orts, hat also Steinheim die Ergebnisse viel späterer religionsgeschichtlicher Forschung vorweggenommen. Denn ganz ähnlich resumiert z. B. *H. Gunkel:* Zum religionsgeschichtlichen Verständnis des Neuen Testaments, 103, p. 35: »Das Urchristentum gleicht einem Strome, der aus zwei großen Quellflüssen zusammengeflossen ist: der eine ist spezifisch israelitisch, er entspringt im A. T.; der andere aber fließt von fremden orientalischen Religionen her.« — *Harnack* hat in seiner Dogmengeschichte Band I, 1 die Geschichte der Vermengung von jüdischem und altorientalischem Religionsgut bzw. hellenistischer Philosophie durch die sog. *Gnosis* bekanntlich als *die* Geschichte der Dogmenbildung im jungen Christentum beschrieben.

96 So wäre hier an die Gespräche des letzten großen Kabbalisten in Westeuropa, *Elia Benamozegh* (Livorno), mit dem jungen französischen Katholiken *Aimée Pallière* zu Beginn dieses Jahrhunderts zu erinnern, die damit endeten, daß Pallière »Noachide« und der Wortführer des liberalen Judentums in Frankreich wurde. Über Pallière vgl. *Marion Nordmann-Schwarze:* Aimée Pallière, das Leben eines Noachiden, Festschrift »Lebendiger Geist« für H. J. Schoeps, ed. H. Diwald, Leiden 1959, 75 ff.

97 Abgedruckt als Anhang zu *Franz Rosenzweig:* Briefe (Berlin 1935, 743 pp.). — Bei vollem Wissen um das, was hiermit festgestellt wird, sei erklärt, daß diese Briefe sowohl für die Geistesgeschichte wie für die Theologie der unmittelbaren Vergangenheit eine der bedeutsamsten Buchpublikationen des bisherigen 20. Jahrhunderts sind. — Über Franz Rosenzweig orientiert die Monographie von *N. N. Glatzer:* Franz Rosenzweig, his Life and Thought, New York 1953.

98 Hiermit hat Rosenzweig auch den altjüdischen Protest gegen die christliche Schriftumdeutung erneuert — insbesondere gegen die typologische Deutung, vgl. p. 707: »Das A. T. hat aufgehört, Sammlung von ›Typen‹ zu sein (Volk Gottes als Typus der Kirche), und es *wird* aufhören, Sammlung von Weissagungen zu sein, je mehr die Weissagungen als erfüllt — — erwiesen werden.«

Viele bedeutsame Erkenntnisse und Bemerkungen zur *biblischen Hermeneutik* vermittelt das Werk *Buber-Rosenzweig:* Die Schrift und ihre Verdeutschung (Berlin 1936), und den positiven Erweis eines neuen (sc. schriftgemäßen) Verhältnisses zum Bibelwort bringt beider Bibelübersetzung, der trotz vieler Bedenken gegen das etymologische Verfahren die Bedeutung eines modernen deutschen »Targums« zuzusprechen ist.

99 Rosenzweig meint offenbar im Midrasch! — Das Thema ist von mir in The Sacrifice of Isaac in Paul's Theology (JBL. 1946, 4) näher behandelt worden, eingegangen deutsch in mein Paulusbuch S. 144—152.

100 Vgl. die Weiterführung dieses Gedankens, der in positiver Wendung noch eine besondere Missionsaufgabe Israels enthüllt, 15 Jahre später in *Eugen Rosenstocks* groß angelegter Geschichtssoziologie »Europäische Revolutionen«, Jena 1931, p. 376 f. W (3. Aufl. Stuttgart 1960, 383 f.).

101 Der vollständige Wortlaut des Gespräches nach dem Stenogramm ist in den Theologischen Blättern vom September 1933 (zit. als Th. Bl.) veröffentlicht worden. Bubers Antwort mit Ergänzungen ist in den Band »Die Stunde und die Erkenntnis«, Berlin 1936 (zit. als St. u. Erk.) aufgenommen worden.

102 Dieser Vortrag ist veröffentlicht worden in dem Sammelband »Kampf um Israel«, Berlin 1933.

103 Die inhaltlich parallelen Sätze aus dem Vortrag von 1930 »Die Brennpunkte der jüdischen Seele« (in »Kampf um Israel«, p. 65) sind folgende: »Die Inkarnationslosigkeit des dem ›Fleisch sich offenbarenden und ihm in der gegenseitigen Beziehung gegenwärtigen Gottes und die Zäsurlosigkeit der auf Erfüllung ausgerichteten und immerdar Entscheidung erfahrenden Menschengeschichte sind das letztlich Sondernde zwischen Judentum und Christentum‹.«

104 Die Parallelsätze aus dem früheren Vortrag (a. a. O. p. 53) sind wiederum folgende: »Das Urwort, das von Gott aus auf dieses (sc. sein) Wiedererkanntwerden hin gesagt ist, ist sein Spruch an Mose im brennenden Dorn: ›Ich werde da sein als der ich da sein werde.‹ Er ist je und je da, je und je seiner Kreatur gegenwärtig, aber jeweils als der, als der er eben jetzt und hier da ist, so daß der Geist des Menschen nicht vorzuwissen

vermag, im Gewande welcher Existenz und welcher Situation sich Gott je und je bezeigen wird. Es gilt, ihn in jedem seiner Gewänder wiederzuerkennen.«

105 Über sie vgl. jetzt auch *Franz Frh. v. Hammerstein:* Das Messiasproblem bei Martin Buber, Stuttgart 1958, und *G. Lindeskog:* Das Problem des Glaubens in der Exegese M. Bubers, SEÅ 1957, 219—239.

106 Dazu vgl. *R. Guardini* (Das Bild von Jesus dem Christus im Neuen Testament, Würzburg 1936): »Jesu Christi lebendiges, gottmenschliches Sein ist es, das den Glauben aufruft — nicht der Glaube, der seine Gottmenschlichkeit erzeugt. Nur ein Glaube, der auf Wirklichkeit steht, hat die weltüberwindende Kraft, wie sie der christlichen Überzeugung eigen war und noch ist« (p. 32).

107 Mit dieser Frage, daß die Bedeutung, die das A. T. für die Kirche Christi haben muß, theologisch sachgemäß erörtert wird, steht die christliche Existenz heute in letzter Instanz selber auf dem Spiel. Die Preisgabe des Eigentlichen droht, wenn das Alte Testament und sein Gesetz — in und trotz seiner jüdischen Besonderheit — gerade gegenüber allen heidnischen Versuchungen nicht als ein Stück in der Kirche fortlebenden Judentums festgehalten wird. Hier kommt alles auf die *richtige* theologische Erkenntnis und Begründung an. In der heutigen innerprotestantischen Diskussion ist sie noch nicht gefunden. — Was z. B. soll man davon halten, wenn sich selbst die neueste — von der dialektischen Theologie inspirierte — atl. Forschung in so phantastischen Gedankengängen ergeht, wie sie in der Zeitschrift »Evangelische Theologie« (1936, 9) zu lesen standen: »Israel hat auch eine Christusgegenwart — — — (indem) Christus selber dem alten Volke gegenwärtig ist in dem Zeugnis der Schrift. Es handelt sich darum, daß *in* dem Wort der Schrift (sc. des A. T.) als Wort der Glaubensgerechtigkeit Christus *da* ist als derjenige, der dieses Wort spricht. Das Wort der Schrift geht nicht nur *auf ihn hin*, sondern kommt *von ihm her*, und darin erst ist er ganz als der Christus *in der Schrift gegenwärtig.*« Diese ad maiorem Christi gloriam gar nicht nötige Geschichtsvereinerleiung im Stile Hengstenbergs wird den Phänomenen genauso wenig gerecht wie die andere Möglichkeit radikaler Auseinanderreißung, die der christliche Glaube wohl noch viel weni-

ger wird vertragen können. So legt z. B. *B. R. Bultmann* gefährliche Konsequenzen nahe, wenn er (Glaube und Verstehen, a. a. O. p. 333 f.) etwas durchaus richtig Gesehenes in die andere Richtung übertreibt: »Die Ereignisse, die für Israel etwas sagten, Gottes Wort waren, sagen für uns nichts mehr. — — — Israels Geschichte ist für den christlichen Glauben nicht Offenbarungsgeschichte. — — — Sofern Gott in jener Geschichte gnädig gehandelt hat, gilt diese Geschichte nicht für uns.« — Eine solche Theologie steht gerade wegen ihrer — unseren Wünschen nach sachgemäßer Exegese sogar entgegenkommenden — Problemvereinfachung in der Gefahr, sich selbst die Nabelschnur durchzuschneiden, die die Christenheit mit dem A. T. und *dem* Teil des Gesetzes verbindet, der durch die Transformation der paulinischen Lehre Weltvölkergesetz geworden ist. — Wer auch noch über Paulus hinausgehen will, kann zum Schluß nur in Marcions Nähe landen!

108 Der Gedankengang ist in meinem »Paulus«, cap. V, genauer ausgeführt.

109 Vgl. jetzt das letzte Kapitel meines Buches »Was ist der Mensch?« Philosophische Anthropologie als Einführung in die Geistesgeschichte der neuesten Zeit, Göttingen 1960.

110 Vgl. auch, was ich in meinem Paulusbuch sagte über die »gemeinsame Erwartung, daß das entscheidende Ereignis erst noch kommen wird — als das Ziel der Wege Gottes, die ER in Israel und in der Kirche mit der Menschheit geht. Die Kirche Jesu Christi hat von ihrem Herrn und Heiland kein Bildnis aufbewahrt. Wenn morgen Jesus wiederkäme, würde ihn von Angesicht kein Christ erkennen können. Aber es könnte wohl sein, daß der, der am Ende der Tage kommt, der die Erwartung der Synagoge wie der Kirche ist, *dasselbe* Antlitz trägt.« (274).

SEIT 1945 ERSCHIENENE WICHTIGE LITERATUR ZUM THEMA DES BUCHES

Spezialliteratur, die in den Einzelkapiteln herangezogen ist, wird hier nicht aufgeführt.

M. Awerbuch: Christlich-jüdische Begegnungen im Zeitalter der Frühscholastik, München 1980

*Sch. Ben-Chorin:*Die Antwort des Jona, Hamburg 1953

– : Im jüdisch-christlichen Gespräch, Berlin 1962

B. Blumenkranz: Die Judenpredigt Augustins, ein Beitrag zur Geschichte der jüdisch-christlichen Beziehungen in den ersten Jahrhunderten, Basel 1946.

– : Juifs et Chrétiens dans le monde oriental (430–1096), Paris 1960

S. G. F. Brandon: The Fall of Jerusalem in the Christian Church, London 1951.

M. Brocke, W. Strolz, J. J. Petuchowski (Hg.): Das Vaterunser. Gemeinsames im Beten von Juden und Christen, Freiburg 1974

M. Brocke, H. Jochum (Hg.): Wolkensäule und Feuerschein. Jüdische Theologie des Holocaust, München 1982

P. van Buren: Discerning the Way. A Theology of the Jewish Christian Reality, New York 1980.

D. Daube: The New Testament and Rabbinic Judaism, London 1956.

A. T. Davies: Antisemitism and the Foundations of Christianity, New York 1979

W. D. Davies: Paul and Rabbinic Judaism, London 1949.

G. Dix: Jew and Greec in the primitive Church, London 1953.

E. Fleischmann: Le christianisme mis à nu. La critique juive du christianisme, Paris 1976.

E. Fleischner: Auschwitz – Beginning of a New Era? Reflections on the Holocaust, New York 1977.

R. R. Geiss, H. J. Kraus (Hg.): Versuche des Verstehens. Dokumente jüdisch-christlicher Begegnung aus den Jahren 1918–1933, München 1966.

D. Goldschmidt, H. J. Kraus (Hg.): Der ungekündigte Bund, Stuttgart 1962.

H. Gollwitzer, E. Sterling (Hg.): Das gespaltene Gottesvolk, Stuttgart 1966.

L. Goppelt: Christentum und Judentum im ersten und zweiten Jahrhundert, Gütersloh 1954.

V. E. Hasler: Gesetz und Evangelium in der alten Kirche bis Origenes, Zürich 1958.
G. Hedenquist (Hg.) : The Church and the Jewish People, Edinburgh 1954.
H. H. Henrix (Hg.): Unter dem Bogen des Bundes. Beiträge aus jüdischer und aus christlicher Existenz, Aachen 1981.
H. H. Henrix, M. Stöhr (Hg.): Exodus und Kreuz im ökumenischen Dialog zwischen Juden und Christen, Aachen 1978.
J. Isaac: Jésus et Israel, Paris 1959.
J. Jocz: The Jewish People and Jesus Christ, London 1949.
J. Katz: Exclusiveness and Tolerance. Jewish-Gentile Relations in Medieval and Modern Times, New York 1961.
B. Klappert, H. Starck (Hg.): Umkehr und Erneuerung. Erläuterungen zum Synodalbeschluß der Rheinischen Landessynode 1980 „Zur Erneuerung des Verhältnisses von Christen und Juden", Neukirchen 1980.
J. Klausner: Von Jesus zu Paulus, Jerusalem 1950.
D. J. Lasker: Jewish Philosophical Polemics Against Christianity in the Middle Ages, New York 1977.
F. H. Littell: The Crucifixion of the Jews, New York 1975.
W. Maurer: Kirche und Synagoge, Motive und Formen der Auseinandersetzung der Kirche mit dem Judentum im Laufe der Geschichte, Stuttgart 1953.
M. McGarry: Christology after Auschwitz, New York 1977.
J. Maier: Jüdische Auseinandersetzungen mit dem Christentum in der Antike, Darmstadt 1983
F. Mußner: Traktat über die Juden, München 1979.
A. Oepke: Das neue Gottesvolk, Gütersloh 1950.
P. v. d. Osten-Sacken (Hg.): Treue zur Thora. Beiträge zur Mitte des christlich-jüdischen Gesprächs, Berlin 1977.
J. G. Parkes: Judaism and Christianity, London 1948.
– : The Foundations of Judaism and Christianity, London 1960.
J. J. Petuchowski: Melchisedech Urgestalt der Ökumene, Freiburg 1979.
O. S. Rankin: Jewish Religious Polemic of early and later Centuries, Edinburgh 1956.
– : Jewish Religious Polemics, New York 1970.
R. Rendtorff, E. Stegemann (Hg.): Auschwitz – Krise der christlichen Theologie, München 1980.
R. Ruether: Nächstenliebe und Brudermord. Die theologischen Wurzeln des Antisemitismus, München 1978.

S. Sandmel: A Jewish Understanding of the New Testament, New York 1956.
– : Antisemitism in the New Testament, New York o. J.
H. J. Schoeps: Theologie und Geschichte des Judenchristentums, Tübingen 1949.
– : Aus frühchristlicher Zeit / Religionsgeschichtliche Untersuchungen, Tübingen 1950.
– : Philosemitismus im Barock, Tübingen 1952.
– : Paulus – die Theologie des Apostels im Lichte der jüdischen Religionsgeschichte, Tübingen 1959.
– : Grundlehren des jüdischen Glaubens, Textbuch zur deutschen systematischen Theologie, Stuttgart 1961.
M. Simon: Verus Israel. Étude sur les rélations entre Chrétiens et Juifs dans l'Empire Romain (135–425), Paris 1948.
K. Stendahl: Der Jude Paulus und wir Heiden. Anfragen an das abendländische Christentum, München 1978.
M. Stöhr (Hg.): Jüdische Existenz und die Erneuerung der christlichen Theologie. Versuch der Bilanz des christlich-jüdischen Dialogs für die systematische Theologie, München 1981.
F. E. Talmage (Hg.): Disputation and Dialogue. Readings in the Jewish-Christian Encounter, New York 1975.
K. Thieme: Kirche und Synagoge, die ersten nachbiblischen Zeugnisse ihres Gegensatzes im Offenbarungsverständnis, Olten 1945.
R. Wilde: The Treatment of the Jews in the Greek Christian Writers of the first three Centuries, Washington 1945.

ABKÜRZUNGEN

HUCA	=	Hebrew Union College Annual, Cincinnati
JBL	=	Journal of Biblical Literature, Philadelphia
JE	=	Jüdische Enzyklopaedie, Berlin
JQR	=	Jewish Quarterly Review, Philadelphia
MGWJ	=	Monatsschrift für Geschichte und Wissenschaft des Judentums
MPG	=	J. P. Migne, Patrologiae cursus completus, series graeca
MPL	=	J. P. Migne, Patrologiae cursus completus, series latina
SEÅ	=	Svensk Exegetisk Årsbok, Uppsala
ThBl	=	Theologische Blätter
ZGJD	=	Zeitschrift für Geschichte der Juden in Deutschland, Berlin
ZRGG	=	Zeitschrift für Religions- und Geistesgeschichte, Leiden—Köln